ACCIDENTES DE TRABAJO

ACCIDENTES DE TRABAJO

Todas las claves del accidente de trabajo:
tipos, responsabilidades, prestaciones,
indemnizaciones y procedimientos asociados

2.ª EDICIÓN 2024

**Obra realizada por el Departamento
de Documentación de Iberley**

COLEX 2024

© Editorial Colex, S.L.
Calle Costa Rica, número 5, 3.º B (local comercial)
A Coruña, 15004, A Coruña (Galicia)
info@colex.es
www.colex.es

I.S.B.N.: 978-84-1194-513-4
Depósito legal: C 881-2024

SUMARIO

ANEXO.
FORMULARIOS

0.
INTRODUCCIÓN

Los accidentes de trabajo constituyen un área crítica dentro del derecho laboral, no solo por su impacto directo en la salud y bienestar de los trabajadores, sino también por las implicaciones legales y responsabilidades que conllevan para los empleadores. Este libro se adentra en el complejo entramado jurídico que regula los accidentes laborales, ofreciendo una visión integral que abarca desde la definición legal y tipos de accidentes, hasta las responsabilidades, prestaciones, y procedimientos legales asociados a su ocurrencia.

La legislación española, principalmente a través de la Ley General de la Seguridad Social (LGSS) y la Ley de Prevención de Riesgos Laborales (LPRL), establece un marco normativo que busca garantizar la seguridad y salud de los trabajadores en el ámbito laboral. La LGSS define el accidente de trabajo como toda lesión corporal que el trabajador sufra con ocasión o por consecuencia del trabajo ejecutado por cuenta ajena, mientras que la LPRL impone al empresario el deber de protección, obligándolo a garantizar la seguridad y salud de sus trabajadores.

La jurisprudencia ha jugado un papel fundamental en la interpretación y aplicación de estas normas, estableciendo criterios claros sobre la responsabilidad empresarial en caso de accidentes de trabajo. Se exige que la empresa haya cometido alguna infracción en las medidas de seguridad, que se acredite un daño efectivo en el trabajador, y que exista una relación de causalidad entre la infracción y el daño. Además, se ha reiterado que la protección del trabajador es un deber incondicionado y prácticamente ilimitado del empresario.

Este libro se propone desentrañar estos y otros aspectos esenciales sobre los accidentes de trabajo, proporcionando una herramienta valiosa tanto para profesionales del derecho como para empresarios y trabajadores, con el fin de fomentar un entorno laboral más seguro y justo.

1.
CONCEPTO Y TIPOS DE LOS ACCIDENTES EN EL TRABAJO

A la hora de definir el concepto de accidente de trabajo hemos de diferenciar, tal y como realiza la propia norma, entre trabajadores por cuenta ajena y trabajadores por cuenta propia.

1.1. Accidente en el trabajo realizado por cuenta ajena

En el caso de las personas trabajadoras por cuenta ajena (art. 156 de la LGSS), se consideran accidentes de trabajo aquellos daños o lesiones que sufre el trabajador mientras cumple con sus obligaciones contractuales, tanto dentro de su lugar de trabajo, como mientras realiza alguna misión que le ha sido encomendada. En concreto, tendrán la consideración de accidentes de trabajo:

- Los que sufra el trabajador al ir o al volver del lugar de trabajo (*in itinere*).
- Las lesiones sufridas durante el tiempo y en el lugar de trabajo.
- Aquellos sufridos por el trabajador/a en el trayecto que tenga que realizar para el cumplimiento de la misión, así como el acaecido en el desempeño de la misma dentro de su jornada laboral.
- Los que sufra el trabajador con ocasión o como consecuencia del desempeño de cargos electivos de carácter sindical, así como los ocurridos al ir o al volver del lugar en que se ejerciten las funciones propias de dichos cargos.
- Los ocurridos con ocasión o por consecuencia de las tareas que, aun siendo distintas a las de su grupo profesional, ejecute el trabajador en cumplimiento de las órdenes del empresario o espontáneamente en interés del buen funcionamiento de la empresa.

– Los acaecidos en actos de salvamento y en otros de naturaleza análoga, cuando unos y otros tengan conexión con el trabajo.

– Las enfermedades que contraiga el trabajador con motivo de la realización de su trabajo, siempre que se pruebe que la enfermedad tuvo por causa exclusiva la ejecución del mismo, que no se encuentren tipificadas previamente como enfermedades profesionales.

– Las enfermedades o defectos, padecidos con anterioridad por el trabajador, que se agraven como consecuencia de la lesión constitutiva del accidente.

– Las consecuencias del accidente que resulten modificadas en su naturaleza, duración, gravedad o terminación, por enfermedades intercurrentes, que constituyan complicaciones derivadas del proceso patológico determinado por el accidente mismo o tengan su origen en afecciones adquiridas en el nuevo medio en que se haya situado el paciente para su curación.

El concepto de lesión ha sido objeto de controversia y cuestionado ante los tribunales, quienes han ido adaptando el concepto a las realidades y necesidades sociales del trabajador, al caso concreto en relación con el tipo de trabajo que desempeña (como, por ejemplo, los infartos de miocardio sufridos durante el trabajo) y lo mismo sucede con la interpretación de la concurrencia del factor en tiempo y lugar de trabajo, que el referido artículo 156 en su apartado tres dicta que «se presumirá, salvo prueba en contrario, que son constitutivas de accidente de trabajo las lesiones que sufra el trabajador durante el tiempo y en el lugar del trabajo».

RESOLUCIÓN RELEVANTE

STSJ de Cantabria, de 5 de junio de 2023, ECLI:ES:TSJCANT:2023:540

Se analiza el caso de un funcionario interino que se presenta a las pruebas selectivas que le habilitan como fijo y en ellas sufre una caída. La Sala explica que el trabajador al ser funcionario o trabajador, es decir, por motivo de trabajo, se presenta a las pruebas que le habilitan como fijo, y el accidente se produce con ocasión de mejorar en su trabajo. La sentencia añade:

«(...) en la definición de accidente se incluye tanto el accidente propio, el sufrido como consecuencia de la ejecución del trabajo, como el impropio, esto es, el producido por causa distinta al trabajo, pero al que el trabajo dio ocasión porque sin tal circunstancia laboral el accidente no se hubiera producido».

JURISPRUDENCIA

Sentencia del Tribunal Supremo, rec. 719/2010, de 22 de diciembre de 2010, ECLI:ES:TS:2010:7513

Se considera que deriva de accidente de trabajo el infarto de miocardio sufrido por el trabajador en los vestuarios de la empresa durante la jornada laboral, por cuanto según reiterada jurisprudencia los vestuarios tienen la consideración de lugar de trabajo, y la estancia del trabajador en los mismos no se acreditó que fuera en tiempo de descanso para el trabajador.

Sentencia del Tribunal Supremo, rec. 6052/2003, de 3 de diciembre de 2004, ECLI:ES:TS:2004:7890

Se debate si el fallecimiento de un trabajador ocurrido fuera del lugar y de la jornada de trabajo por «*shock* cardiogénico» debe o no reputarse accidente de trabajo, por el hecho de que «exista una relación de causalidad directa entre la cardiopatía isquémica crónica (que fue, junto con una arterioesclerosis coronaria, la causa del shock) y el infarto antiguo» que sufrió el causante años antes y fue considerado accidente de trabajo.

Sentencia del Tribunal Supremo, rec. 4049/2009, de 22 de julio de 2010, ECLI:ES:TS:2010:4792

Morir mientras se duerme en la cabina del camión es un accidente laboral. Se estima el recurso de casación para la unificación de doctrina interpuesto contra sentencia desestimatoria de la Sala de lo Social del Tribunal Superior de Justicia de Asturias, sobre determinación de contingencia, como accidente laboral, de fallecimiento del marido y padre de las recurrentes. La sala declara que la presunción de laboralidad concurre en el caso examinado, en que el «accidente» se ha producido en tiempo y lugar de trabajo. En cuanto al lugar de trabajo, porque el óbito se produjo dentro del camión mientras el trabajador dormía. Y en cuanto al tiempo de trabajo, atendiendo a las circunstancias concretas del trabajo encomendado al trabajador fallecido, no puede calificarse como tiempo de descanso. Cierto es, y ello no es controvertido, que los conductores de camión, dentro de la normativa reguladora de la actividad, tienen la obligación de descansar cada determinado número de horas o de kilómetros recorridos, de manera que han de parar el vehículo durante el periodo fijado. Y es frecuente que el trabajador pernocte en el vehículo con la intención además de descansar, de vigilancia, tanto del vehículo como de la mercancía, por lo que en realidad se está ante un lapso temporal de presencia, pues, aunque no se presta trabajo efectivo de conducción, se está realizando servicio de guardia y vigilancia dentro del camión; sin que se desvirtúe por ello el nexo causal exigido.

De la misma forma que se regula la relación de supuestos que tendrán consideración de accidente de trabajo, el articulado nos ofrece los supuestos que quedarán fuera de tal consideración. Así, entre los supuestos excluidos del concepto de accidente laboral, el artículo 156.4 de la LGSS establece:

- Los que sean debidos a fuerza mayor extraña al trabajo, entendiéndose por ésta la que sea de tal naturaleza que no guarde relación alguna con el trabajo que se ejecutaba al ocurrir el accidente. En ningún caso se considerará fuerza mayor extraña al trabajo la insolación, el rayo y otros fenómenos análogos de la naturaleza.

- Los que sean debidos a dolo o a imprudencia temeraria del trabajador accidentado.

Sobre lo anterior, normativamente se han añadido dos matizaciones a la hora de calificar un accidente como laboral, de manera que no impedirán la calificación de un accidente como de trabajo:

- La imprudencia profesional que sea consecuencia del ejercicio habitual de un trabajo y se derive de la confianza que este inspira.

- La concurrencia de culpabilidad civil o criminal del empresario, de un compañero de trabajo del accidentado o de un tercero, salvo que no guarde relación alguna con el trabajo.

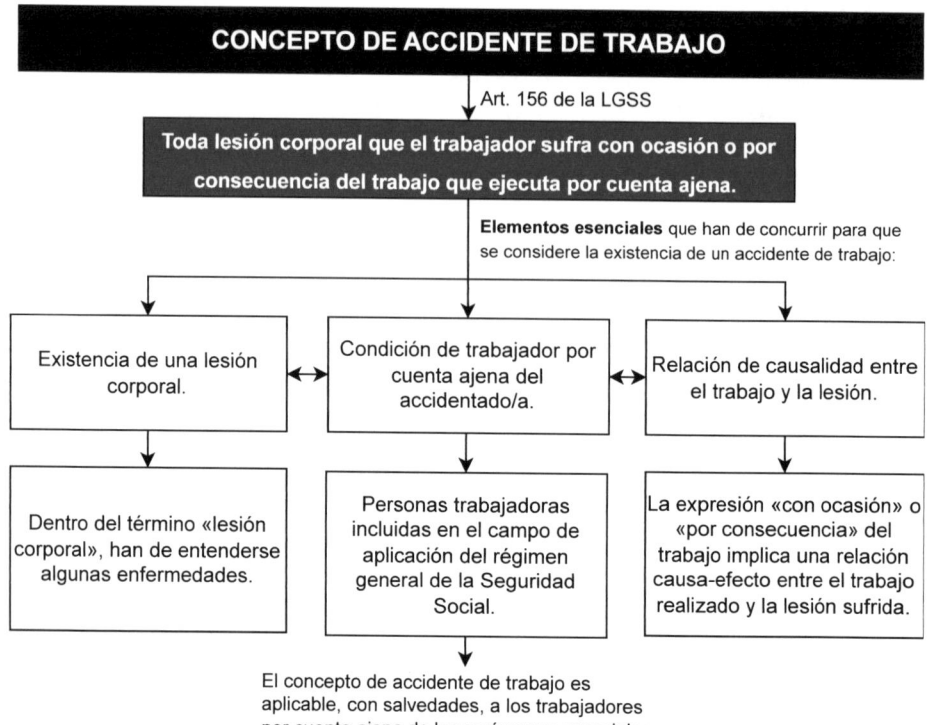

CONCEPTO DE ACCIDENTE DE TRABAJO

Art. 156 de la LGSS

Toda lesión corporal que el trabajador sufra con ocasión o por consecuencia del trabajo que ejecuta por cuenta ajena.

Elementos esenciales que han de concurrir para que se considere la existencia de un accidente de trabajo:

Existencia de una lesión corporal.

Condición de trabajador por cuenta ajena del accidentado/a.

Relación de causalidad entre el trabajo y la lesión.

Dentro del término «lesión corporal», han de entenderse algunas enfermedades.

Personas trabajadoras incluidas en el campo de aplicación del régimen general de la Seguridad Social.

La expresión «con ocasión» o «por consecuencia» del trabajo implica una relación causa-efecto entre el trabajo realizado y la lesión sufrida.

El concepto de accidente de trabajo es aplicable, con salvedades, a los trabajadores por cuenta ajena de los regímenes especiales.

1.2. Accidente en el trabajo realizado por cuenta propia

Se entenderá como **accidente de trabajo del trabajador autónomo** el ocurrido como consecuencia directa e inmediata del trabajo que realiza por su propia cuenta y que determina su inclusión en el campo de aplicación de este régimen especial.

AT	AUTÓNOMO	TRADE
CONCEPTO	Se entenderá como accidente de trabajo del trabajador autónomo el ocurrido como consecuencia directa e inmediata del trabajo que realiza por su propia cuenta y que determina su inclusión en el campo de aplicación de dicho Régimen Especial.	Se entenderá por accidente de trabajo toda lesión corporal del trabajador autónomo económicamente dependiente que sufra con ocasión o por consecuencia de la actividad profesional. (Salvo prueba en contrario, se presumirá que el accidente no tiene relación con el trabajo cuando haya ocurrido fuera del desarrollo de la actividad profesional de que se trate).

AT	AUTÓNOMO	TRADE
ACCIDENTE IN ITINERE	Con efectos de 26/10/2017: SÍ	SÍ
RELACIÓN DE CAUSALIDAD	La lesión ha de guardar una relación directa e inmediata con el trabajo que determine la inclusión en el RETA.	Ha de existir una relación de causalidad entre la lesión y la actividad profesional, directa («como consecuencia») o indirecta («con ocasión»).
NORMATIVA REGULADORA	Art. 3 del Real Decreto 1273/2003, de 10 de octubre. Art. 316 de la LGSS.	Art. 26.1.c) de la LETA. Art. 317 de la LGSS.

El art. 316 de la LGSS (en consonancia con el art. 3 del Real Decreto 1273/2003, de 10 de octubre) establece el concepto de accidente de trabajo para la persona trabajadora adscrita al RETA:

«2. Se entenderá como accidente de trabajo del trabajador autónomo el ocurrido como consecuencia directa e inmediata del trabajo que realiza por su propia cuenta y que determina su inclusión en el campo de aplicación de este régimen especial. Se entenderá, a idénticos efectos, por enfermedad profesional la contraída a consecuencia del trabajo ejecutado por cuenta propia, que esté provocada por la acción de los elementos y sustancias y en las actividades que se especifican en la lista de enfermedades profesionales con las relaciones de las principales actividades capaces de producirlas, anexa al Real Decreto 1299/2006, de 10 de noviembre, por el que se aprueba el cuadro de enfermedades profesionales en el sistema de la Seguridad Social y se establecen criterios para su notificación y registro.

También se entenderá como accidente de trabajo el sufrido al ir o al volver del lugar de la prestación de la actividad económica o profesional. A estos efectos se entenderá como lugar de la prestación el establecimiento en donde el trabajador autónomo ejerza habitualmente su actividad siempre que no coincida con su domicilio y se corresponda con el local, nave u oficina declarado como afecto a la actividad económica a efectos fiscales».

En el caso de los **trabajadores autónomos económicamente dependientes (TRADE)**, tienen incluida, obligatoriamente, dentro del ámbito de la acción protectora de la Seguridad Social, la cobertura de la incapacidad temporal y de los accidentes de trabajo y enfermedades profesionales. Para el caso de los TRADE, se entenderá por accidente de trabajo toda lesión corporal del trabajador autónomo económicamente dependiente que sufra con ocasión o por consecuencia de la actividad profesional, considerándose también accidente de trabajo el que sufra el trabajador al ir o volver del lugar de la prestación de la actividad, o por causa o consecuencia de la misma. Salvo prueba en contrario, se presumirá que el accidente no tiene relación con el trabajo cuando haya ocurrido fuera del desarrollo de la actividad profesional de que se trate [art. 26.1.c) de la LETA y art. 317 de la LGSS].

A TENER EN CUENTA. La cobertura de las contingencias profesionales se llevará a cabo con la misma entidad, gestora o colaboradora, con la que se haya formalizado la cobertura de la incapacidad temporal y determinará la obligación de efectuar las correspondientes cotizaciones para la prestación de cese de actividad.

JURISPRUDENCIA

STS, rec. 1253/2008, de 10 de febrero de 2009, ECLI:ES:TS:2009:3231

El Tribunal Supremo ha considerado que debe exigirse, a un trabajador por cuenta propia incluido en el Régimen Especial de Trabajadores Autónomos, el cumplimiento del requisito general de encontrarse al corriente en el pago de las cuotas en la fecha del hecho causante para el reconocimiento del derecho a prestación por incapacidad temporal consecuencia de accidente de trabajo, sin perjuicio de los efectos de la invitación al ingreso de las cuotas debidas en los casos en que aquella proceda, previstos en el art. 28 del Decreto 2530/1970, de 20 de agosto, y como tal invitación, debe equipararse el ingreso de las cuotas pendientes en vía de apremio.

En este sentido, tendrán la consideración de accidente laboral:

1. Los sucedidos en actos de salvamento y otros de naturaleza análoga, cuando tengan conexión con el trabajo.

2. Las lesiones que sufra el trabajador durante el tiempo y en el lugar del trabajo, una vez probada la conexión con el trabajo realizado por cuenta propia.

3. Las enfermedades, no incluidas en la definición de enfermedad profesional que contraiga el trabajador con motivo de la realización de su trabajo, siempre que se pruebe que la enfermedad tuvo por causa exclusiva la ejecución de aquél.

4. Las enfermedades o defectos padecidos con anterioridad por el trabajador que se agraven como consecuencia de las lesiones constitutivas del accidente

5. Las consecuencias del accidente que resulten modificadas en su naturaleza, duración, gravedad o terminación, por enfermedades intercurrentes, que constituyan complicaciones derivadas del proceso patológico determinado por el accidente mismo o tengan su origen en afecciones adquiridas en el nuevo medio en que se haya situado el paciente para su curación

6. El sufrido al ir o al volver del lugar de la prestación de la actividad económica o profesional

---

A TENER EN CUENTA. Se entiende por enfermedad profesional la contraída a consecuencia del trabajo ejecutado por cuenta propia, en la actividad en virtud de la cual el trabajador está incluido en el campo de aplicación del régimen especial, que esté provocada por la acción de los elementos y sustancias y en las actividades contenidos en la lista de enfermedades profesionales con las relaciones de las principales actividades capaces de producirlas, anexa al Real Decreto 1995/1978, de 12 de mayo, y desde el 1 de enero de 2007, al Real Decreto 1299/2006, de 10 de noviembre, por el que se aprueba el cuadro de enfermedades profesionales en el sistema de la Seguridad Social y se establecen criterios para su notificación y registro.

Mientras que, por el contrario, **no tendrán la consideración de accidentes de trabajo** en el RETA:

1. Los que sean debidos a fuerza mayor extraña al trabajo, entendiéndose por esta la que sea de tal naturaleza que ninguna relación guarde con el trabajo que se ejecutaba al ocurrir el accidente. En ningún caso se considera fuerza mayor extraña al trabajo la insolación, el rayo y otros fenómenos análogos de la naturaleza.

2. Los que sean debidos a dolo o a imprudencia temeraria del trabajador.

a) Relación de causalidad entre la lesión y el trabajo

El concepto de accidente de trabajo está referido al trabajo realizado por el autónomo que genera su inclusión en el Régimen Especial de Trabajadores Autónomos. Es decir, se considerará accidente laboral de un trabajador autónomo o por cuenta propia el sufrido en la actividad que lleve a cabo de forma habitual, personal y directa a título lucrativo. Teniendo en cuenta esto debe aclararse lo siguiente:

a) Aquellas actividades posibles y eventuales que no impliquen la inserción en el RETA del trabajador quedarían sin cobertura por accidente de trabajo.

b) En los supuestos de pluriactividad, cuando el autónomo realiza una actividad que origine su inclusión en el Régimen Especial de Trabajadores Autónomos y otra en otro régimen especial distinto, ante un accidente ocurrido en la actividad del segundo régimen, el autónomo carecería de cobertura.

c) Igualmente se encontrarán excluidos los accidentes fortuitos, de fuerza mayor y los accidentes *in itinere*.

b) Accidente de trabajo «in itinere» de una persona autónoma trabajadora

Con efectos de 26/10/2017, el art. 14 de la Ley 6/2017, de 24 de octubre ha modificado el art. 316.2 de la LGSS, ampliando la existencia de accidente de trabajo el autónomo al «sufrido al ir o al volver del lugar de la prestación de la actividad económica o profesional».

A estos efectos, se entenderá como lugar de la prestación el establecimiento en donde el trabajador autónomo ejerza habitualmente su actividad siempre que no coincida con su domicilio y se corresponda con el local, nave u oficina declarado como afecto a la actividad económica a efectos fiscales.

REQUISITOS PARA LA CONSIDERACIÓN DE ACCIDENTE *IN ITINERE* EN AUTÓNOMOS

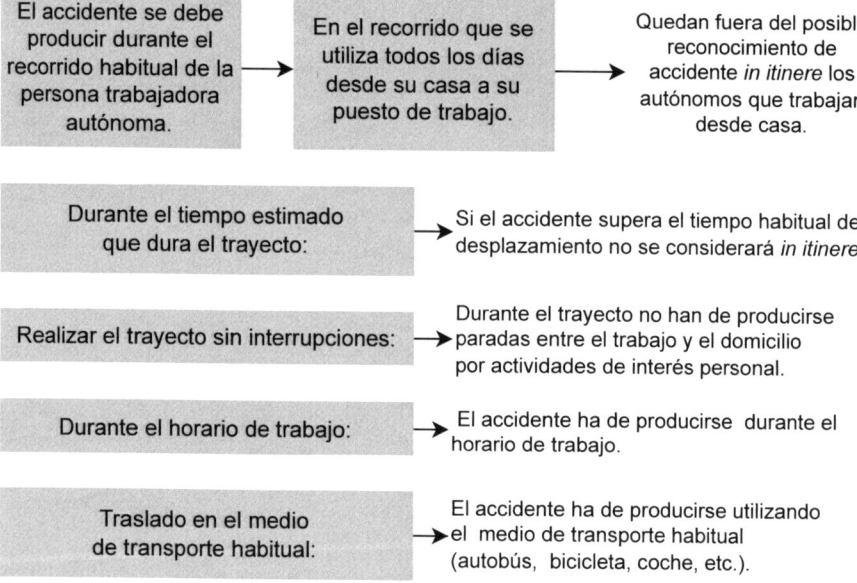

Art. 316.2 de la LGSS.
Art. 3 del RD 1273/2003, de 10 de octubre.

- Se entenderá como accidente de trabajo del trabajador autónomo el ocurrido como consecuencia directa e inmediata del trabajo que realiza por su propia cuenta y que determina su inclusión en el campo de aplicación del RETA.
- También se entenderá como accidente de trabajo el sufrido al ir o al volver del lugar de la prestación de la actividad económica o profesional. A estos efectos, se entenderá como lugar de la prestación el establecimiento en donde el trabajador autónomo ejerza habitualmente su actividad, siempre que no coincida con su domicilio y se corresponda con el local, nave u oficina declarado como afecto a la actividad económica a efectos fiscales.

El accidente se debe producir durante el recorrido habitual de la persona trabajadora autónoma. → En el recorrido que se utiliza todos los días desde su casa a su puesto de trabajo. → Quedan fuera del posible reconocimiento de accidente *in itinere* los autónomos que trabajan desde casa.

Durante el tiempo estimado que dura el trayecto: → Si el accidente supera el tiempo habitual de desplazamiento no se considerará *in itinere*.

Realizar el trayecto sin interrupciones: → Durante el trayecto no han de producirse paradas entre el trabajo y el domicilio por actividades de interés personal.

Durante el horario de trabajo: → El accidente ha de producirse durante el horario de trabajo.

Traslado en el medio de transporte habitual: → El accidente ha de producirse utilizando el medio de transporte habitual (autobús, bicicleta, coche, etc.).

RESOLUCIÓN RELEVANTE

STSJ de Castilla y León, rec. 441/2022, 25 de julio de 2022, ECLI:ES:TSJCL:2022:3299 y STSJ de Castilla y León, rec. 148/2023, de 16 de noviembre del 2023, ES:TSJCL:2023:4391

Se analizan los requisitos necesarios para que un autónomo pruebe que un accidente de tráfico deriva de su trabajo: «El trabajador por cuenta propia habrá de probar en todo caso la relación de causalidad existente entre las lesiones sufridas y el trabajo realizado por cuenta propia que dio lugar a la inclusión en este Régimen especial, exigencia hasta cierto punto lógica por las menores posibilidades de controlar la actuación del autónomo y las mayores dificultades para investigar las condiciones en que se producen los accidentes de este colectivo. La exigencia de que, para su calificación como laboral, el accidente traiga su causa inmediata y directa en la actividad desarrollada, y la consiguiente supresión del principio de ocasionalidad, justifica esta exclusión, amén de que con frecuencia será difícil deslindar si el autónomo está trabajando, trasladándose al centro o, sencillamente, en su tiempo libre. Y es que, como bien ha señalado la doctrina, si para el trabajador por cuenta ajena queda claro que la jornada laboral se inicia cuando éste se encuentra en su puesto de trabajo (art. 34.5 ET), tal consideración no puede trasladarse cuando la prestación de servicios se realiza por cuenta propia (...)».

c) Presunción de laboralidad en el accidente sufrido en tiempo o lugar de trabajo por parte de una persona autónoma trabajadora

En el caso de las personas trabajadoras autónomas, para los accidentes acaecidos en tiempo y lugar de trabajo, la presunción de laboralidad regulada en el art. 156.1 de la LGSS no se contempla, ya que la norma reguladora de la incapacidad temporal aplicable resulta ser el art. 3.2 del Real Decreto 1273/2003, de 10 de octubre. Dicha norma postula como accidente de trabajo de la persona trabajadora autónoma a «(...) el ocurrido como consecuencia directa e inmediata del trabajo que realiza por su propia cuenta y que determina su inclusión en el campo de aplicación del régimen especial».

CUESTIÓN

En caso de pluriactividad, ¿la misma lesión puede ser calificada de accidente laboral como trabajador por cuenta ajena y de enfermedad común como autónomo?

Sí, dada la diferencia en la regulación que se realiza en el RGSS y RETA del accidente de trabajo. El RETA exige una mayor demostración de la relación causal entre la lesión y la actividad laboral en comparación con el RGSS.

Como explica la STS n.º 479/2023, de 5 de julio del 2023, ECLI:ES:TS:2023:3098, una lesión que incapacita temporalmente a un trabajador puede ser considerada como accidente de trabajo en el Régimen General de la Seguridad Social (RGSS), pero no en el Régimen Especial de Trabajadores Autónomos (RETA), incluso si ocurre en el lugar y horario de trabajo.

Según el artículo 156.1 de la LGSS, en el RGSS se considera accidente de trabajo cualquier lesión que ocurra «con ocasión o por consecuencia» del trabajo por cuenta ajena. Además, el artículo 156.3 de la LGSS presume que son accidentes de trabajo las lesiones sufridas en tiempo y lugar de trabajo, salvo prueba en contrario.

En contraste, el RETA define como accidente de trabajo del autónomo aquel que sucede como «consecuencia directa e inmediata» de su actividad (art. 316.2 de la LGSS), y requiere una prueba explícita de la conexión entre la lesión y el trabajo realizado por cuenta propia, según el art. 3.2 del Real Decreto 1273/2003, de 10 de octubre.

RESOLUCIONES RELEVANTES

STSJ de Canarias n.º 192/2023, de 8 de marzo de 2023, ECLI:ES:TSJICAN:2023:289

No es accidente laboral el sufrido por un autónomo en una pausa del trabajo. Se analiza la existencia de accidente de trabajo de una fisioterapeuta que en un descanso entre paciente y paciente se corta en la mano. El Tribunal determina que no existe una relación de causalidad directa e inmediata entre el trabajo de la fisioterapeuta y el accidente sufrido, ya que las lesiones no ocurrieron durante la realización efectiva de sus funciones profesionales. Por tanto, el proceso de IT no se considera derivado de un accidente de trabajo.

STSJ de Madrid n.º 12/2023, de 13 de enero de 2023, ECLI:ES:TSJM:2023:1074

Declara como accidente laboral in itinere el accidente de tráfico sufrido por un fotógrafo gráfico por cuenta propia cuando, haciendo uso de su vehículo, se dirigía al domicilio de un cliente para realizar un trabajo inherente a su oficio. El tribunal concluyó que los traslados son una actividad indispensable e intrínseca a la labor profesional, por lo que el accidente de tráfico se ha declarado como ocasionado por contingencia profesional, al obedecer de forma directa e inmediata al trabajo.

STSJ de Andalucía n.º 2485/2019, de 17 de octubre de 2019, ECLI:ES:TSJAND:2019:9271

Para las personas trabajadoras autónomas no se contempla la presunción iuris tantum de laboralidad (ex art. 115.3 de la LGSS de 1994) para los accidentes acaecidos en tiempo y lugar de trabajo, con criterio extensible para las enfermedades, siempre que estas, por su propia naturaleza puedan ser causadas o desencadenadas por el trabajo, sin que pudiera aplicarse en todo caso a las enfermedades que por su propia naturaleza excluyan una etiología laboral. Resultaría aplicable el art. 3.2 del RD 1273/2003, de 10 de octubre, vigente a la fecha de inicio de la incapacidad temporal y del hecho que se postula como accidente de trabajo, como norma reguladora de la cobertura de las contingencias profesionales de los trabajadores incluidos en el RETA y que exige, para la consideración de accidente de trabajo del trabajador autónomo, que este ocurra como consecuencia directa e inmediata del trabajo que realiza por su propia cuenta y que determine su inclusión en el campo de aplicación del régimen especial.

2.
TIPOS DE ACCIDENTE DE TRABAJO

Siguiendo el art. 156 de la LGSS, se entiende por accidente de trabajo toda lesión corporal que el trabajador sufra con ocasión o por consecuencia del trabajo que ejecute por cuenta ajena. Ampliando esta definición, la norma considera accidentes de trabajo:

- Las lesiones sufridas durante el tiempo y en el lugar de trabajo y aquellas sufridas en actos de salvamento o de naturaleza análoga y que tengan relación con el trabajo.

- Las enfermedades comunes que contraiga el trabajador/a con motivo de la realización de su trabajo, no incluidas en la lista de enfermedades profesionales. Se debe acreditar fehacientemente la relación causa-efecto entre la realización de un trabajo y la aparición posterior de la enfermedad y los accidentes debidos a imprudencias profesionales, se califica así a los accidentes derivados del ejercicio habitual de un trabajo o profesión y de la confianza que estos inspiran al accidentado.

- Los accidentes de cargos electivos de carácter sindical, entendidos como los sufridos por el trabajador con ocasión o como consecuencia del desempeño de cargos electivos de carácter sindical, así como los ocurridos al ir o al volver del lugar en que se ejerciten las funciones propias de dichos cargos. (STSJ Galicia n.º 2096/2016, de 12 de abril, ECLI:ES:TSJGAL:2016:2500).

- Los que pueda sufrir el trabajador cuando se dirija a su lugar de trabajo y viceversa, conocidos como accidentes *in itinere*.

- Aquellos sufridos por el trabajador/a en el trayecto que tenga que realizar para el cumplimiento de la misión, así como el acaecido en el desempeño de la misma dentro de su jornada.

- Aquellas enfermedades o defectos padecidos con anterioridad, que se manifiestan o agravan como consecuencia de un accidente de trabajo.

- Enfermedades intercurrentes: se entiende por tales las que constituyen complicaciones del proceso patológico determinado por el accidente de trabajo mismo. Para calificar una enfermedad como intercurrente, es imprescindible que exista una relación de causalidad inmediata entre el accidente de trabajo inicial y la enfermedad derivada del proceso patológico. (ATS, rec. 3927/2017, de 18 de octubre de 2018, ECLI:ES:TS:2018:11298A).

Del mismo modo, la clasificación de los mismos puede atender a parámetros como:

Según el lugar del accidente	1. Accidente en el centro o lugar de trabajo habitual. 2. Accidente en desplazamiento en su jornada laboral. 3. Accidente *in itinere*. 4. Accidente en otro centro o lugar de trabajo.
Número de días de baja	1. Con baja médica. 2. Sin baja médica. 3. Recaída/redictiva.
Gravedad de la lesión	1. Sin lesión. 2. Leve. 3. Grave. 4. Muy grave. 5. Fallecimiento.

2.1. Accidente trabajo *in itinere*

Se denomina accidente *in itinere*, el sufrido por la persona trabajadora al dirigirse o regresar del trabajo [art. 156.2.a) de la LGSS]. Dado que el origen de esta figura lo encontramos en la jurisprudencia, ha correspondido a los tribunales fijar —caso por caso— las condiciones, requisitos, conductas o demás circunstancias que conforman este concepto, desarrollando y precisando los requisitos que deben concurrir.

Para la doctrina, la noción de accidente *in itinere* se construye a partir de dos términos, el lugar de trabajo y el domicilio del trabajador, y de la conexión entre ellos a través del trayecto realizado. Los tribunales manifiestan opiniones divergentes acerca de la aplicación rigurosa o no de que el trayecto tenga su origen en el domicilio y destino el trabajo, o viceversa. (STSJ de Madrid n.º 824/2017, de 29 de septiembre, ECLI:ES:TSJM:2017:9838; STSJ de Extremadura n.º 195/2002, de 4 de abril de 2002, ECLI:ES:TSJEXT:2002:866 y STS n.º 121/2017, de 14 de febrero de 2017, ECLI:ES:TS:2017:878).

A TENER EN CUENTA. La presunción en favor de la existencia de accidente laboral no juega en el caso de los accidentes *in itinere*. (STS, rec. 3558/2009, de 18 de enero de 2011, ECLI:ES:TS:2011:220).

Junto a esta noción principal de accidente de trabajo, el art. 156.2 de la LGSS contiene un listado ejemplificativo que comienza aludiendo a los accidentes «que sufra el trabajador al ir o al volver del lugar de trabajo», siendo necesario reproducir algunas consideraciones habituales en la doctrina (resumidas, entre muchas, en las STS, rec. 2315/2012, de 26 de diciembre de 2013, ECLI:ES:TS:2013:6487; STS, rec. 6543/2003, de 19 de enero 2005, ECLI:ES:TS:2005:150; STS, rec. 210/2006, de 29 de marzo de 2007, ECLI:ES:TS:2007:2724 o STS, rec. 1420/2010, de 14 de febrero de 2011, ECLI:ES:TS:2011:2257):

- Que la finalidad principal y directa del viaje esté determinada por el trabajo (elemento teleológico).

- Que se produzca en el trayecto habitual y normal que debe recorrer desde el domicilio al lugar de trabajo o viceversa (elemento geográfico).

- Que el accidente se produzca dentro del tiempo prudencial que normalmente se invierte en el trayecto (elemento cronológico) o, lo que es igual, que el recorrido no se vea alterado por desviaciones o alteraciones temporales.

- Que no sean normales y obedezcan a motivos de interés particular de tal índole que rompan el nexo causal con la ida o la vuelta del trabajo.

- Que se produzca en el recorrido habitual y normal desde el domicilio al lugar de trabajo y viceversa, con la finalidad principal y directa de acudir o volver a este (STSJ de las Islas Canarias n.º 460/2017, de 25 de mayo de 2017, ECLI:ES:TSJICAN:1239). Los tribunales vienen exigiendo desde hace ya tiempo que el trabajador utilice un trayecto adecuado, entendiendo por este el normal, usual o habitualmente utilizado para acudir al trabajo o regresar al domicilio. Tal circunstancia no impide que se utilice otro camino por razones concretas como los atascos.

- Que no haya habido interrupciones entre el trabajo y el accidente por otras actividades de interés personal.

- Que el accidente se produzca en «misión», esto es, que se produzca en el trayecto que el trabajador/a realice en cumplimiento de una misión.

- Que el desplazamiento se produzca entre el domicilio familiar y el laboral en aquellos casos en los que el trabajador/a tenga su domicilio familiar en un sitio y el laboral en otro por exigencia de la movilidad geográfica de su empresa.

- Que el trayecto se realice con medio normal de transporte habitual o normal, entendiéndose como tal el que habitualmente utilice el trabajador/a, y cuando este no actúe con imprudencia grave o temeraria (elemento de idoneidad del medio).

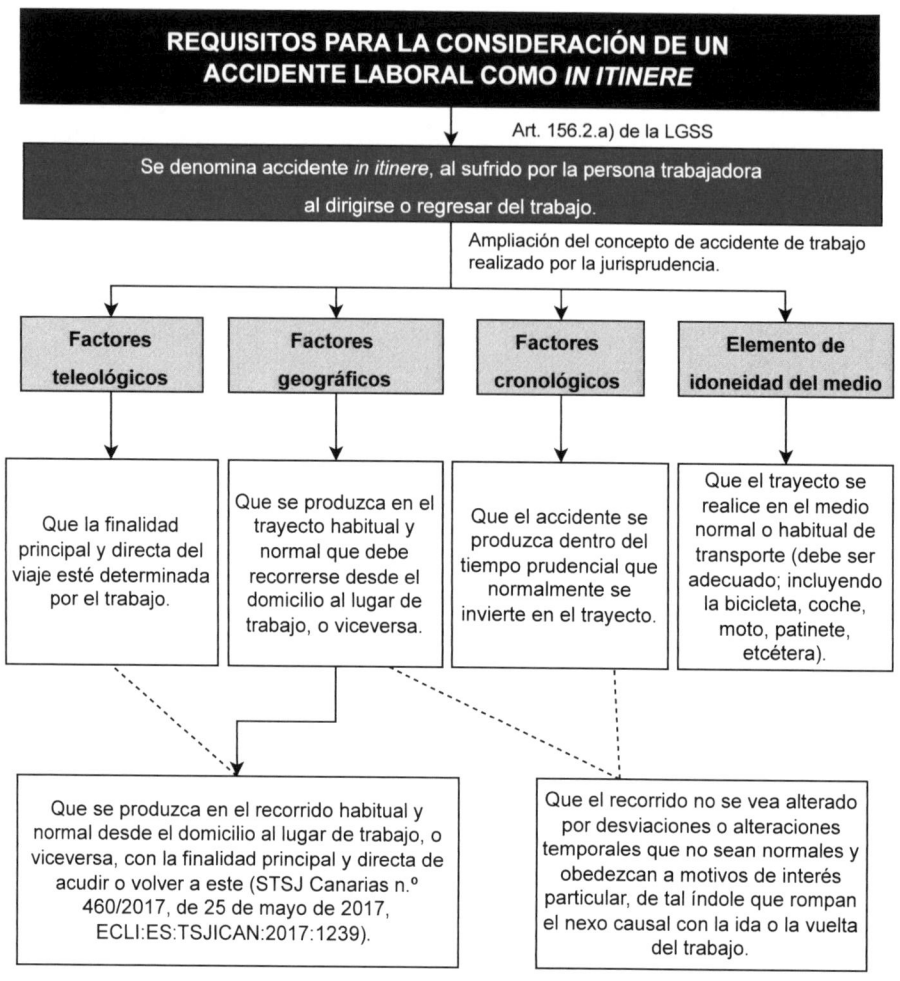

Sobre los denominados **factores teleológicos, geográficos, cronológicos y elementos de idoneidad del medio** en el accidente *in itinere*, debemos hacer referencia al análisis jurisprudencial de los siguientes supuestos aceptados o excluidos:

1. Recomendación empresarial de teletrabajar ante condiciones climatológicas adversas que afectaban la movilidad

STSJ de Madrid, rec. 593/2023, de 8 de febrero de 2024, ECLI:ES:TSJM:2024:1288: a pesar de la recomendación por parte de empresa de teletrabajar (pero sin resultar obligatorio al permitirse la asistencia presencial al trabajo si se consideraba seguro) se declara la existencia de accidente laboral in itinere en el accidente ocurrido al desplazarse al trabajo durante la borrasca de nieve Filomena.

2. Accidente en el domicilio de la persona trabajadora

Un elemento básico de la definición del accidente in itinere es que el trabajador vaya o vuelva del lugar de trabajo, razón por la que se atribuye al empresario la responsabilidad por las consecuencias dañosas, aunque no pueda sostenerse que esté en condiciones de controlar el medio en que el accidente se produce. Por la misma razón tal concepto, que atribuye responsabilidad incluso por las prestaciones causadas en caso de incumplimiento de las obligaciones legales de alta y cotización, y también eventuales indemnizaciones complementarias, no se extiende a supuestos distintos del de ir o volver del centro de trabajo, conforme a la definición legal. (STSJ de Cataluña, rec. 789/2017, de 11 abril 2017, ECLI:ES:TSJCAT:2017:3034).

> «Lo decisivo es, por un lado, que, a los efectos que aquí interesan, debemos entender por domicilio el lugar cerrado en el que el trabajador desarrolla habitualmente las actividades más características de su vida familiar, personal, privada e íntima ("morada fija y permanente", en la primera acepción del DRAE), es decir, lo que comúnmente denominamos "vivienda" ("lugar cerrado y cubierto construido para ser habitado por personas", también en la primera acepción del DRAE), y, por otro, que el abandono de ese espacio concreto (elemento geográfico) debe ponerse en relación directa con el inicio de otras actividades o circunstancias que, alejadas ya por completo de las primeras, así mismo ponen claramente de relieve una relación causal (elemento teleológico) con el comienzo (elemento cronológico) del trayecto que conduce en exclusiva al desempeño de la actividad laboral». (STS, a 14 de febrero de 2011, ECLI:ES:TS:2011:2257).
>
> La STS, rec. 1328/2007, 26 de febrero de 2008, ECLI:ES:TS:2008:1509, ha precisado que el trabajador «que está todavía en el domicilio, antes de salir o después de entrar en él, no está en el trayecto protegido y, por tanto, lo que en él acaezca no es accidente in itinere». Y como en ese supuesto se trataba de un trabajador que habitaba en una vivienda unifamiliar o en un apartamento situado en un bloque de pisos, existiendo en cualquier caso unas zonas comunes utilizables por todos los propietarios para entrar al piso propio desde la calle o bien para salir a ella desde el mismo, la Sala entendió acertada la doctrina que señalaba «que cuando el trabajador desciende las escaleras del inmueble en el que se ubica su vivienda ya no está en el espacio cerrado, exclusivo y excluyente para los demás, constitucionalmente protegido, sino que ya ha iniciado el trayecto que es necesario recorrer para ir al trabajo, transitando por un lugar de libre acceso para los vecinos y susceptible de ser visto y controlado por terceras personas ajenas a la familia», añadiendo que como «en este caso no hay duda alguna de que el accidentado realizaba el trayecto con la finalidad de ir al trabajo, no cabe sino concluir que se produjo el accidente "in itinere" al que se refiere el art. 156.2 a) de la LGSS».

3. Concepto evolutivo de «medio idóneo de transporte»

La **STSJ de Cataluña n.º 618/2014, de 12 de junio de 2014, ECLI:ES:TSJCAT:2014:6420** (compartiendo argumentos con **STSJ de Asturias n.º 2848/2016, de 29 de diciembre 2016, ECLI:ES:TSJAS:2016:3657**), recalca «que el medio de transporte debe ser idóneo, pero también pensamos que este **concepto es evolutivo y no debemos petrificar medios mecánicos de transporte ("artefactos y máquinas")** a los que demos tal calificación, sino que por el contrario hemos de aplicar la máxima de adaptar la interpretación de las normas a la realidad social y el tiempo en que vivimos, ex artículo 3 del código Civil, y en función de ello tomar la decisión pertinente». (La utilización de un **patinete eléctrico** para un rápido desplazamiento desde el centro de trabajo al domicilio habitual, hace que deba considerase como medio de transporte idóneo y por tanto incluirlo en el concepto de accidente *in itinere*).

4. Accidentes acaecidos durante la pausa de comida: tiempo de trabajo no efectivo

En relación con los accidentes acaecidos en tiempo de comida y, por ende, no de trabajo efectivo, existe un cuerpo consolidado de doctrina judicial de la que es clara muestra la **STS, rec. 2932/2004, de 9 de mayo de 2006, ECLI:ES:TS:2006:3097**, cuyo tenor literal viene a decir lo siguiente:

> «(...) es necesario en este caso tener en cuenta el criterio hermenéutico de la realidad social del tiempo en que las normas han de ser aplicadas, criterio al que también se refiere el artículo 3.1 del Código civil, así como a los usos y costumbres sociales que el artículo 3.1 d) del Estatuto de los Trabajadores considera fuente de la relación laboral. Conforme a ese criterio informador cabe afirmar que el accidente al que nos venimos refiriendo sobrevino durante la jornada de trabajo, porque en supuestos como el presente es práctica generalizada que los trabajadores dedicados a la construcción realicen sus comidas de medio día en el propio centro de trabajo, por las dificultades que entraña la satisfacción de esta necesidad en su domicilio y el coste adicional que supondría comer en un establecimiento público. Es regla general de experiencia y canon comúnmente aceptado de conducta que en situaciones como la aquí contemplada, los trabajadores realicen su comida de medio día en el centro de trabajo y en la pausa que el mismo permita, sin que con ello quede absolutamente desvinculada la lesión del trabajo realizado. Por lo demás, sería un contrasentido negar la calificación como profesional al accidente ocurrido en estas circunstancias y reconocerla al sufrido por el trabajador en la trayectoria de su domicilio al centro de trabajo, también en tiempo intermedio de inactividad laboral para alimentarse, originado por causas absolutamente desconectadas del funcionamiento de la empresa».

La **STSJ Andalucía, rec. 2311/2018, de 29 de mayo de 2019, ECLI:ES:TSJAND:2019:6126** (analizando la caída sufrida a la salida de un restaurante donde se comía durante la pausa de 4 horas al medio día concedida con este fin, cuando, de manera ordinaria o habitual, la persona trabajadora acude a su propio domicilio a comer), indicó lo siguiente:

> «Ya se trate de una gestión tributaria, ya de una visita médica, ya de una comida con compañeros, en cualquiera de tales supuestos nos encontramos ante una gestión puramente personal del trabajador durante el tiempo de trabajo no efectivo, ante una diligencia de carácter privado,

sin relación alguna con el trabajo, por lo que la caída o accidente acaecido en el ir o venir del mismo no puede ostentar la calificación de accidente laboral in itinere».

La **STSJ de Cantabria n.º 40/2024, de 26 de enero, ECLI:ES:TSJCANT:2024:33,** ha considerado el accidente de tráfico sufrido por un trabajador que no se dirigió a comer al lugar de su domicilio sino a otro mucho más cercano a su lugar de trabajo (centro comercial) como accidente laboral in itinere.

> **JURISPRUDENCIA**
>
> **STS, rec. 2315/2012, de 26 diciembre de 013, ECLI:ES:TS:2013:6487**
>
> *«A la hora de valorar la concurrencia de los anteriores elementos se debe tomar como guía una pauta flexibilizadora, en el sentido de considerar que no se produce la ruptura del nexo causal cuando la conducta del trabajador en su desplazamiento para ir o volver al trabajo responde a patrones usuales de convivencia o comportamiento del común de las personas ajustados a la conducta de un buen padre de familia».*

5. Trayecto a una visita médica autorizada por la empresa

En contra de la consideración como accidente laboral:

- STS n.º 121/2017, de 14 de febrero, ECLI:ES:TS:2017:878 (rechazando la laboralidad de un accidente acaecido por un trabajador en el trayecto a una visita médica autorizada por la empresa), considera accidente *in itinere* el sobrevenido en el trayecto entre el domicilio del trabajador y su lugar de trabajo, siendo necesario «que se produzca en el trayecto habitual y normal que debe recorrerse desde el domicilio al lugar de trabajo o viceversa (elemento geográfico)».

- STS, rec. 210/2006, de 29 de marzo de 2007, ECLI:ES:TS:2007:2724. La Sala considera que en este caso no concurren los requisitos exigidos por la jurisprudencia para calificar el accidente como in itinere porque la finalidad principal del viaje, producido durante una interrupción autorizada de la jornada laboral, era realizar una gestión privada sin relación con el trabajo, ni aconteció en el trayecto habitual de ida y vuelta entre el domicilio y el lugar de trabajo, debiéndose a un motivo de interés particular que rompió el nexo causal con esa ida y vuelta, sin que la autorización empresarial implique otra cosa que la imposibilidad de una sanción posterior por abandono del puesto de trabajo.

- STS, rec. 3816/2008, de 10 de diciembre de 2009, ECLI:ES:TS:2009:8238. No es accidente de trabajo in itinere el accidente de tráfico sufrido en el desplazamiento al centro de salud para visita de revisión con la matrona que asistía el embarazo de la trabajadora. Autorización de la empresa para el desplazamiento.

A favor de la consideración como accidente laboral:

- STSJ del País Vasco n.º 2224/2023, de 6 de octubre de 2024, ECLI:ES:TSJPV:2023:3455. Reconoce como accidente in itinere el sufrido por una trabajadora que salió antes de su horario laboral para ir al médico, con autorización de la empresa, y sufrió un accidente de tráfico. La sentencia de instancia había considerado que la incapacidad temporal derivada del accidente no era un accidente de trabajo. El Tribunal Superior de Justicia del País Vasco revoca esta decisión, reconociendo el accidente como laboral in itinere.

6. Pausa para tomar café

La **SJS de Pamplona (Iruña) n.º 590/2021, de 10 de febrero de 2022, ECLI:ES:JSO:2022:10** ha reconocido como accidente de trabajo el fallecimiento de un trabajador (infarto) durante una pausa para tomar café cuando iba a su puesto de trabajo.

La **STS n.º 126/2023, de 9 de febrero del 2023, ECLI:ES:TS:2023:437**, recordando la doctrina de la «ocasionalidad relevante», considera que el accidente ocurrió con ocasión del trabajo, durante el tiempo de descanso reconocido como tiempo de trabajo por el convenio colectivo, y que la caída se produjo en una actividad normal de la vida laboral. Aunque la Mutua argumentó que no se trataba de un accidente in itinere ni en misión, el Tribunal Supremo sostiene que la calificación de accidente de trabajo es correcta, independientemente de que la sentencia recurrida partiera de la consideración de accidente in itinere.

7. Desplazamiento al domicilio o al trabajo por parte del trabajador

A estos efectos, en la conceptualización del domicilio, por tanto, «(...) no solo se trata de domicilio legal, sino del real y hasta del habitual y, en general, del punto normal de llegada y partida del trabajo y ello en atención a la evolución que se produce en las formas del transporte y costumbres sociales que amplía la noción de domicilio para incluir lugares de residencia, o incluso, de estancia o de comida distintos de la residencia principal del trabajador». (STS, rec. 2315/2012, de 26 de diciembre de 2013, ECLI:ES:TS:2013:6487).

a) Traslado el domingo por la noche, un día antes de su incorporación al trabajo, desde su domicilio familiar hacia el lugar donde residía entre semana por motivos laborales

Mediante la **STS, rec. 2315/2012, de 26 de diciembre de 2013, ECLI:ES:TS:2013:6487**, el TS revisa su doctrina y considera como accidente de trabajo in itinere el que se produce al regresar del domicilio familiar al lugar donde el trabajador reside por razón del trabajo para incorporarse a la empresa al día siguiente (lunes). Para el alto tribunal, la finalidad principal del viaje sigue estando determinada por el trabajo, puesto que éste fija el punto de regreso y se parte del domicilio del trabajador en los términos precisados. Está presente también el elemento cronológico, pues aunque el accidente tiene lugar a las 21,15 horas del domingo cuando el trabajo comenzaba a las 8 horas del lunes, lo cierto es que se viajaba desde un punto que ha sido definido como el domicilio del trabajador hasta el lugar de residencia habitual y el hacerlo a aquella hora, para después de un descanso, poder incorporarse al día siguiente al trabajo ha de considerarse como una opción adecuada .Y es que, aunque el accidente se produce en un itinerario cuyo destino no es el lugar del trabajo, ese dirigirse a la residencia laboral no rompe la relación entre trayecto y trabajo, pues se va al lugar de residencia laboral para desde éste ir al trabajo en unas condiciones más convenientes para la seguridad y para el propio rendimiento laboral.

b) Caída en la propia casa del trabajador cuando se dispone a ir a trabajar

La **STSJ de Murcia, de 5 de julio de 2022, ECLI:ES:TSJMU:2022:1553**, reconoce una caída en las escaleras de la casa del trabajador como accidente de trabajo in itinere.

> «(...) se alega que la sentencia de instancia ha vulnerado el artículo 156 de la LGSS, en cuanto define el accidente de trabajo in itinere, al entender que el mismo se produjo al dirigirse al trabajo; denuncia normativa que debe prosperar ya que los hechos probados ponen de manifiesto que el actor comenzaba su jornada de trabajo a las 8 de la mañana y sufrió la caída sobre las 7:30 horas (hecho probado primero), y que dicho accidente se produjo al salir por el portal de su vivienda, resbala en los escalones de salida y caer al suelo (hecho probado segundo), y se reitera que el accidente de se produce cuando el actor se disponía a salir al trabajo, cayendo por las escaleras de su casa dentro de su finca sin haber salido al exterior (hecho probado cuarto); ello supone que el actor ha iniciado el trayecto para dirigirse al trabajo, por lo que concurren tanto el elemento temporal como topográfico, pues la mencionada hora en que sucede el accidente permite entender que el trabajador se dirigía a su trabajo, y que el accidente se produce cuando se dirige al mismo, aunque lo fuese en el interior de su parcela individual y no en el exterior de la misma, pero habiéndose abandonado la vivienda, lo que nos lleva a estimar de que nos encontramos ante un accidente de trabajo "in itinere", sin que se hubiesen acreditado circunstancias concomitantes que permitiesen su exclusión.
>
> Por todo ello, debe estimarse el recurso de suplicación planteado, y, con estimación de la demanda, se declara que el accidente sufrido por el actor el 8 de marzo de 2018, debe ser considerado accidente de trabajo "in itinere"».

c) Accidente durante el regreso al domicilio tras realizar un curso formativo relacionada con el trabajo

La STSJ de Cataluña, rec. 789/2017, de 11 de abril 2017, ECLI:ES:TSJCAT:2017:3034, entiende que no se trata de accidente in itinere el sufrido por una trabajadora al regresar desde el centro de enseñanza en que realizaba un curso de formación profesional para la obtención del título de la profesión de auxiliar en centro geriátrico a su domicilio.

d) Accidente al regresar su casa tras tomar algo con los compañeros u otro tipo de paradas

La **STSJ de las Is. Baleares, rec. 276/2017, de 28 de septiembre de 2017, ECLI:ES:TSJCAT:2017:3034**, considera accidente de trabajo el sufrido por un trabajador al regresar a su casa tras tomar algo con los compañeros durante 30 minutos. Dos son los factores que permiten mantener la laboralidad del desplazamiento a pesar de parar en un bar cercano a la empresa: el escaso tiempo que estuvo el trabajador en el bar (media hora) y no haber ingerido bebidas alcohólicas (no se incrementó el riesgo de accidente).

e) Accidente durante el desvío de la ruta directa a su casa para dejar a otros compañeros

En la **STS n.º 121/2017, de 14 de febrero de 2017, ECLI:ES:TS:2017:878**, para el TS, aunque podría haber regresado a su domicilio de manera directa, el desvío es para dejar en sus respectivos domicilios a dos compañeros de trabajo por lo que se considera AT en base en la evaluación de varios elementos:

- Elemento teleológico: La finalidad del viaje se considera laboral, ya que el desplazamiento incluía dejar a los compañeros en sus domicilios, una práctica conocida por la empresa.

- Elemento espacial: Aunque el accidente ocurrió en un itinerario no directo, no se rompe la conexión entre el trayecto y el trabajo, ya que el desvío estaba integrado en el carácter laboral del desplazamiento.

- Elemento modal: El medio de transporte y la ruta elegida eran adecuados para el desplazamiento, sin evidencia de conducción temeraria que pudiera cuestionar este factor.

- Elemento cronológico: A pesar de que el accidente ocurrió a cierta distancia y tiempo del inicio del trayecto, el Tribunal no consideró que esto rompiera el carácter laboral del desplazamiento.

f) Accidente durante la parada camino de su casa para hacer recados

La **SJS - Burgos n.º 504/2014de 28 de octubre de 2014, ECLI:ES:JSO:2014:150**, ha dictaminado que una caída sufrida por una trabajadora de un hotel mientras se desviaba en su camino habitual al trabajo para hacer un recado se considera un accidente laboral. La sentencia establece que el nexo laboral no se rompe por desvíos breves o encargos realizados en el trayecto al trabajo. La trabajadora, que se dirigía a su puesto de trabajo para su turno a las 11 de la mañana, sufrió la caída alrededor de las 10.25 horas. A pesar de las alegaciones de la mutua, el juez determinó que el accidente ocurrió en la calle y que el hecho de entrar en un establecimiento para hacer un encargo no constituye un riesgo añadido que rompa la conexión con el trabajo. La sentencia subraya que el itinerario seguido por la trabajadora es plausible y no se ve afectado por el desvío realizado. Como resultado, la mutua ha sido condenada a indemnizar a la trabajadora con 3.030 euros.

Por su parte, la **STS, rec. 409/2018, de 17 de abril de 2018, ECLI:ES:TS:2018:1588**, aprecia la existencia de accidente in itinere aunque la persona trabajadora sufriera un accidente tras parar a comprar unos yogures a la salida del trabajo.

CUESTIONES

1. ¿Existe el accidente de trabajo *in itinere* en los trabajadores autónomos (RETA)?

Con efectos de 26/10/2017, el art. 14 de la Ley 6/2017, de 24 de octubre, de reformas urgentes del trabajo autónomo, modificó el art. 316.2 de la LGSS, equiparando los efectos de las contingencias derivadas de accidente de trabajo *in itinere* con los trabajadores por cuenta ajena.

2. De no existir testigos, ¿las propias manifestaciones del trabajador pueden constituir prueba válida de un accidente de trabajo in itinere?

Según la STSJ de Canarias, rec. 196/2022, de 15 de marzo de 2023, ECLI:ES:TSJICAN:2023:299: «(...) las meras manifestaciones del trabajador respecto a la existencia de una lesión en tiempo y lugar de trabajo pueden ser medio de convicción suficiente y válido, si estas manifestaciones tienen apariencia de verosimilitud, son persistentes en el tiempo -es decir, que desde el principio se ha mantenido una misma versión, sin incurrir en contradicciones-, y resultan congruentes con los resultados de otras pruebas; todo lo cual en el presente caso en principio parece concurrir».

3. ¿Las empresas deben disponer de planes de movilidad para los trabajadores que se desplacen al centro de trabajo?

La normativa laboral no lo contempla. No obstante, el Ministerio de Trabajo y Economía Social ha integrado la negociación colectiva verde en el Anteproyecto de Ley de Movilidad Sostenible. La futura norma, que modificará el art. 85.1 del Estatuto de los Trabajadores, establecerá que las empresas con más de 500 empleados dispongan de planes de movilidad sostenible negociados con la representación legal de las personas trabajadoras.

2.2. Accidente de trabajo en misión

Se entiende por accidente **«en misión»** *(in mision)* el sufrido por la persona trabajadora en el trayecto que tenga que realizar para el cumplimiento de la misión, así como el acaecido en el desempeño de la misma dentro de la jornada laboral. Es decir, no tendrá la consideración de accidente de trabajo *in itinere*, sino accidentes de trabajo ordinario (art. 156.1 de la LGSS), el sufrido por el trabajador en el trayecto que debe recorrer «por consecuencia» de su trabajo, bien en el desempeño de sus funciones (la jurisprudencia ha hablado en este caso del «amplio lugar de trabajo en el que la víctima llevaba a cabo su cometido de promotor de ventas»), bien en cumplimiento de órdenes o indicaciones ocasionales del empresario (por ejemplo, incorporación a su destino de capitán de buque), con independencia del medio de transporte.

La noción de accidente en misión ha sido aceptada por la doctrina como una modalidad específica de accidente de trabajo, en la que se produce un desplazamiento del trabajador para realizar una actividad encomendada por la empresa. Se trata de una creación jurisprudencial como una modalidad específica de accidente de trabajo, en la que partiéndose de que se producía un desplazamiento del trabajador para realizar una actividad encomendada por la empresa, a través de dicha figura se ampliaba la presunción de laboralidad a todo el tiempo en que el trabajador desplazado, en consideración a la prestación de sus servicios, aparecía sometido a las decisiones de la empresa (incluso sobre su alojamiento, medios de transporte, etc.), de tal modo que el deber de seguridad, que es una de las causas de la responsabilidad empresarial, abarcaba todo el desarrollo del desplazamiento y de la concreta prestación de los servicios, destacándose que el «lugar de trabajo» a estos efectos es todo «lugar en que se está por razón de la actividad encomendada, aunque no sea el lugar de trabajo habitual». (STS n.º 278/2023, de 18 de abril, ECLI:ES:TS:2023:1650).

A modo de resumen (STS, rec. 3415/2005, de 6 marzo 2007, ECLI:ES:TS:2007:2115):

La misión integra **dos elementos conectados** ambos con la prestación de servicios del trabajador:

1º) El desplazamiento para cumplir la misión. La protección del desplazamiento presenta cierta similitud con la del accidente in itinere, en la medida en que el desplazamiento se protege en cuanto que puede ser determinante de la lesión, como en el caso de la insuficiencia cardíaca por una crisis de asma durante un vuelo en avión que impidió que el trabajador fuese debidamente atendido, con lo que sin el desplazamiento el resultado lesivo no se hubiese producido.

2º) La realización del trabajo en que consiste la misión. En cuanto al accidente que se produce en la realización del trabajo que constituye el objeto de la misión, su régimen es el normal del art. 156 de la LGSS. Pero no todo lo que sucede durante la misión tiene una conexión necesaria con el trabajo, cuando ni es propiamente desplazamiento, ni tampoco realización de la actividad laboral.

En esta línea, **se declararon accidentes «en misión»** los siguientes supuestos (STS, rec. 1487/2014, de 20 de abril de 2015, ECLI:ES:TS:2015:2121):

a) La insuficiencia cardiaca por una crisis de asma durante un vuelo en avión que impidió que el trabajador fuese debidamente atendido, con lo que sin el desplazamiento, el resultado lesivo no se hubiere producido, señalando que «concurre la circunstancia de ser en misión, pues si es cierto que la letra del art. 82 n.º 2 a), parece contemplar el supuesto ordinario del traslado habitual del propio domicilio al lugar del trabajo y regreso, ni de su letra ni de su espíritu están excluidos aquellos desplazamientos debidos única y exclusivamente a motivaciones laborales, y en el caso de autos ello es indiscutido, puesto que el vuelo se realizaba a requerimiento de la empresa para que prestara servicios en la construcción de un buque, con billete proporcionado por la propia empresa y desde un país al que había sido enviado igualmente por ella, y para trabajar a su servicio». (STS n.º 9254/1988, de 26 de diciembre de 1988, ECLI:ES:TS:1988:9254).

b) Un accidente cardiovascular con hemiparesia derecha sufrido a bordo del camión del que era conductor el trabajador durante un viaje por extranjero y mientras que conducía el conductor de relevo, razonándose que «en el supuesto aquí enjuiciado, no hay ni siquiera suspensión de la situación de actividad laboral, porque sucede a bordo del camión, aunque en situación de relevo activo, pero con presencia y disponibilidad plena en el propio puesto de trabajo». (STS, rec. 932/1997, de 4 de mayo de 1998, ECLI:ES:TS:1998:2824).

Infarto de miocardio sobrevenido mientras el trabajador se encontraba en el hotel donde se alojaba durante el viaje por Europa como conductor de autobús por ruta turística. Se argumenta para calificarlo como accidente de trabajo «en misión» que «Es evidente que el mal le sobreviene fuera de sus horas de trabajo, pero cuando permanece bajo la dependencia de la Empresa, cuya organización y prestación de servicios objeto de su actividad económica impide al trabajador reintegrarse a su vida privada, al domicilio familiar y a la libre disposición sobre su propia vida», que «tal es el contenido del accidente de trabajo «en misión», que es una lógica derivación del concepto de accidente de trabajo «in itinere», porque si este segundo concepto consiste en el soportado por el trabajador en el obligado desplazamiento (...) ya que la ley entiende que a tales trayectos y riesgos debe extenderse la protección proporcionada por la Empresa, con mayor razón deberá extenderse tal protección cuando la prestación de los servicios y sus condiciones y circunstancias impiden al trabajador aquel regreso, y excluyen la necesidad de reintegrarse al lugar de reanudación de las tareas profesionales, porque tal lugar no es abandonado al concluir y, por eso, es innecesario el reintegro, ya que el trabajador «itinerante» (...) está en ese itinerario desde que abandona su domicilio hasta que vuelve a él, cuando concluye las tareas que tiene encomendadas» y concluye que «Es cierto que el nexo entre el daño soportado y la situación laboral puede romperse (...) pero tal ruptura no depende de que las propias tareas profesionales hayan concluido (dado que esa conclusión no reintegra al trabajador a su vida personal, familiar, privada y de la que dispone), sino porque se produzcan hechos que, en efecto, se apartan de la situación que es laboral por extensión. O sea, cuando el trabajador rompe la dependencia y dispone de su tiempo y de su actuación». **(STS, rec. 3414/2000, de 24 de septiembre de 2001, ECLI:ES:TS:2001:7092 y rec. 145/2013, de 24 de febrero de 2014, ECLI:ES:TS:2014:1797).**

c) El trabajo de reparación de la avería de un coche en carretera es trabajo itinerante, en el que se ha de entender como tiempo de trabajo el de desplazamiento al punto en que se encuentra el vehículo averiado, y como lugar el de dicho punto y el de la vía que a él conduce. El lugar y el tiempo de trabajo de ayuda en carretera no se circunscriben al espacio y al acto estricto de arreglo de la avería, sino que se extienden también al desplazamiento y a la ruta seguida para poder efectuar la reparación. (STS, rec. 3414/2000, de 11 de julio de 2000, ECLI:ES:TS:2000:5736).

d) El contagio de una enfermedad en misión: la STS, rec. 944/2014, de 23 junio 2015, ECLI:ES:TS:2015:4364, aun conociendo de una dolencia de diferente naturaleza - legionelosis- reafirmó la vigencia del criterio jurisprudencial expuesto, al argumentar, a partir del mismo, que el hecho de que el contagio de la enfermedad se produjese en misión no comportaba que la contingencia deba declararse accidente de trabajo por la vía de la presunción.

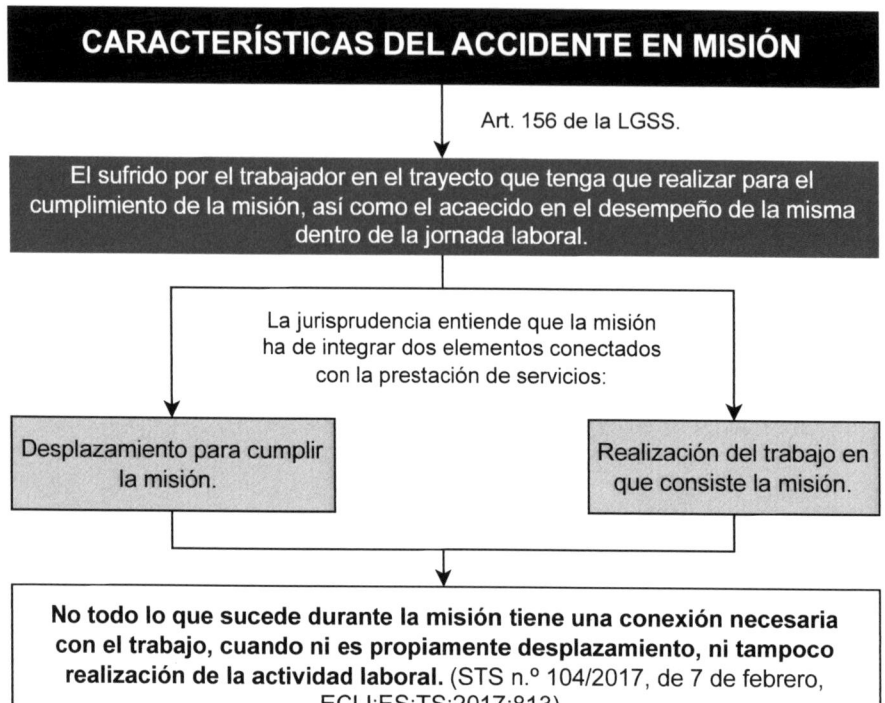

CARACTERÍSTICAS DEL ACCIDENTE EN MISIÓN

Art. 156 de la LGSS.

El sufrido por el trabajador en el trayecto que tenga que realizar para el cumplimiento de la misión, así como el acaecido en el desempeño de la misma dentro de la jornada laboral.

La jurisprudencia entiende que la misión ha de integrar dos elementos conectados con la prestación de servicios:

Desplazamiento para cumplir la misión.

Realización del trabajo en que consiste la misión.

No todo lo que sucede durante la misión tiene una conexión necesaria con el trabajo, cuando ni es propiamente desplazamiento, ni tampoco realización de la actividad laboral. (STS n.º 104/2017, de 7 de febrero, ECLI:ES:TS:2017:813).

CUESTIÓN

¿Qué diferencias existen entre un accidente de trabajo *in itinere* y otro «en misión»?

El accidente de trabajo *in itinere* es el que sufra el trabajador al ir o al volver del lugar de trabajo. El accidente de trabajo «en misión» ocurre durante el trayecto que el trabajador debe cubrir por motivos profesionales, o mientras se cumple una misión o actividad comprendida dentro del ámbito del trabajo.

Por el contrario, **no se ha considerado accidente *in misión*** el que ocurre sin conexión con el trabajo o en acto de la vida usual en conducta normal que en sí misma no produce ningún riesgo. A modo de ejemplo:

a) No es accidente laboral el producido por caída mientras se toma una ducha en el hotel de alojamiento al que se acude con ocasión de un desplazamiento («en misión») para asistir a algún evento relacionado con la actividad profesional. Inaplicabilidad de la doctrina sobre «ocasionalidad relevante» por ausencia de datos que enlacen la contingencia con el factor de la misión. (STS n.º 278/2023, de 18 de abril, ECLI:ES:TS:2023:1650).

b) Se excluye de la consideración de accidente de trabajo el fallecimiento de un trabajador en misión en Nigeria; fallecimiento que se produjo un domingo, día de descanso, por asfixia por inmersión, al bañarse en la playa de Badagry. Otras sentencias niegan también la consideración de accidente de trabajo el fallecimiento por infarto de miocardio de trabajadores en misión cuando los infartos se produjeron cuando descansaban en el hotel y sin que constase ninguna circunstancia que pudiese evidenciar una relación entre el trabajo realizado y la lesión cardiaca padecida. (STS n.º 104/2017, de 7 de febrero de 2017, ECLI:ES:TS:2017:813).

2.3. Lesiones no violentas, enfermedades agravadas por el trabajo y enfermedades intercurrentes

La LGSS diferencia entre las enfermedades de trabajo, en las que existe una relación de causalidad abierta entre el trabajo y la enfermedad; la enfermedad profesional, en la que tal relación de causalidad está cerrada y formalizada; y la enfermedad común, que es aquella que no puede incluirse en ninguna de las otras dos categorías. Dentro de las enfermedades de trabajo, han de distinguirse tres tipos:

1. Las que tienen causa exclusiva en el trabajo.
2. Las que se agravan como consecuencia de la lesión constitutiva del accidente.
3. Las enfermedades intercurrentes que constituyan complicaciones derivadas del proceso patológico determinadas por el accidente.

En primer lugar, como ya había establecido **STS, rec. 3927/1996, de 18 de junio de 1997, ECLI:ES:TS:1997:4323**, hay que partir del presupuesto de que el **concepto de «lesión»** constitutiva del accidente de trabajo comprende no solo la acción súbita y violenta de un agente exterior sobre el cuerpo humano, sino también las enfermedades en determinadas circunstancias «que contraiga el trabajador con motivo de la realización de su trabajo, siempre que se pruebe que la enfermedad tuvo por causa exclusiva la ejecución del mismo» [art. 156.2 e) de la LGSS].

Como vienen solicitando las distintas Salas de lo Social en relación con las lesiones que, por su propia naturaleza, tienen unas características de desarrollo dilatado en el tiempo, ha de ser la propia persona trabajadora la que demuestre la presencia del nexo causal entre el trabajo desarrollado y la lesión producida. Es decir, corresponde acreditar al trabajador que la lesión que padece se haya originado con ocasión de su trabajo o que se haya agravado por su desempeño. (**STSJ Castilla y León n.º 301/2011, de 13 de junio de 2011, ECLI:ES:TSJCL:2011:2574**).

En segundo lugar, el art. 156.2.f) de la LGSS reconoce la categoría de accidente de trabajo a las **enfermedades o defectos, padecidos con anterioridad por el trabajador, que se agraven como consecuencia de la lesión constitutiva del accidente**, pues lo determinante es que los efectos incapacitantes se produzcan o pongan de manifiesto con ocasión o como consecuencia del trabajo que se venga desarrollando a través de un suceso repentino calificable de accidente de trabajo, ya que tales efectos tienen lugar como consecuencia del accidente al interaccionar con la enfermedad previa. (STS, rec. 2840/2004, de 25 de enero de 2006, ECLI:ES:TS:2006:1150).

Del mismo modo, también existe accidente de trabajo cuando la **enfermedad previa se encontraba silente sin reflejar síntoma alguno ni impedir el trabajo**, según reconocimientos médicos previos, pero se ve agravada por el accidente, razón por la que la contingencia se considera como contingencia profesional. (STS, rec. 1594/2014, de 15 de julio de 2015, ECLI:ES:TS:2015:3688).

Por último, la presunción de accidente de trabajo alcanza también a las denominadas **enfermedades intercurrentes**, englobadas en la esfera del art. 156.2 g) de la LGSS, por constituir «complicaciones derivadas del proceso patológico determinado por el accidente mismo o tengan su origen en afecciones adquiridas en el nuevo medio en que se haya situado el paciente para su curación». (STSJ Extremadura n.º 615/2018, de 23 de octubre de 2018, ECLI:ES:TSJEXT:2018:1235). La enfermedad intercurrente se caracteriza porque modifica las consecuencias de accidente de trabajo anterior tanto en su naturaleza como en su gravedad o duración. Consecuencia importante es que, si la enfermedad intercurrente es calificada como accidente laboral —por el efecto del trabajo sobre la misma—, aunque influyan en ella enfermedades comunes, es responsable del pago de las prestaciones que se deriven la entidad que tenga asegurada tal contingencia. Para poder considerar una enfermedad como intercurrente, es imprescindible que exista una relación de causalidad inmediata entre el accidente de trabajo inicial y la enfermedad derivada del proceso patológico iniciado por aquel. Así, tienen la consideración de accidente de trabajo las consecuencias del accidente que resulten modificadas en su duración, gravedad o terminación por lesiones que, aunque no deriven directamente del accidente laboral, constituyan complicaciones o agravaciones del proceso patológico determinado por el accidente de trabajo. (STSJ de Andalucía n.º 977/2006, de 3 de abril de 2006, ECLI:ES:TSJAND:2006:2524).

A TENER EN CUENTA. El art. 156.2 de la LGSS [apdos. e) y f)] reconoce que serán consideradas como contingencia profesional aquellas enfermedades no incluidas en la relación de enfermedades profesionales, que contraiga el trabajador debido a su trabajo, siempre que se pruebe que tuvo por causa exclusiva la realización del mismo y las enfermedades o defectos anteriormente padecidos por el trabajador que se agraven como consecuencia de la lesión constitutiva del accidente. (Observatorio de las contingencias profesionales de la Seguridad Social. Seguridad Social).

CUESTIÓN

¿Qué implica la presunción de laboralidad del accidente establecida en el artículo 156.3 de la LGSS?

La presunción de laboralidad establecida en el artículo 156.3 de la LGSS indica que las lesiones sufridas por el trabajador en el tiempo y lugar de trabajo se consideran accidentes de trabajo, salvo prueba en contrario. Esta presunción admite refutación si se demuestra la ausencia de relación causal entre el trabajo y la lesión o enfermedad.

El Tribunal Supremo ha interpretado que la definición de accidente de trabajo es amplia, incluyendo no solo las lesiones directamente causadas por el trabajo sino también aquellas en las que el trabajo ha contribuido de manera indirecta. La jurisprudencia distingue entre causalidad directa y ocasionalidad relevante, siendo esta última suficiente para considerar una lesión o enfermedad como laboral, siempre que el trabajo haya contribuido de alguna forma a su ocurrencia.

La presunción de laboralidad se extiende a enfermedades que, por su naturaleza, puedan estar relacionadas con el trabajo. Sin embargo, esta presunción puede ser destruida mediante la presentación de pruebas que evidencien la falta de conexión causal. El Tribunal Supremo ha establecido que la presunción solo se desvirtúa ante hechos que demuestren claramente la inexistencia de relación entre el trabajo y la lesión o enfermedad.

JURISPRUDENCIA

STS, rec. 2200/2000, de 10 de abril, ECLI:ES:TS:2001:3040

Se establece que cualquier lesión puede estar causalmente relacionada con el trabajo, aunque su etiología sea común.

STS, rec. 4078/2002, de 3 de noviembre de 2003, ECLI:ES:TS:2003:6809

Se incluyen dentro del concepto de lesión las enfermedades de súbita aparición o desenlace.

STS, rec. 2716/2006, de 27 de febrero de 2008, ECLI:ES:TS:2008:1172

Se destaca la importancia de la ocasionalidad relevante y la contribución del trabajo a la ocurrencia de la lesión o enfermedad.

2.4. Supuestos excluidos de la consideración de accidente laboral

Los accidentes debidos a imprudencia temeraria del trabajador/a, fuerza mayor extraña al trabajo, dolo del trabajador/a accidentado o derivados de la actuación de otra persona, no tienen la consideración de accidente de trabajo.

El concepto de condiciones de trabajo engloba todo el conjunto de variables que definen la realización de una tarea concreta y el entorno en que ésta se realiza, de tal manera que son estas variables las que permiten determinar la salud del/la trabajador/a, y entre estas condiciones de trabajo se encuentra características del trabajo, incluidas las relativas a su organización y ordenación, que influyan en la magnitud de los riesgos a que esté expuesto el trabajador.

Como hemos reiterado, se presumirá, salvo prueba en contrario, que son constitutivas de accidente de trabajo las lesiones que sufra el trabajador durante el tiempo y en el lugar de trabajo. En sentido contrario, cuando no quede acreditada la conexión del accidente (entendido como las lesiones producidas) con el ámbito laboral, éste no podrá ser considerado como contingencia profesional.

Del mismo modo, no tendrán la consideración de accidente de trabajo (art. 156.4 de la LGSS):

a) Los que sean debidos a **fuerza mayor extraña al trabajo,** entendiéndose por ésta la que sea de tal naturaleza que no guarde relación alguna con el trabajo que se ejecutaba al ocurrir el accidente. En ningún caso se considerará fuerza mayor extraña al trabajo la insolación, el rayo y otros fenómenos análogos de la naturaleza. (STSJ de Galicia n.º 1462/2016, de 14 de marzo, ECLI:ES:TSJGAL:2016:1588).

b) Los que sean debidos a **dolo o a imprudencia temeraria del trabajador accidentado,** pero sin que impida esa calificación de accidente de trabajo la mera imprudencia profesional de trabajador o la concurrencia de determinados supuestos de culpabilidad civil o criminal del empresario, compañero de trabajo o un tercero, salvo que no guarde relación alguna con el trabajo (art. 156.5 de la LGSS). Es decir que la legislación social, a efectos de la protección de la contingencia de accidente laboral, trata de «defender» al trabajador de toda falta de cuidado, atención o negligencia, que no lleve a una calificación como imprudencia temeraria, y se cometa dentro del ámbito de su actuación profesional.

Igualmente, el esquema de conexión puede superar la relación simple entre trabajo (como situación objetiva de riesgo) y lesión para llegar a otra más compleja: trabajo, culpa del empresario en el desarrollo del trabajo, lesión. La norma reguladora establece que la concurrencia de culpabilidad civil o criminal del empresario, de compañero de trabajo del accidentado o de un tercero no impedirá la calificación del accidente como de trabajo, salvo que esa intervención «no guarde ninguna relación con el trabajo" (falta de conexión absoluta que se produce, por ejemplo, si en un accidente de circulación el empresario atropella al trabajador un día festivo: STS 24 de mayo de 1994). Lo que el precepto en realidad contempla es el caso de un accidente que ya no se produce como consecuencia de la actualización de una situación objetiva de riesgo, sino por una acción u omisión culpable imputable al empresario que produce un riesgo extraordinario.

> **JURISPRUDENCIA**
>
> **STS n.º 476/2023, de 4 de julio de 2023, ECLI:ES:TS:2023:3015**
>
> El TS entiende que la conducta del trabajador cuando, al volver del trabajo sufre un atropello, como peatón, al cruzar una carretera o vía de circulación de vehículos a motor, con diversos carriles, por lugar no habilitado para el paso de peatones, debe ser calificada como imprudencia temeraria a los efectos de excluir la existencia de accidente de trabajo.
>
> *«El supuesto litigioso sí que encaja en el concepto de imprudencia temeraria, en su significado jurídico-doctrinal, dado que no se observó en la conducta la más elemental cautela o prudencia que resultaba exigible, Por el contrario, la falta total de cuidado del trabajador accidentado y la gravedad de su conducta adquirieron una intensidad claramente relevante».*
>
> **SIS n.º 149/2019, de 28 de febrero, ECLI:ES:TS:2019:983**
>
> Es cierto que los artículos 14 y 15 de la Ley de Prevención de Riesgos obligan al empresario a preparar un plan de prevención y a prever las imprudencias no

temerarias de sus trabajadores (art. 15.4 de la LPRL), pero lo que resulta difícil de prever y vigilar es el incumplimiento por imprudencia temeraria del propio trabajador.

STS, rec. 4592/2006, de 13 de marzo de 2008, ECLI:ES:TS:2008:2532

El objetivo perseguido por la legislación social a efectos de la protección de la contingencia de accidente laboral: «trata de "defender" al trabajador de toda falta de cuidado, atención o negligencia, que no lleve a una calificación como imprudencia temeraria, y se cometa dentro del ámbito de su actuación profesional. Es interesante recordar, al efecto, que, incluso la STS —Sala Segunda— rec. 1048/2000, de 18 de marzo de 2002, ECLI:ES:TS:2002:1971, afirma que "(...) en materia de accidentes de trabajo (SS. de 19.10.2000, 17.5.2001, 5.9.2001 y 17.10.2001) (...) se considera un principio definitivamente adquirido, como una manifestación más del carácter social que impera en las relaciones laborales, el de la necesidad de proteger al trabajador frente a sus propias imprudencias profesionales (véase el fundamento de derecho 6º de la sentencia de 5.9.2001, que acabamos de citar)" y que "En los casos de imprudencia relativa a la circulación de vehículos de motor es claro que, a diferencia de los accidentes laborales, no existe una legislación específica protectora de la víctima"».

STS, rec. 1281/2014, de 4 de mayo de 2015, ECLI:ES:TS:2015:2827

El empresario, como deudor de seguridad, debe prever incluso las distracciones o imprudencias no temerarias del trabajador. Consta en dicha resolución que la actora, que había sido contratada por una ETT y prestaba servicios para una empresa usuaria, Taller de Cartón SA, habiendo suscrito tres contratos, el primero en 2005, sufrió el 15 de junio de 2007, un accidente de trabajo con grave traumatismo por aplastamiento del miembro superior izquierdo, siendo su profesión habitual peón manipuladora. El accidente ocurre cuando, sin saberse la causa (se supone que para meter bien la pieza de cartón), la trabajadora introdujo la mano por debajo de la protección de la máquina contra coladora Tünkers, que poseía informe de adecuación conforme al RD 1215/1997, realizada por una empresa distinta a la constructora, máquina que constaba de unos rodillos que prensan el cartón, y que posee a cada lado de la misma unos botones para pararla en caso de emergencia, alcanzándola los rodillos la mano y quedando atrapada. Consta que en el momento del accidente en la máquina estaban trabajando cuatro personas; que la actora había recibido de la ETT formación e información en materia de prevención de riesgos laborales en relación con el puesto de trabajo; puesto que estaba evaluado; evaluación que formaba parte como anexo al contrato de puesta a disposición; habiendo trabajado con anterioridad al accidente en dicha máquina; habiendo sido formada la actora, al igual que el resto de trabajadores con categoría de manipuladores, en la empresa en la que prestan servicios por los oficiales.

RESOLUCIÓN RELEVANTE

STSJ de las Is. Canarias n.º 577/2023, de 7 de julio de 2023, ECLI:ES:TSJICAN:2023:2007

«No se puede (...) excusar la empresa en la imprudencia del trabajador, cuando la empleadora no ha cumplido cabalmente con sus obligaciones en materia formativa»

STSJ del País Vasco n.º 226/2023, de 27 de junio de 2023, ECLI:ES:TSJPV:2023:1567

Desestiman declarar accidente de trabajo el trastorno de ansiedad que sufre la empleada de una residencia de mayores tras su negativa a vacunarse contra el covid.

CUESTIONES

1. ¿Qué se entiende por imprudencia temeraria del trabajador?

La imprudencia temeraria ha sido definida por doctrina y jurisprudencia como «una imprudencia personal temeraria», «una evidente temeridad»; «una falta de las más rudimentarias normas de criterio individual», «una temeraria provocación o asunción de un riesgo innecesario con la clara conciencia y patente menosprecio del mismo»; «una imprudencia de tal gravedad que notoriamente revele la ausencia de las más elemental precaución [sic] (...) sin esa elemental y necesaria previsión de un riesgo posible y la inmotivada, caprichosa o consciente exposición a un peligro cierto»; «la asunción voluntaria, por parte de quien actúa, de un riesgo innecesario que le ponga en peligro grave faltando a las más elementales normas de prudencia». (STSJ de Asturias n.º 923/2006, de 24 de marzo, ECLI:ES:TSJAS:2006:281).

2. ¿Qué se entiende por dolo del trabajador?

La realización del acto dañoso con ánimo intencional y deliberado. Aunque pueden servir de norma para la interpretación, la configuración de los conceptos de dolo e imprudencia en el Código Penal —de carácter más rígido, severo e inflexible, y que por propia naturaleza rechazan la aplicación de la analogía—, los mismos no son enteramente extrapolables al ámbito configurador del accidente de trabajo en la Ley General de la Seguridad Social.

3. ¿En qué se diferencia la imprudencia temeraria de la imprudencia profesional?

La imprudencia temeraria, a la luz de lo dispuesto en el artículo 156 de la Ley General de la Seguridad Social, se diferencia de la imprudencia profesional de manera palmaria en el precepto. Esta última especie de imprudencia, que no rompe el nexo causal entre la lesión y el trabajo, es consecuencia del ejercicio habitual del trabajo y se deriva de la confianza que este inspira por la repetición de unos mismos actos, en tanto que la imprudencia temeraria presupone una conducta en la que su autor asume riesgos manifiestos, innecesarios y especialmente graves ajenos al usual comportamiento de las personas. En otras palabras, puede concebirse como el patente y claro desprecio del riesgo y de la prudencia más elemental exigible (STS de 16 de julio de 1985), como aquella conducta del trabajador en que, excediéndose del comportamiento normal de una persona, se corra un riesgo innecesario que ponga en peligro la vida o los bienes, conscientemente. (STSJ de Aragón, rec. 91/2013, de 10 de mayo de 2013, ECLI:ES:TSJAR:2013:55).

4. ¿Se considera accidente laboral el síndrome del trabajador «quemado»?

El desgaste profesional, conocido como «síndrome de burnout», fue incorporado en la Clasificación Internacional de Enfermedades de la Organización Mundial de la Salud (OMS) con efectos de 1 de enero de 2022.

Según la STSJ de Andalucía, rec. 1607/2016, de 1 de junio de 2017, ECLI:ES:TSJAND:2017:5760, se considera el síndrome del trabajador quemado o estrés laboral manifestado en síntomas de cansancio emocional y sentimiento de inadecuación o frustración profesional como accidente de trabajo por tener causa laboral, incluso aunque no se aprecie conducta ilícita de la empleadora, ya que el objeto de este proceso es única y exclusivamente la determinación de la contingencia.

5. ¿Se considera accidente laboral un desprendimiento de retina mientras la trabajadora está trabajando delante del ordenador?

En este supuesto operaría la presunción de contingencia profesional derivada del hecho de que la lesión se ha manifestado en lugar y tiempo de trabajo. (STS, rec. 3144/2016, de 21 de junio de 2018, ECLI:ES:TS:2018:2497).

6. Una infracción de las normas de tráfico que termina en un accidente, ¿implica una imprudente temeraria?

La simple infracción de las normas reguladoras del tráfico no implica, por sí sola, la aparición de una conducta imprudente calificada de temeraria, pues es obvio que no todas ellas tienen el mismo alcance e intensidad, debiendo analizarse en cada caso concreto las circunstancias que concurren. (STS n.º 476/2023, de 4 de julio de 2023, ECLI:ES:TS:2023:3015).

7. ¿Existe responsabilidad empresarial sobre un accidente de tráfico por exceso de velocidad?, ¿se trataría de una imprudencia profesional o temeraria?

Existen fallos judiciales en distintos sentidos (ATS, rec. 1447/2019, de 14 de julio de 2020, ECLI:ES:TS:2020:5481A). A modo de ej., la STS, rec. 4592/2006, de 13 de marzo de 2018, se refiere a la calificación como de trabajo de un accidente que se produjo cuando el empleado, con la categoría profesional de conductor, que conducía un camión con remolque, se desvió de la autopista para tomar un carril de desaceleración a una velocidad antirreglamentaria de 90 km/h cuando el límite era de 40 km/h. La Sala IV, en interpretación del art. 115.4.b) LGSS, que excluye de la calificación de accidente de trabajo a "los que sean debidos a dolo o a imprudencia temeraria del trabajador accidentado", recuerda que la legislación social, a efectos de la protección de la contingencia de accidente laboral, trata de "defender" al trabajador de toda falta de cuidado, atención o negligencia, que no lleve a una calificación como imprudencia temeraria, y se cometa dentro del ámbito de su actuación profesional. En conclusión, considera que esta actuación no constituye una imprudencia temeraria, en tanto no rompe la causalidad entre acción y daño la existencia de imprudencia profesional por parte del trabajador. Se añade que la reforma efectuada por la LO 15/2007, si bien no estaba vigente en la fecha en que sobrevino el accidente, indica que, el exceso de velocidad dentro del límite de más de 80 Km/h, sin la concurrencia de otras circunstancias que pongan en peligro la seguridad, la vida o integridad de las personas, no se considera infracción temeraria.

3.
LA RESPONSABILIDAD POR ACCIDENTES DE TRABAJO

El art. 42.1 de la LPRL señala que el incumplimiento por los empresarios de sus obligaciones en materia de prevención de riesgos laborales dará lugar a responsabilidades administrativas, así como, en su caso, a responsabilidades penales y a las civiles por los daños y perjuicios que puedan derivarse de dicho incumplimiento.

3.1. Responsabilidad del empresario en caso de accidente laboral

La normativa establece para los distintos sujetos existentes en la relación laboral, dentro de sus respectivos ámbitos, una serie de obligaciones tendentes a garantizar la seguridad y la salud en el trabajo. La cuestión de la responsabilidad en caso de accidente laboral resulta controvertida en todos sus aspectos, desde el nacimiento de la misma, la influencia de acciones u omisiones de empresa o persona trabajadora, la cuantificación de la indemnización, la delimitación de la vía jurisdiccional competente, el plazo de prescripción, o la posible compatibilidad entre las distintas responsabilidades en ámbitos laboral, administrativo, civil o penal.

Parece conveniente recordar dos preceptos normativos y su incidencia sobre la responsabilidad empresarial:

1. El art. 42.1 de la LPRL señala que «el incumplimiento por los empresarios de sus obligaciones en materia de prevención de riesgos laborales dará lugar a responsabilidades administrativas, así como, en su caso, a responsabilidades penales y a las civiles por los daños y perjuicios que puedan derivarse de dicho incumplimiento».

El apartado 3 de este artículo dispone que «las responsabilidades administrativas que se deriven del procedimiento sancionador serán compatibles con las indemnizaciones por los daños y perjuicios causados y de recargo de prestaciones económicas del sistema de la Seguridad Social que puedan ser fijadas por el órgano competente de conformidad con lo previsto en la normativa reguladora de dicho sistema». Estos dos apartados constituyen un resumen descriptivo de las distintas clases de responsabilidad (civil, penal, administrativa y laboral-prestacional) que pueden surgir del incumplimiento de los deberes preventivos, especialmente en cuanto a los empresarios o empleadores.

2. El art. 96.2 de la LRJS dispone: «En los procesos sobre responsabilidades derivadas de accidentes de trabajo y enfermedades profesionales corresponderá a los deudores de seguridad y a los concurrentes en la producción del resultado lesivo probar la adopción de las medidas necesarias para prevenir o evitar el riesgo, así como cualquier factor excluyente o minorador de su responsabilidad».

Para la existencia de esta responsabilidad empresarial derivada de accidente de trabajo es preciso que concurran una serie de requisitos (STSJ de Castilla y León, n.º 693/2021, de 21 de diciembre de 2021, ECLI:ES:TSJCL:2021:4656):

- **Existencia de daños a la persona trabajadora.**

- **Acción u omisión en el incumplimiento de obligaciones de seguridad.** En este sentido, el incumplimiento podrá consistir tanto en la infracción de cualquiera de las obligaciones específicas o a las previstas en la normativa específica de seguridad como a la obligación general que pesa sobre el empresario de garantizar la seguridad y la salud en todos los aspectos relacionados con el trabajo, mediante la adopción de las medidas necesarias.

- **Culpa o negligencia empresarial.** Entre los requisitos que habitualmente se exigen a la responsabilidad civil, no puede perderse de vista el de la culpa o negligencia, es decir, la presencia de un elemento culpabilístico resulta insoslayable, en la medida en que la mayoría de las sentencias sociales, en esta materia, parten de la rotunda negación de la responsabilidad objetiva del empresario. Es decir, no estamos ante una responsabilidad fundamentada en el riesgo laboral, como sucede en la infracción administrativa, sino que al menos ha de hallarse cierta culpa en el comportamiento empresarial. Por tanto, la responsabilidad quedará excluida cuando dicha negligencia no haya quedado demostrada.

A TENER EN CUENTA. Para que haya obligación de indemnizar, es exigible que exista cualquier tipo de incumplimiento empresarial de alguna medida de prevención laboral, y que esto haya resultado decisivo para la producción del accidente y sus efectos lesivos.

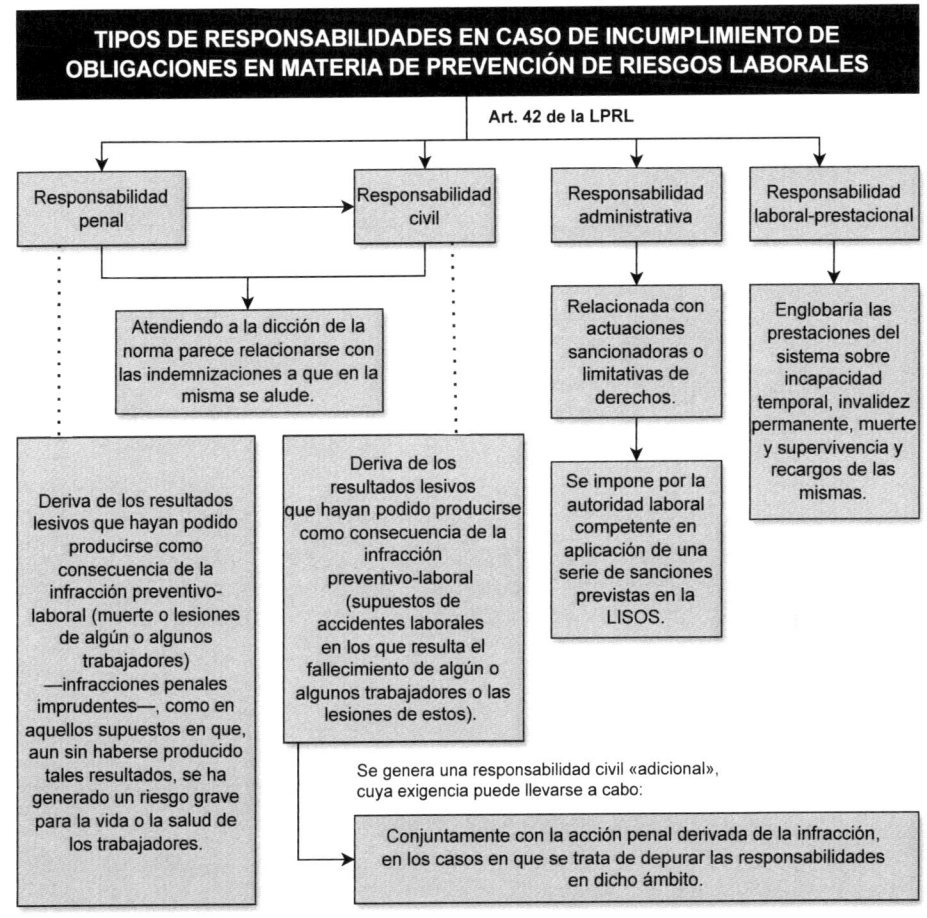

3.1.1. Responsabilidad administrativa

La responsabilidad empresarial en este punto queda vinculada al incumplimiento de las obligaciones legales y reglamentarias, por lo que la responsabilidad a nivel administrativo surge de las acciones u omisiones de los empresarios al incumplir las normas, pudiendo diferenciar dentro de este bloque dos niveles diferentes, pero asociados, como son la responsabilidad administrativa en materia de prevención de riesgos laborales y la responsabilidad en el pago de prestaciones o prestacional derivada directamente de la omisión de los deberes de afiliación, alta y cotización en su dimensión administrativa.

En la sección 2.ª del capítulo I de la LISOS, bajo el epígrafe «Infracciones en materia de prevención de riesgos laborales», se tipifican como infracciones, las acciones u omisiones de los empresarios que incumplan la normativa. Estas sanciones se aplican tras la instrucción de un expediente a propuesta de la Inspección de Trabajo y, sin perjuicio del resto de responsabilidades.

Las sanciones económicas en materia de PRL, oscilan según se trate de infracciones leves, graves o muy graves (art. 40.2 de la LISOS) entre las siguientes cuantías:

- Las leves, en su grado mínimo, con multa de 45 a 485 euros; en su grado medio, de 486 a 975 euros; y en su grado máximo, de 976 a 2.450 euros.

- Las graves con multa, en su grado mínimo, de 2.451 a 9.830 euros; en su grado medio, de 9.831 a 24.585 euros; y en su grado máximo, de 24.586 a 49.180 euros.

- Las muy graves con multa, en su grado mínimo, de 49.181 a 196.745 euros; en su grado medio, de 196.746 a 491.865 euros; y en su grado máximo, de 491.866 a 983.736 euros.

Si se diese una circunstancia de excepcional gravedad, la sanción puede consistir, además, en:

- Una suspensión de las actividades laborales por un tiempo determinado o cierre del centro de trabajo (art. 53 de la LPRL).

- Una limitación en la facultad de contratar con la Administración cuando se hayan cometido infracciones administrativas muy graves en materia de seguridad y salud en el trabajo, o constitutivas de delito (art. 54 de la LPRL).

3.1.2. Responsabilidad laboral-prestacional: recargo de prestaciones

En la vertiente «laboral-prestacional» de la responsabilidad, encontramos otra sanción de naturaleza administrativa, regulada en el art. 164 de la LGSS:

«1. Todas las prestaciones económicas que tengan su causa en accidente de trabajo o enfermedad profesional se aumentarán, según la gravedad de la falta, de un 30 a un 50 por ciento, cuando la lesión se produzca por equipos de trabajo o en instalaciones, centros o lugares de trabajo que carezcan de los medios de protección reglamentarios, los tengan inutilizados o en malas condiciones, o cuando no se hayan observado las medidas generales o particulares de seguridad y salud en el trabajo, o las de adecuación personal a cada trabajo, habida cuenta de sus características y de la edad, sexo y demás condiciones del trabajador.

2. La responsabilidad del pago del recargo establecido en el apartado anterior recaerá directamente sobre el empresario infractor y no podrá ser objeto de seguro alguno, siendo nulo de pleno derecho cualquier pacto o contrato que se realice para cubrirla, compensarla o trasmitirla.

3. La responsabilidad que regula este artículo es independiente y compatible con las de todo orden, incluso penal, que puedan derivarse de la infracción».

3.1.3. Responsabilidad penal

Es habitual que, ante un accidente de trabajo grave, se abran diligencias previas por los juzgados de instrucción a fin de determinar si existen responsabilidades penales. De esta forma, el Código Penal concreta diversos delitos penales en los que el empresario puede incurrir ante el incumplimiento de su deber de protección de la seguridad y salud de los trabajadores, que clasificamos en:

– **Infracción de las normas de prevención con peligro para la vida o integridad física de los trabajadores** (art. 316 del CP). En este supuesto, no es necesario que se produzcan daños, es suficiente el hecho de haber creado y aceptado la situación de peligro.

– **Infracción de las normas de prevención por imprudencia grave** con peligro para la vida o integridad física de los trabajadores (art. 317 del CP).

Junto a este tipo de penas, la autoridad laboral podría instar el cierre temporal o definitivo de la empresa o sus locales e incluso la disolución de la empresa.

En relación con la atribución del delito a las personas jurídicas, el art. 318 del Código Penal indica:

> «Cuando los hechos previstos en los artículos de este título se atribuyeran a personas jurídicas, se impondrá la pena señalada a los administradores o encargados del servicio que hayan sido responsables de los mismos y a quienes, conociéndolos y pudiendo remediarlo, no hubieran adoptado medidas para ello. En estos supuestos la autoridad judicial podrá decretar, además, alguna o algunas de las medidas previstas en el artículo 129 de este Código».

Lo anterior, teniendo presente lo establecido en el art. 31 del Código Penal sobre la **responsabilidad solidaria** en las penas de multa de la persona jurídica:

> «El que actúe como administrador de hecho o de derecho de una persona jurídica, o en nombre o representación legal o voluntaria de otro, responderá personalmente, aunque no concurran en él las condiciones, cualidades o relaciones que la correspondiente figura de delito requiera para poder ser sujeto activo del mismo, si tales circunstancias se dan en la entidad o persona en cuyo nombre o representación obre».

3.1.4. Responsabilidad civil

La obligación civil de indemnizar al trabajador por los daños y perjuicios dimanantes de un accidente de trabajo solo puede imponerse al empresario, de conformidad con el art. 1902 del Código civil, cuando haya incurrido en una conducta culposa o negligente, no siendo posible acudir a criterios de responsabilidad objetiva ni erigir al riesgo en fundamento único de la obligación de resarcir.

La responsabilidad civil es compatible con la administrativa, la penal y con la derivada del recargo en las prestaciones.

En cuanto a la cuantificación de los daños, es necesario acudir al art. 219 de la LEC, que determina que, «cuando se reclame en juicio el pago de una cantidad de dinero determinada o de frutos, rentas, utilidades o productos de cualquier clase, no podrá limitarse la demanda a pretender una sentencia meramente declarativa del derecho a percibirlos, sino que deberá solicitarse también la condena a su pago, cuantificando exactamente su importe, sin que pueda solicitarse su determinación en ejecución de sentencia, o fijando claramente las bases con arreglo a las cuales se deba efectuar la liquidación, de forma que ésta consista en una pura operación aritmética. (...) la sentencia de condena establecerá el importe exacto de las cantidades respectivas, o fijará con claridad y precisión las bases para su liquidación, que deberá consistir en una simple operación aritmética que se efectuará en la ejecución».

En este sentido, es preciso considerar la STS, n.º 993/2006, de 4 de octubre de 2006, ECLI:ES:TS:2006:5695, que se pronuncia acerca de la cuantificación de la indemnización ante el resarcimiento de un daño moral, matiza que «la determinación de la cuantía por indemnización por daños morales, como es la que se impugna en el recurso, debe ser objeto de una actividad de apreciación por parte del juzgador, habida cuenta de la inexistencia de parámetros que permitan con precisión traducir en términos económicos el sufrimiento en que el daño moral esencialmente consiste. En efecto, se viene manteniendo que la reparación del daño o sufrimiento moral, que no atiende a la reintegración de un patrimonio, va dirigida, principalmente, a proporcionar en la medida de lo humanamente posible una satisfacción como compensación al sufrimiento que se ha causado, lo que conlleva la determinación de la cuantía de la indemnización apreciando las circunstancias concurrentes».

Del mismo modo, cuando en la producción del daño intervienen varios autores, se produce una obligación de carácter solidario. En este sentido, la STS, n.º 1340/2007, de 2 de enero de 2007, ECLI:ES:TS:2007:172, precisa que «el reconocimiento de esta responsabilidad *in solidum* (con carácter solidario), responde a razones de seguridad e interés social, en cuanto constituye un medio de protección de los perjudicados adecuado para garantizar la efectividad de la exigencia de la responsabilidad extracontractual, pero exige para su aplicación que no sea posible individualizar los respectivos comportamientos ni establecer las distintas responsabilidades».

CUESTIÓN

¿Qué requisitos deben cumplirse para que exista responsabilidad del empresario frente al trabajador que ha sufrido un accidente laboral?

Para que haya lugar a la responsabilidad del empresario frente al trabajador que ha sufrido un accidente laboral, deben concurrir los siguientes requisitos:

1. La existencia real de una situación generadora de daños y perjuicios, es decir, la producción de un daño que ha de ser cierto, realmente existente y evaluable económicamente.

2. Su acreditación en el proceso que se inicie instando su resarcimiento.

3. Un incumplimiento probado por parte del empresario, determinante de aquella situación.

4. Existencia de una relación o nexo causal entre el comportamiento y el daño, valorando, en cada caso concreto, si el antecedente se presenta como causa necesaria del efecto lesivo producido, de tal manera que el cómo y el por qué se produjo este constituyen elementos definitorios del contenido de aquella relación causal.

5. Existencia de un criterio que permita imputar la responsabilidad al empresario. El criterio normal de imputación es la culpabilidad. Sobre este último aspecto, el artículo 1.902 del CC consagra un principio de responsabilidad subjetiva, conforme al cual solo surge la obligación de reparar el daño causado cuando ha intervenido culpa o negligencia. Sin embargo, la jurisprudencia ha evolucionado progresivamente hacia una objetivación de la culpa, dando lugar a la denominada responsabilidad por riesgo, que conlleva una inversión de la carga de la prueba, de forma que es el autor de los daños quien ostenta la carga de probar que en el ejercicio de sus actos lícitos obró con toda la prudencia y diligencia precisa para evitarlos.

3.2. Responsabilidad de la persona trabajadora en materia de accidentes de trabajo

La legislación social, a efectos de la protección de la contingencia de accidente laboral, trata de «defender» al trabajador de toda falta de cuidado, atención o negligencia, que no lleve a una calificación como imprudencia temeraria, y se cometa dentro del ámbito de su actuación profesional. De esta forma, el art. 156.5.a) de la LGSS establece que «No impedirán la calificación de un accidente como de trabajo: a) La imprudencia profesional que sea consecuencia del ejercicio habitual de un trabajo y se derive de la confianza que éste inspira (...)».

La LPRL no solo otorga al empresario la responsabilidad, el art. 29 de la LPRL establece que «corresponde a cada trabajador velar, según sus posibilidades y mediante el cumplimiento de las medidas de prevención que en cada caso sean adoptadas, por su propia seguridad y salud en el trabajo y por la de aquellas otras personas a las que pueda afectar su actividad profesional, a causa de sus actos y omisiones en el trabajo, de conformidad con su formación y las instrucciones del empresario».

De esta forma, los trabajadores, con arreglo a su formación y siguiendo las instrucciones del empresario, deberán en particular:

- Usar adecuadamente, de acuerdo con su naturaleza y los riesgos previsibles, las máquinas, aparatos, herramientas, sustancias peligrosas, equipos de transporte y, en general, cualesquiera otros medios con los que desarrollen su actividad.

- Utilizar correctamente los medios y equipos de protección facilitados por el empresario, de acuerdo con las instrucciones recibidas de este.

- No poner fuera de funcionamiento y utilizar correctamente los dispositivos de seguridad existentes o que se instalen en los medios relacionados con su actividad o en los lugares de trabajo en los que esta tenga lugar.

- Informar de inmediato a su superior jerárquico directo, y a los trabajadores designados para realizar actividades de protección y de prevención o, en su caso, al servicio de prevención, acerca de cualquier situación que, a su juicio, entrañe, por motivos razonables, un riesgo para la seguridad y la salud de los trabajadores.

- Contribuir al cumplimiento de las obligaciones establecidas por la autoridad competente con el fin de proteger la seguridad y la salud de los trabajadores en el trabajo.

- Cooperar con el empresario para que este pueda garantizar unas condiciones de trabajo que sean seguras y no entrañen riesgos para la seguridad y la salud de los trabajadores.

El incumplimiento por los trabajadores de las obligaciones en materia de prevención de riesgos a que se refieren los apartados anteriores tendrá la consideración de incumplimiento laboral a los efectos previstos en el artículo 58.1 del ET.

A TENER EN CUENTA. Un caso de especial atención es la protección de la contingencia de accidente laboral frente a la **falta de cuidado, atención o negligencia por parte del trabajador**. El art. 156.5. a) de la LGSS establece que «no impedirán la calificación de un accidente como de trabajo: a) La imprudencia profesional que sea consecuencia del ejercicio habitual de un trabajo y se derive de la confianza que este inspira».

El empresario no incurre en responsabilidad alguna cuando el resultado lesivo se hubiese producido por fuerza mayor o caso fortuito, por negligencia exclusiva no previsible del propio trabajador o por culpa exclusiva de terceros no evitable por el empresario (argumentando los arts. 1.105 del CC y 15.4 de la LPRL). No obstante, existe una relación directa del empresario con la responsabilidad civil (arts. 1101 y 1902 del CC), ya que, aun existiendo responsabilidad del trabajador, por el juego del art. 1.903 del CC el empresario puede verse obligado a responder civilmente por los actos de aquel:

> «La obligación que impone el artículo anterior es exigible, no solo por los actos u omisiones propios, sino por los de aquellas personas de quienes se debe responder (...) Lo son igualmente los dueños o directores de un establecimiento y empresa respecto de los perjuicios causados por sus dependientes en el servicio de los ramos en que los tuvieran empleados, o con ocasión de sus funciones».

Es al empresario a quien le corresponde acreditar la concurrencia de la exoneración de responsabilidad, en tanto que él es el titular de la deuda de seguridad y habida cuenta de los términos cuasi objetivos en que la misma está concebida legalmente. (**Sentencia del Tribunal Superior de Justicia de Aragón n.º 257/2016, 19 de abril, ECLI:ES:TSJAR:2016:570**).

TIPOS DE RESPONSABILIDAD EXIGIBLES AL TRABAJADOR EN CASO DE ACCIDENTE LABORAL

Responsabilidad disciplinaria

El incumplimiento por los trabajadores de las obligaciones en PRL (art. 29 de la LPRL) se considerará incumplimiento laboral a los efectos de imposición de faltas o sanciones.

- En caso de inobservancia de las órdenes o instrucciones del empresario incumpliendo cualquier obligación impuesta por normas legales (art. 29 de la LPRL), convencionales (convenio colectivo) o asumidas por contrato de trabajo.
- Surge del poder disciplinario del empresario (arts. 58.2 y 60.2 del ET) y de la posible realización de un despido disciplinario (arts. 54 a 56 del ET).
- El trabajador podrá impugnar la sanción mediante demanda, presentada dentro del plazo señalado en el art. 103 de la LJS y con las características de los arts.114 y 115 de la LJS.

Responsabilidad administrativa

- No alcanza al trabajador. Se otorga al empresario.

Responsabilidad penal

- Surge cuando el trabajador realiza delitos genéricos (homicidio, lesiones, etcétera) por omitir sus obligaciones preventivas causando (normalmente por imprudencia) lesiones o la muerte a otra persona.

Art. 318 del CP: los administradores o encargados del servicio pueden ser condenados penalmente por delito contra la seguridad y salud en el trabajo cuando hayan sido responsables de los mismos o, conociéndolos y pudiendo remediarlos, no hubieran adoptado medidas para ello.

Arts. 316 o 317 del CP: los trabajadores sin poder de decisión no pueden ser sujetos activos del delito regulado en estos preceptos.

Responsabilidad civil

El empresario responde por sus actos y por los del personal a su servicio. Cuando un trabajador daña a terceros:

- Puede imputarse al trabajador cuando incumpla sus obligaciones contractuales o las cumpla deficientemente mediando en su actitud culpa o negligencia dentro de la responsabilidad contractual o extracontractual general fijada por el Código Civil (arts. 1101 y 1902 del CC).
- Se extiende igualmente a los representantes de los trabajadores, delegados, promotores de obras, encargados, etcétera.

En el ejercicio de su trabajo: el empresario es responsable solidario.

Conducta delictiva: el empresario asume subsidiariamente la responsabilidad civil derivada del delito cometido.

JURISPRUDENCIA

Sentencia del Tribunal Supremo, rec. 2997/1998, de 31 de marzo 1999, ECLI:ES:TS:1999:2275

No puede hacerse una declaración general sobre si una determinada tasa de alcoholemia puede configurarse como la imprudencia que rompe el nexo de causalidad, porque la imprudencia se configura en relación con las circunstancias de hecho que se dan en cada supuesto litigioso.

Sentencia del Tribunal Superior de Justicia de Madrid n.º 640/2006, de 18 de septiembre, ECLI:ES:TSJM:2006:10064

«Es evidente, que la conducción de vehículos automóviles por personas que hayan ingerido bebidas alcohólicas es desaconsejable, y que trascendentes razones de prevención general hacen necesario el evitar que ello concurra con carácter general, por lo que se califica como imprudente y sancionable administrativamente la concentración de alcohol en sangre en relación con la actividad de conducción de vehículos superando las tasas permitidas legalmente, más ello no siempre que se supere dicho porcentaje, ha de calificarse la imprudencia como temeraria. Ahora bien, la altísima concentración por ingesta de alcohol en sangre detectada en el concreto caso aquí examinado, de 3,17 g/l, es notorio tuvo indefectiblemente que repercutir de forma notable en el nivel de consciencia, equilibrio y reflejos del trabajador, y por ello su contribución causal en el resultado está acreditada, exposición consciente al riesgo que merece calificarse de temeraria, impidiendo por ello la calificación de accidente laboral in itinere».

Sentencia del Tribunal Supremo n.º 149/2019, de 28 de febrero, ECLI:ES:TS:2019:983

No procede el recargo de prestaciones establecido en el art. 164 de la LGSS, dado que el accidente se produce por un hecho imprevisible como es la imprudencia temeraria de un encargado. No existe una infracción normativa que sea imputable a la empresa. La culpa «in vigilando», llamada responsabilidad vicaria y sin culpa. ex art. 1903 del CC, juega en el ámbito de la responsabilidad civil, pero no en el ámbito del derecho sancionador.

RESOLUCIONES RELEVANTES

Sentencia del Tribunal Superior de Justicia de Galicia, rec. 4828/2017, de 20 de abril, ECLI:ES:TSJGAL:2018:2385

La imprudencia temeraria por parte del trabajador como desencadenante de un accidente excluiría la calificación del mismo como de trabajo, por lo que resulta imposible definirla de una manera general, debiendo atender a la variedad de la casuística de manera especialmente restrictiva, «(...) sin equipararla a una infracción penal pues es necesario apreciar —por recordar algunas de las expresiones utilizadas en la doctrina judicial— la falta de las más rudimentarias normas de criterio individual, la temeraria provocación o asunción de un riesgo innecesario, un claro consciente y patente menosprecio del riesgo, una temeraria e inexcusable previsión del siniestro, una imprudencia de gravedad excepcional no justificada por motivo legítimo y con una clara conciencia del peligro, una imprudencia contra todo instinto de conservación de la vida, o la conciencia del riesgo con ausencia de la más elemental precaución».

Tanto la doctrina como la jurisprudencia vienen distinguiendo, en orden a la interpretación del citado artículo, los conceptos de dolo, imprudencia temeraria e imprudencia profesional.

Sentencia del Tribunal Superior de Justicia de Galicia n.º 5626/2014, de 14 de noviembre, ECLI:ES:TSJGAL:2014:9694

«Nos encontramos ante una imprudencia temeraria por el trabajador fallecido quien llevó a término una acción consistente en ser transportado en el cazo de una pala excavadora, desobedeciendo, a sabiendas normas e instrucciones de seguridad en la empresa».

Sentencia del Tribunal Superior de Justicia de Asturias n.º 923/2006, de 24 de marzo, ECLI:ES:TSJAS:2006:2814

No ha quedado demostrada la existencia de una imprudencia temeraria por parte del trabajador, entendida como asunción voluntaria, por parte de quien actúa, de un riesgo innecesario que le ponga en peligro grave faltando a las más elementales normas de prudencia, pues «se trató de accidente producido con ocasión del trabajo ejecutado por cuenta ajena —el accidente se produce en la caseta de descanso, incluida legalmente en el concepto de centro de trabajo— y durante la jornada de trabajo, incardinable en todo caso en su apartado 2, c) y favorecido por la presunción del apartado 3. No puede afirmarse que se produjo siguiendo órdenes del empresario pero sí con su conocimiento y aprobación, pues nada hizo para evitar el uso de un artilugio claramente inseguro y peligroso, y desde luego no ha quedado demostrada la existencia de una imprudencia temeraria por parte del trabajador, entendida como asunción voluntaria por parte de quien actúa de un riesgo innecesario que le ponga en peligro grave faltando a las más elementales normas de prudencia, primero, porque procedió como habitualmente lo venía haciendo, esto es, calentado la comida en el artefacto elaborado por los propios operarios, segundo, porque carecía de otro aparato para dicha operación y, tercero, porque la llama en muchas ocasiones era imperceptible, lo que pudo motivar acciones como la que produjo el siniestro».

Sentencia del Tribunal Superior de Justicia de Cataluña n.º 870/2006, de 31 de enero, ECLI:ES:TSJCAT:2006:1405

El accidente no puede calificarse de accidente de trabajo «in itinere», al tener su origen en una maniobra peligrosa e imprudente decidida y efectuada por el causante, saltando a la vía cuando disponía de un paso subterráneo inmediato y desoyendo los gritos de advertencia de las personas presente dada su tasa de alcoholemia: «(...) para provocar (por imprudencia temeraria de la víctima) la exclusión de la protección que la norma social otorga a los accidentes de trabajo, debe exigirse la presencia de una conducta que, con claro menosprecio de la propia vida, acepta voluntaria y deliberadamente correr un riesgo innecesario que la ponga en peligro grave, faltando a las más elementales normas de la prudencia, a diferencia de la imprudencia simple, en la que, si bien no se agotan todos los actos necesarios para evitar un peligro, este no se quiere o se pretende sufrir, sino que se incurre en el mismo por una negligencia o descuido».

3.3. Responsabilidad de los servicios de prevención ajenos, fabricantes, importadores o suministradores de equipos

La Ley de Infracciones y Sanciones en el Orden Social (LISOS) indica, en su art. 2, un extenso número de sujetos responsables que pueden incurrir en las infracciones que la ley establece, en dicho artículo, *a priori,* señala de manera general a personas físicas, jurídicas o comunidades de bienes y de manera particular, a las distintas entidades, empresas o individuos que forman parte del mundo empresarial.

Por otra parte, los fabricantes, importadores y suministradores pueden incurrir en responsabilidad derivada del incumplimiento de sus obligaciones en prevención de riesgos laborales relativas a asegurar que la maquinaria, productos y útiles de trabajo no constituyan fuente de peligro para el trabajador ni factores de riesgo, siempre que sean instalados y utilizados en la forma y para los fines que fueron recomendados. (STS, rec. 5803/2004, de 3 de noviembre de 2008, ECLI:ES:TS:2008:5908).

3.3.1. Responsabilidad en materia de PRL de las entidades especializadas en el desarrollo de actividades de prevención

La LISOS considera sujetos responsables de infracciones en prevención de riesgos laborales a las «entidades especializadas que actúen como servicios de prevención ajenos a las empresas, las personas o entidades que desarrollen la actividad de auditoría del sistema de prevención de las empresas y las entidades acreditadas para desarrollar y certificar la formación en materia de prevención de riesgos laborales que incumplan las obligaciones establecidas en la normativa sobre dicha materia» (art. 2.9 de la LISOS).

El incumplimiento por los servicios de prevención ajenos, personas o entidades auditoras y entidades formativas de sus obligaciones en materia de prevención de riesgos laborales, puede dar lugar a distintos tipos de responsabilidad, atendiendo a la infracción de que se trate. En este sentido, cabe distinguir:

– **Responsabilidad administrativa** (arts. 11 a 13 de la LISOS). «El artículo 5.2 del Real Decreto Legislativo 5/2000, de 4 de agosto, por el que se aprueba el texto refundido de la Ley sobre Infracciones y Sanciones en el Orden Social (LISOS), conforme al cual "son infracciones laborales en materia de prevención de riesgos laborales las acciones u omisiones de los empresarios, las de las entidades que actúen como servicios de prevención ajenos a las empresas, las auditoras y las formativas en dicha materia y ajenas a las empresas, así como las de los promotores y propietarios de obra y los trabajadores por cuenta propia, que incumplan las normas legales, reglamentarias y cláusulas normativas de los convenios colectivos en materia de seguridad y salud laboral sujetas a responsabilidad conforme a la presente Ley", considerándose como infracción grave en el apartado 22 del artículo 12 de esta norma "incumplir las obligaciones derivadas de actividades correspondientes a servicios de prevención ajenos respecto de sus empresarios concertados, de acuerdo con la normativa aplicable"; y entrando la sanción impuesta por la Administración demandada dentro de los límites previstos en el artículo 40.2 de la LISOS, que establece unas sanciones para las infracciones en materia de prevención de riesgos laborales de "(...) b) Las graves con multa, en su grado mínimo, de 2.046 a 8.195 euros; en su grado medio, de 8.196 a 20.490 euros; y en su grado máximo, de 20.491 a 40.985 euros [desde el 01/10/2021 en grado mínimo, de 2.451 a 9.830 euros; en grado medio, de 9.831 a 24.585 euros; y en grado máximo, de 24.586 a 49.180 euros]"» (Sentencia del Juzgado de lo Social de Palma de Mallorca n.º 3/2018, de 9 de enero, ECLI:ES:JSO:2018:769).

– **Responsabilidad penal** (art. 316 del CP).
– **Responsabilidad civil** derivada de los daños y perjuicios causados por dicho incumplimiento.

3.3.2. Responsabilidad de fabricantes, importadores y suministradores

Los fabricantes, importadores y suministradores pueden incurrir en responsabilidad derivada del incumplimiento de sus obligaciones en prevención de riesgos laborales ya que están obligados a asegurar —que la maquinaria, productos y útiles de trabajo— no constituyan fuente de peligro para el trabajador ni factores de riesgo, siempre que sean instalados y utilizados en la forma y para los fines que fueron recomendados.

Asimismo, deberán suministrar la información que indique la forma correcta de utilización por los trabajadores, las medidas preventivas adicionales que deban tomarse y los riesgos laborales que conlleven tanto su uso normal, como su manipulación o empleo inadecuado.

El incumplimiento de estos sujetos respecto con obligaciones que la ley determina en materia de prevención de riesgos laborales puede dar lugar a distintos tipos de responsabilidad, atendiendo a la infracción de que se trate. En este sentido, cabe distinguir:

– **Responsabilidad administrativa**, relativa a las infracciones y sanciones que traen consigo la imposición de multas de carácter pecuniario.
– **Responsabilidad penal** derivada de ilícitos penales y que pueden originar sanciones que repercuten en el funcionamiento normal de la empresa, como cierres temporales de la misma o incluso la propia disolución (art. 316 y 33.7 del CP).

  Responsabilidad civil derivada de los daños y perjuicios causados por dicho incumplimiento.

3.4. Responsabilidad empresarial por accidentes de trabajo en contratas y subcontratas

Tanto contratistas como subcontratistas pueden ser responsables en un accidente laboral si se demuestra su participación en la falta de medidas de seguridad. No obstante, el marco normativo general no establece el reparto de responsabilidad de forma explícita.

Dentro del ámbito de las contratas y subcontratas la regulación de la responsabilidad en caso de accidente laboral pasa por los siguientes preceptos:

Artículo 1974 del Código Civil

«La interrupción de la prescripción de acciones en las obligaciones solidarias aprovecha o perjudica por igual a todos los acreedores y deudores».

Artículo 42 de la LISOS. Responsabilidad empresarial

«3. La empresa principal responderá solidariamente con los contratistas y subcontratistas a que se refiere el apartado 3 del artículo 24 de la Ley de Prevención de Riesgos Laborales del cumplimiento, durante el período de la contrata, de las obligaciones impuestas por dicha Ley en relación con los trabajadores que aquéllos ocupen en los centros de trabajo de la empresa principal, siempre que la infracción se haya producido en el centro de trabajo de dicho empresario principal».

(...)

«Los pactos que tengan por objeto la elusión, en fraude de ley, de las responsabilidades establecidas en este apartado son nulos y no producirán efecto alguno».

Art. 24.3 de la LPRL. Coordinación de actividades empresariales

«3. Las empresas que contraten o subcontraten con otras la realización de obras o servicios correspondientes a la propia actividad de aquéllas y que se desarrollen en sus propios centros de trabajo deberán vigilar el cumplimiento por dichos contratistas y subcontratistas de la normativa de prevención de riesgos laborales».

Art. 10 del Real Decreto 171/2004, de 20 de enero. Deber de vigilancia del empresario principal

«1. El empresario principal, además de cumplir las medidas establecidas en los capítulos II y III de este real decreto, deberá vigilar el cumplimiento de la normativa de prevención de riesgos laborales por parte de las empresas contratistas o subcontratistas de obras y servicios correspondientes a su propia actividad y que se desarrollen en su propio centro de trabajo».

El análisis de los preceptos reseñados —en un caso donde se discute una posible condena solidaria a las empresas principal y contratista (que es la empleadora) sobre la indemnización de daños y perjuicios tras un accidente de trabajo ocurrido en una contrata— ha llevado a la **STS n.º 497/2021, de 6 de mayo de 2021, ECLI:ES:TS:2021:1822**, a establecer una serie de aspectos de interés:

a) Responsabilidad administrativa y responsabilidad sobre el recargo de prestaciones de Seguridad Social

Respecto al recargo de prestaciones, como se recalca en la STS n.º 842/2018, de 18 de septiembre, ECLI:ES:TS:2018:3454, la empresa principal puede ser responsable (solidaria) del recargo de prestaciones junto con la empresa auxiliar, aunque no se trate de contrata de la «propia actividad». Lo decisivo para determinar si la empresa principal asume responsabilidad es que el accidente suceda por una infracción imputable a ella.

La solidaridad viene impuesta legalmente en supuestos de subcontratación (arts. 42.3 de la LISOS y 42.2 ET, respectivamente).

> «(...) para que se produjese esta solidaridad establecida por la ley (artículo 42.3 LISOS), resultaría necesario, por un lado, que existiera un incumplimiento del deber de vigilancia que le impone el artículo 24.3 LPRL a la empresa principal; y, por otro, que el incumplimiento fuera de tal entidad que constituyera una infracción administrativa. Ocurre que, en este caso, al igual que sucede en el de la referencial, consta expresamente que no se levantó acta de infracción de ninguna clase por la Inspección de Trabajo y que, en consecuencia, no se estableció la existencia de ninguna "infracción" al entender la autoridad administrativa que estábamos en presencia de un hecho fortuito. Ello no implica que los órganos judiciales no puedan deducir que hubo incumplimiento de normas de prevención; y si llegan a tal conclusión, aunque no pueda haber responsabilidad administrativa, podrá existir responsabilidad contractual o civil derivada del accidente y de las circunstancias en que el mismo se produjo; pero no habrá "infracción" en los términos que exige la LISOS para que pudiera existir la responsabilidad solidaria a que se refiere el artículo 42.3 LISOS»

b) Responsabilidad civil

La responsabilidad solidaria solo puede deducirse de la concurrencia de culpas en el origen del accidente, «sin que exista norma que así lo imponga».

La individualización de la conducta de cada responsable y de las consecuencias de la misma en la producción y efectos del accidente resulta clave para la determinación de la responsabilidad civil cuyo fundamento es que tal responsabilidad no existe sin culpa o negligencia. En el caso de la empleadora resulta imprescindible reconocer un incumplimiento contractual conectado necesariamente con el siniestro. En el caso de la empresa comitente, su responsabilidad será exigible cuando su conducta, por acción u omisión, haya provocado o contribuido a su producción; esto es, tenga conexión con el accidente. Cuando ambas conductas, como es el caso examinado, han contribuido a la producción del daño y no se puede, o es de imposible o difícil concreción la delimitación de cada contribución la responsabilidad será solidaria y su origen la propia sentencia de condena. Se trata de supuestos en los que no es posible la fijación individualizada de la participación de cada uno de los sujetos en la causación del daño, así lo ha establecido desde siempre la sala primera de este Tribunal al afirmar que la solidaridad la crea la sentencia cuando la conducta de varios partícipes ha contribuido a los efectos ruinógenos y no se han podido cuantificar las cuotas de contribución. (STS, rec. 816/1994, de 28 de abril de 1998 y STS, rec. 34/1997, de 17 de junio de 2002).

JURISPRUDENCIA

STS, rec. 3656/1997, de 5 mayo de 1999, ECLI:ES:TS:1999:3055

Abordando el supuesto de un accidente sufrido por trabajador de empresa contratista que realiza tareas de pintura en las instalaciones de la principal, se siente una doctrina luego repetida una y otra vez:

La tesis del recurrente consiste en considerar que para que pueda imputarse la responsabilidad a la empresa principal es preciso que la contrata tenga por objeto una actividad coincidente con la que es propia de la empresa principal. Pero esta tesis no es correcta.

[...] Es, por tanto, el hecho de la producción del accidente dentro de la esfera de la responsabilidad del empresario principal en materia de seguridad e higiene lo que determina en caso de incumplimiento la extensión a aquél de la responsabilidad en la reparación del daño causado, pues no se trata de un mecanismo de ampliación de la garantía en función de la contrata, sino de una responsabilidad que deriva de la obligación de seguridad del empresario para todos los que prestan servicios en un conjunto productivo que se encuentra bajo su control.

STS, rec. 1470/2011, de 20 marzo 2012, ECLI:ES:TS:2012:2505

Afronta un supuesto en que empresa principal y subcontratada se dedican a la misma actividad y al trabajador no se le ha facilitado la formación e información previa necesaria. Resumiendo la doctrina sentada en múltiples resoluciones precedentes en ella se expone lo siguiente:

El empresario principal puede ser empresario infractor a los efectos del art. 123 del Texto Refundido de la Ley General de Seguridad Social (LGSS), si la infracción es imputable a la misma y el accidente se produjo dentro de su esfera de responsabilidad.

La obligación específica de vigilancia en el cumplimiento de las obligaciones del empleador por parte de la empresa principal se da en dos casos: A) Cuando se trate de la misma actividad (art. 24.3 de la LPRL). B) Cuando las labores se realicen en su centro de trabajo o en un centro sobre el que la principal extiende su esfera de control (apdos. 1 y 2 del art. 24 de la LPRL).

STS, rec. 3237/2007, de 18 enero 2010, ECLI:ES:TS:2010:486

Se refiere a accidente sufrido por trabajador cuando su empresa (del sector de la construcción) realiza tareas de demolición de una nave perteneciente a otra mercantil (fabricante de vidrio plano). La zona del accidente estaba sin acotar y el accidentado no estaba cualificado para el manejo del aparato ni se le habían impartido las necesarias instrucciones.

La sentencia descarta la responsabilidad del empresario principal por dos argumentos: ni la actividad contratada es inherente a la propia, ni el siniestro acaece en un centro de trabajo en sentido real:

La recurrente era titular de la nave cuya demolición se había acordado, pero precisamente porque se procedía al desmontaje, la empresa principal no realizaba en aquel lugar actividad alguna, cediendo lógicamente sus obligaciones de vigilancia de las labores encomendadas al contratista.

De lo expuesto se desprende que, ni los trabajos encomendados al contratista infractor eran de su propia actividad, ni las obras de demolición de la nave en que se produjo el accidente, se realizaban en centro de trabajo que, en dicho momento, formaran parte de las instalaciones de la empresa principal. La determinación del mecanismo adecuado para el desmonte de las vigas es tarea que incumbía al contratista y no al empresario principal.

4.
INDEMNIZACIONES ASOCIADAS AL ACCIDENTE DE TRABAJO

Las posibles indemnizaciones derivadas de accidentes de trabajo y enfermedades profesionales serían: a) Indemnización por lesiones permanentes no invalidantes; b) Indemnización a tanto alzado en caso de IP Parcial y IP Total; c) Indemnización especial a tanto alzado en caso de muerte por accidente de trabajo o enfermedad profesional para cónyuge o descendiente dependiente; d) Indemnización establecida por seguro de convenio colectivo para las contingencias de muerte, invalidez o accidente (laboral o no); e) Indemnización adicional por responsabilidad civil en caso de accidente de trabajo o enfermedad profesional.

4.1. Indemnización por lesiones permanentes no invalidantes en caso de AT o EP

El Tribunal Supremo ha venido reiterando que la ley obliga a indemnizar a todas y cada una de las lesiones que pueda sufrir el trabajador en todos aquellos aspectos en que sumadas no den lugar a una incapacidad permanente, estando la cuantía de dichas indemnizaciones sujeta al baremo legal o reglamentario establecido (arts. 201-203 de la LGSS, Orden de 16 de enero de 1991 y Orden ISM/450/2023, de 4 de mayo). Destacan, entre otras, la **sentencia del Tribunal Supremo, rec. 2426/2007, de 7 de octubre de 2008, ECLI:ES:TS:2008:6509.**

El art. 201 de la LGSS, por su parte, establece que las lesiones, mutilaciones y deformidades de carácter definitivo, causadas por accidentes de trabajo y enfermedades profesionales que, sin llegar a constituir una incapacidad permanente, supongan una disminución o alteración de la integridad física del trabajador y aparezcan recogidas en el baremo anejo a las disposiciones de desarrollo de dicha ley, serán indemnizadas, por una sola vez, con las cantidades alzadas que en el mismo se determinen, por la entidad que estuviese obligada al pago de las prestaciones de incapacidad permanente, todo ello sin perjuicio del derecho del trabajador a continuar al servicio de la empresa.

Requisitos	Proceso para solicitar
– Estar dado de alta o en situación asimilada al alta. – Haber recibido el alta médica. – Que la lesión o mutilación se encuentre recogida en el Baremo. – Que la indemnización sea compatible con las pensiones recibidas (en caso de percibir alguna).	Presentación de modelo oficial de solicitud de la pensión de incapacidad permanente y lesiones permanentes no incapacitantes en la Delegación Provincial del INSS correspondiente. El Equipo de Valoración de Incapacidades (EVI) formula dictamen propuesta. El INSS emite resolución con todos los datos, plazos y cuantía de la indemnización (135 días desde la entrega del formulario de solicitud). En caso de silencio, denegación o desacuerdo con el contenido de la resolución: – Reclamación previa ante la Dirección Provincial correspondiente del INSS (al amparo del art. 71 de la LRJS) para el reconocimiento del derecho a percibir la indemnización en concepto de lesión permanente no invalidante. – Demanda ante los juzgados de lo social.

a) Beneficiarios

Serán beneficiarios los trabajadores integrados en el Régimen General de la Seguridad Social, en alta o situación asimilada a la de alta, que hayan sufrido la lesión, mutilación o deformación con motivo de un accidente de trabajo o enfermedad profesional y hayan sido dados de alta médica.

b) Contenido y cuantía

La prestación consiste en una indemnización a tanto alzado, abonada por la entidad que estuviera obligada al pago de las prestaciones de incapacidad permanente, cuya cuantía (fijada por baremo y para las lesiones, mutilaciones y deformidades que en el mismo se recogen) aumentará, según la gravedad de la falta, de un 30 a un 50 por 100, a cargo del empresario infractor, cuando la lesión, mutilación o deformidad se produzca por máquinas, artefactos, instalaciones, centros o en lugares de trabajo que carezcan de los dispositivos de precaución reglamentarios, o los tengan inutilizados o en malas condiciones o hayan inobservado las medidas de: seguridad y salud en el trabajo, adecuación personal a cada trabajo, etc. Habida cuenta de sus características y de la edad, sexo y demás condiciones del trabajador.

El anexo de la **Orden ISM/450/2023, de 4 de mayo,** por la que se actualizan las cantidades a tanto alzado de las indemnizaciones por lesiones, mutilaciones y deformidades de carácter definitivo y no incapacitantes establece las cuantías aplicables en los diferentes supuestos para los hechos causantes que se produzcan a partir de 7 de mayo de 2023.

c) Compatibilidades/incompatibilidades

- Compatible: trabajo en la misma empresa. Así lo manifiesta la **sentencia del Tribunal Supremo, rec. 3402/2007, de 25 de marzo de 2009, ECLI:ES:TS:2009:2324.**

- Incompatibilidad: con las prestaciones por incapacidad permanente. Las indemnizaciones a tanto alzado que procedan por las lesiones, mutilaciones y deformidades que se regulan en este capítulo serán incompatibles con las prestaciones económicas establecidas para la incapacidad permanente, salvo en el caso de que dichas lesiones, mutilaciones y deformidades sean totalmente independientes de las que hayan sido tomadas en consideración para declarar tal incapacidad permanente y el grado de la misma.

d) Abono

Las cantidades, a tanto alzado, que correspondan por aplicación del **baremo** se satisfacen por alguno de los siguientes organismos (Orden ISM/450/2023, de 4 de mayo):

- La entidad gestora.
- El Instituto Nacional de la Seguridad Social.
- El Instituto Social de la Marina.
- La Mutua de Accidentes de Trabajo y Enfermedades Profesionales de la Seguridad Social que esté obligada a realizar el pago de las prestaciones por incapacidad permanente derivada de accidente de trabajo o enfermedad profesional.

El empresario infractor será responsable del pago del recargo por falta de medidas de seguridad e higiene.

e) **Período de prescripción de la acción indemnizatoria para lesiones permanentes no invalidantes indemnizables con baremo**

Para la reclamación ante un accidente laboral que da lugar a la declaración de lesiones permanentes no invalidantes indemnizables con baremo, el cómputo del plazo (art. 59 del ET) comenzará desde el momento en que recayó la resolución administrativa que declaró al actor afecto de lesiones permanentes no invalidantes indemnizables por baremo.

f) Revisión

Las lesiones, mutilaciones y deformidades son revisables por agravación de las secuelas que motivaron la indemnización por las lesiones permanentes no invalidantes, sin impedir que el trabajador pueda solicitar el reconocimiento del derecho a las prestaciones por incapacidad permanente derivada de la contingencia que corresponda.

Un trabajador que fuese declarado por la entidad gestora afecto de lesiones permanentes no invalidantes con derecho prestación a cargo de una Mutua de Accidentes de Trabajo y Enfermedades Profesionales de la Seguridad Social puede pedir revisión de grado de incapacidad permanente por agravamiento. En este sentido, podemos destacar la **sentencia del Tribunal Supremo, rec. 4827/2006, de 30 de junio de 2008, ECLI:ES:TS:2008:4510.**

g) Indemnización por incapacidad tras fallecimiento

El TS, en su sentencia del Tribunal Supremo n.° 535/2012, de 13 de septiembre, ECLI:ES:TS:2012:7648, ha fijado que el derecho a reclamar la indemnización por incapacidad es transmisible a los herederos y no se extingue con el fallecimiento. La sentencia razona que el perjuicio sufrido por la víctima por sus lesiones (incapacidad temporal y permanente) estaba ya perfectamente determinado a través del informe forense de sanidad. En consecuencia, al margen de su posterior cuantificación económica, el derecho a reclamar la indemnización correspondiente era, desde ese momento, transmisible a sus herederos al no ser un derecho que se extinga con su fallecimiento. Tras matizar las diferencias entre el supuesto aquí enjuiciado y el resuelto por la Sala en su sentencia de 10 de diciembre de 2009, la sentencia precisa que los perjuicios, reales y ciertos, sufridos desde la fecha del siniestro «no quedan absorbidos por la muerte posterior por cuanto tienen entidad propia e independiente y han generado hasta ese momento unos perjuicios evidentes a la víctima susceptibles de reparación en un sistema que indemniza el daño corporal en razón de la edad y expectativas de vida del lesionado, las cuales no se han cumplido por el fallecimiento anticipado de la víctima debido al accidente de tráfico».

De lo anterior se desprende que, según la sentencia, puesto que la indemnización de la víctima por lesiones permanentes o secuelas varía en el sistema legal de valoración del daño corporal en relación inversamente proporcional a su edad en el momento del accidente (a más edad, la cuantía correspondiente a las secuelas de la misma entidad o puntuación, disminuye), parece lógico ajustar la cantidad que reconoce el sistema, puesto que lo hace en contemplación a los años que tenía cuando se produjo el siniestro respecto de los que le quedarían al vivir, y fijar la indemnización atendiendo al tiempo efectivo que transcurrió hasta su fallecimiento, pues fue este espacio temporal durante el cual la víctima sufrió la secuela.

4.2. Indemnización a tanto alzado en caso de Incapacidad Permanente Parcial y Total derivadas de accidente de trabajo

Cuando el accidente laboral origine una discapacidad, la persona trabajadora podrá reclamar una indemnización a tanto alzado en dos supuestos (art. 196 de la LGSS):

a) Indemnización a tanto alzado ante una incapacidad permanente parcial

La prestación económica correspondiente a la incapacidad permanente parcial consistirá en una cantidad a tanto alzado de 24 mensualidades de la base reguladora que sirvió para el cálculo de la incapacidad temporal.

De no existir incapacidad temporal previa, la base reguladora será la que hubiera correspondido por incapacidad temporal de haber tenido derecho a dicha prestación.

La prestación (al igual que la indemnización) es compatible con el desarrollo de cualquier actividad laboral, tanto por cuenta ajena como por cuenta propia, así como con el mantenimiento del trabajo que se viniera desarrollando.

Respecto del **cálculo de la cantidad a tanto alzado en caso de incapacidad permanente parcial,** el artículo 9 del vigente Decreto 1646/1972, de 23 de junio, indica lo siguiente:

> «Los trabajadores declarados en situación de incapacidad permanente parcial para la profesión habitual, cualquiera que sea la contingencia determinante de la misma y su edad, percibirán una cantidad a tanto alzado equivalente a veinticuatro mensualidades de la base reguladora que haya servido para determinar la prestación económica por incapacidad laboral transitoria de la que se deriva la invalidez».

Por su parte, el artículo 13.2 del mismo Decreto 1646/1972 de 23 de junio, dispone que:

> «Cuando el trabajador perciba retribución mensual y haya permanecido en alta en la empresa en todo el mes natural al que el mismo se refiere, la base de cotización se dividirá por treinta».

Cuando la retribución fuese diaria, la cantidad indemnizatoria se calcularía multiplicando la base diaria por 365 días del año y dividiendo el resultado por doce meses para obtener la mensualidad de referencia que luego se multiplicará por 24.

b) Indemnización a tanto alzado ante una incapacidad permanente total

Con carácter general, la prestación económica correspondiente a la incapacidad permanente total consistirá en una pensión vitalicia. No obstante, la misma podrá, excepcionalmente, ser sustituida por una indemnización a tanto alzado cuando el beneficiario fuese menor de sesenta años.

Siempre y cuando se entienda y prevea que las lesiones del trabajador no son susceptibles de mejora, y este acredite que está realizando o vaya a realizar alguna actividad por cuenta propia o ajena, podrá solicitarse la **sustitución de la prestación por IPT por una indemnización a tanto alzado sujeta a los siguientes requisitos:**

– **Edad:** menor de 60 años.

  • Al cumplir los 60 años, el beneficiario pasará a percibir la pensión reconocida inicialmente, incrementada con las correspondientes revalorizaciones que hubieran tenido lugar desde la fecha en que se autorizó la sustitución por la indemnización.

  • Si el beneficiario fallece antes de cumplir los 60 años, causará derecho a las prestaciones de muerte y supervivencia como si hubiera sido pensionista en tal momento. Lesiones sufridas: se presume que no son susceptibles de una revisión de la incapacidad declarada.

– **Trabajar o prepararse para ello:** el beneficiario de la IP total ha de realizar trabajos por cuenta propia o ajena, o acreditar que el importe de la indemnización se invertirá en la preparación o desarrollo de nuevas fuentes de ingreso como trabajador autónomo, siempre que se acredite tener aptitud suficiente para el ejercicio de la actividad de que se trate.

- **Solicitud:** ha de solicitarse al INSS dentro de los 3 años siguientes a la fecha de la resolución o sentencia firme que le reconozca el derecho a la pensión o, si fuese menor de 21 años en dicha fecha, dentro de los 3 años siguientes al día en que cumpla dicha edad.

- **Cuantía:** un máximo de 84 mensualidades de la pensión con menos de 54 años y un mínimo de 12 mensualidades a los 59 años. Para el cálculo, se utilizará el 55 % de la base reguladora, incluso en el caso de que el beneficiario tenga reconocido un incremento del 20 % por incapacidad permanente total cualificada. Se realizará según la siguiente escala:

Edad	N.º de mensualidades
< 54	84
54	72
55	60
56	48
57	36
58	24
59	12

4.3. Indemnización especial a tanto alzado en caso de muerte por AT o EP para cónyuge o descendiente dependiente

El art. 227 de la LGSS reconoce, en caso de muerte causada por accidente de trabajo o enfermedad profesional, una indemnización especial a tanto alzado en los siguientes términos:

«1. En el caso de muerte por accidente de trabajo o enfermedad profesional, el cónyuge superviviente, el sobreviviente de una pareja de hecho en los términos regulados en el artículo 221 y los huérfanos tendrán derecho a una indemnización a tanto alzado, cuya cuantía uniforme se determinará en las normas de desarrollo de esta ley.

En los supuestos de separación, divorcio o nulidad será de aplicación, en su caso, lo previsto en el artículo 220.

2. Cuando no existieran otros familiares con derecho a pensión por muerte y supervivencia, el padre o la madre que vivieran a expensas del trabajador fallecido, siempre que no tengan, con motivo de la muerte de este, derecho a las prestaciones a que se refiere el artículo anterior, percibirán la indemnización que se establece en el apartado 1 del presente artículo».

El Tribunal Constitucional, en su **sentencia n.º 154/2006, de 22 de mayo de 2006, ECLI:ES:TC:2006:154**, dictada con ocasión de un recurso de amparo, ha considerado que, si bien dicha doctrina jurisprudencial aparenta ser formalmente neutra en el trato de unos y otros hijos, sin embargo, analizando las consecuencias indirectas o reflejas que tiene la cuestión suscitada en las necesidades de la familia del hijo extramatrimonial afectado, se puede constatar que la aplicación de tal doctrina hace de peor condición a los hijos habidos fuera del matrimonio con respecto a los hijos matrimoniales, lo que, a juicio del citado tribunal, implica una discriminación indirecta por razón de filiación que requiere ser corregida con una interpretación distinta que garantice la plena equiparación de derechos de los hijos sean o no matrimoniales. Consecuentemente, se hace preciso asumir dicha orientación y acomodar a la misma la actuación de las entidades gestoras y colaboradoras del sistema de la Seguridad Social.

RESOLUCIÓN RELEVANTE

Sentencia del Tribunal Superior de Justicia Comunidad Valenciana n.º 2211/2003, de 27 de mayo, ECLI:ES:TSJCV:2003:4433

«Existen unos requisitos que deben concurrir para que nazca el derecho a la indemnización que se pide, discutiéndose en esta litis únicamente el de la dependencia económica del beneficiario respecto del causante, "vivir a expensas" de éste, es decir, del trabajador fallecido, aspecto que se ha ido suavizando por la jurisprudencia, permitiendo una dependencia parcial, es decir, tener algunos ingresos, sin exigir una completa indigencia, una dependencia absoluta (T. Supremo: 10-4-76, 9-11- 92, 19-7-93, etc.; Tribunal Central de Trabajo: 15-7-86; TSJ Valladolid: 19-2-91; TSJ Albacete: 16-12- 91, etc.). Tradicionalmente el requisito de "vivir a expensas" ha tenido una importante conflictividad, con las dudas naturales a la hora de fijar un límite concreto y definido a partir del cual no quepa admitir cumplido el requisito. Pues bien, ese límite aparece ya claramente establecido por vía jurisprudencial en las Sentencias unificadoras del T. Supremo de 9-11-92; 18-6-95; y 23-2-98, en el 75% del salario mínimo sin pagas extras; y en las Sentencias de 12-3-97; 9-12-98, en Sala General, 25-6-99, y 3-3-00, en el importe del salario mínimo interprofesional, sin pagas extras, de modo que si los ingresos del beneficiario (de cualquier tipo) no superan ese importe, aunque superen el 75% de ese salario se cumple el requisito de referencia».

---

a) Cuantía de las indemnizaciones por accidente de trabajo o enfermedad profesional

La Orden de 13 de febrero de 1967 por la que se establecen normas para la aplicación y desarrollo de las prestaciones de muerte y supervivencia del Régimen General de la Seguridad Social, regula las cuantías de la misma de la siguiente forma:

– La indemnización especial, en favor de cónyuge sobreviviente, pareja de hecho o ex cónyuge divorciado, separado o con nulidad matrimonial, será igual al importe de seis mensualidades de la base reguladora de la pensión vitalicia de viudedad (art. 29.1 de la Orden 13 febrero 1967 y art. 227.1 de la LGSS).

- La indemnización especial en favor de los huérfanos tendrá la siguiente cuantía:

  • Una mensualidad de la base reguladora para cada uno de los huérfanos beneficiarios, cuando exista también viuda o viudo, con derecho a esta indemnización especial.

  • La misma cuantía señalada en el apartado anterior, más la cantidad que resulte de distribuir entre los huérfanos beneficiarios el importe de seis mensualidades de la referida base reguladora, cuando no exista viuda o viudo con derecho a esta indemnización especial.

- En el caso del padre y/o madre, nueve mensualidades de la base reguladora, si se trata de un ascendiente; o doce, si se trata de ambos ascendientes.

b) Compatibilidades e incompatibilidades

La indemnización del cónyuge y de los hijos es compatible con las pensiones de viudedad y orfandad que se les reconozcan. La indemnización de los ascendientes es incompatible con cualquiera de las pensiones de muerte y supervivencia que pudieran corresponderles a ellos o a otros familiares.

c) Incremento de las pensiones de orfandad y de las indemnizaciones especiales a tanto alzado

En los casos de orfandad absoluta las prestaciones correspondientes a los huérfanos podrán incrementarse en los términos y condiciones siguientes (art. 38 del Decreto 3158/1966, de 23 de diciembre, según redacción aportada por el Real Decreto 296/2009, de 6 de marzo):

- Cuando a la muerte del causante no exista beneficiario de la pensión de viudedad, la cuantía de la pensión de orfandad que se reconozca al huérfano se incrementará en el importe resultante de aplicar a la base reguladora el 52 por ciento.

- Cuando a la muerte del causante exista algún beneficiario de la pensión de viudedad, la pensión de orfandad que se reconozca podrá, en su caso, incrementarse en el importe resultante de aplicar a la base reguladora el porcentaje de pensión de viudedad que no hubiera sido asignado.

- Cuando el progenitor sobreviviente fallezca siendo beneficiario de la pensión de viudedad, procederá incrementar el porcentaje de la pensión que tuviera reconocida el huérfano, sumándole el que se hubiere aplicado para determinar la cuantía de la pensión de viudedad extinguida.

- En cualquiera de los supuestos anteriores, en el caso de existir varios huérfanos con derecho a pensión, el porcentaje de incremento que corresponda se distribuirá a partes iguales entre todos ellos.

- Los incrementos de las pensiones de orfandad regulados en los puntos anteriores en ningún caso podrán dar lugar a que se supere el límite establecido en el vigente art. 229 de la LGSS.

– No obstante, dichos incrementos serán compatibles con la prestación temporal de viudedad, pudiendo, por tanto, ser reconocidos durante el percibo de esta última.

– En caso de muerte por accidente de trabajo o enfermedad profesional la indemnización que se reconozca a los huérfanos absolutos se incrementará con la que hubiera correspondido al cónyuge o a quien hubiera sido cónyuge o pareja de hecho del fallecido. En el caso de concurrir varios beneficiarios, el incremento se distribuirá a partes iguales entre todos ellos.

– Los incrementos de prestaciones regulados en este artículo solo podrán ser reconocidos con respecto a uno solo de los progenitores.

Cuando el progenitor superviviente hubiera perdido la condición de beneficiario de la pensión de viudedad, a tenor de lo establecido en la D.A. 1.ª de la Ley Orgánica 1/2004, de 28 de diciembre, de medidas de protección integral contra la violencia de género, el huérfano tendrá derecho a los incrementos previstos para los casos de orfandad absoluta en el apartado anterior. Asimismo, a efectos de lo previsto en este artículo, se asimila a huérfano absoluto el huérfano de un solo progenitor conocido.

4.4. Indemnización por seguro de convenio

Multitud de convenios colectivos, dentro de las **mejoras establecidas en negociación colectiva para la cobertura de muerte o accidente de la persona trabajadora**, establecen la obligatoriedad de las empresas de contratar una póliza de seguros, por lo general asociada a contingencias profesionales, garantizando una determinada cantidad. El denominado «seguro de convenio» ha originado una abundante jurisprudencia en relación a su régimen jurídico, efectos de una posible incapacidad permanente con propuesta de revisión, o prescripción, entre otros aspectos. Para el análisis de esta mejora sobre las prestaciones de Seguridad Social, analizamos alguna jurisprudencia de interés.

Sentencia del Tribunal Supremo, rec. 2356/2017, de 12 de noviembre de 2019, ECLI:ES:TS:2019:3737

Se declara la falta de responsabilidad de la aseguradora ante la indemnización de daños y perjuicios derivados de accidente laboral de trabajador no dado de alta en el momento del siniestro, lo que no impide su consideración como beneficiario.

Sentencia del Tribunal Supremo, rec. 3423/2009, de 6 de octubre de 2010, ECLI:ES:TS:2010:5264

«(…) todas las mejoras se rigen por las disposiciones o acuerdos que las hayan implantado, tanto en cuanto a su reconocimiento, como en cuanto a la anulación o disminución de los derechos reconocidos».

A falta de específica previsión al respecto en el convenio colectivo que instaura la mejora, el derecho —propiamente la acción— al reconocimiento de la misma prescribe a los cinco años del hecho causante para el nacimiento de la prestación como dispone el art. 53.1 de la LGSS, interrelacionándolas —incluso— con las posibles normas de otro orden existentes sobre el tipo de mejora establecido, como la legislación sobre seguros.

Debe distinguirse entre «riesgo asegurado» y «daño indemnizado», pues si bien a efectos de la cobertura ha de entenderse que el hecho causante se produce en la fecha del accidente de trabajo, tratándose del nacimiento del derecho y —por tanto— del inicio del cómputo de la prescripción, el hecho causante al que se refiere el art. 43.1 de la LGSS no puede situarse sino en la fecha en que se produce el acto administrativo de reconocimiento, por cuanto que a los efectos de la decadencia del derecho el tiempo «se contará desde el día» en que la acción pudiera ejercitarse [art. 1969 del CC].

CUESTIONES

1. ¿Qué plazo existe para reclamar la indemnización establecida en convenio en caso de fallecimiento o incapacidad por accidente o enfermedad profesional? ¿Es el mismo plazo que para la indemnización por daños y perjuicios en caso de accidente o EP?

Se trata de supuestos distintos:

– Reclamación de la indemnización al seguro por fallecimiento en accidente o enfermedad profesional establecido en convenio: 5 años (previsto en el art. 23 de la Ley de Contrato de Seguro; STS n.º 271/2021, de 10 de mayo de 2021, ECLI:ES:TS:2021:1573)

– Reclamación a la empresa de la indemnización por daños y perjuicios en caso de accidente o enfermedad profesional: 1 año (art. 59.2 del ET; analizando el inicio del cómputo de este plazo: STS n.º 589/2017, de 5 de julio de 2017, ECLI:ES:TS:2017:3163).

2. ¿Un trabajador de ETT debe ser indemnizado por accidente laboral con resultado de muerte o invalidez igual que uno de plantilla? ¿se aplican las mejoras del convenio colectivo de la empresa usuaria o el convenio colectivo aplicable era el de empresas de trabajo temporal?

La reciente STJUE n.º C‑649/2022, de 22 de febrero de 2024, ECLI:EU:C:2024:156, ha establecido que la indemnización por accidente laboral a un trabajador de Empresa de Trabajo Temporal (ETT) debe ser igual a la de los contratados directamente por la empresa usuaria. Para Luxemburgo, en contra de la jurisprudencia establecida en la materia hasta el momento, la obligación de garantizar la protección global de los trabajadores cedidos por empresas de trabajo temporal exige «(...) que se les concedan ventajas en materia de condiciones esenciales de trabajo y de empleo que permitan compensar la diferencia de trato sufrida por esos trabajadores».

Sentencia del Tribunal Supremo, rec. 2281/2014, de 4 de febrero de 2016, ECLI:ES:TS:2016:1037

«(...) en los supuestos en los que resulta de aplicación el artículo 48.2 ET la situación de Incapacidad Absoluta se concede con la muy importante precisión de que va a ser, previsiblemente, objeto de revisión por mejoría, por lo que la aludida situación no provoca, directamente, la extinción del contrato de trabajo en aplicación de lo dispuesto en el artículo 49.1. e), sino que determina la suspensión por un período de dos años. Ello implica que la propia situación incapacitante no cabe considerarla como definitiva o irreversible, sino provisional hasta que transcurra el plazo de dos años previsto en artículo 48.2 ET».

Sentencia del Tribunal Supremo, rec. 717/2012, de 3 de octubre de 2013, ECLI:ES:TS:2013:6321

En un caso en el que «El contrato inicial de seguro expresa con claridad que el objeto del contrato es "el pago del importe establecido en el Convenio Colectivo para las Industrias Siderometalúrgicas de la provincia de La Coruña", sin especificar la fecha del Convenio en cuestión, por lo que debe deducirse que se trata del que esté vigente en el momento de producirse la contingencia. Y en el apartado siguiente la póliza de seguro concreta que la cantidad será la de 2.500.000 pesetas, que era la señalada en el Convenio vigente en la fecha en que se suscribió dicha póliza inicial. Posteriormente, el Convenio subió esa suma hasta 3.000.000 de pesetas y, si bien con dos años de retraso, la compañía aseguradora actualizó la póliza. Y, finalmente, el Convenio volvió a subir la cuantía hasta 30.000 euros (igual a 5.000.000 de pesetas), procediendo de nuevo la compañía aseguradora a actualizar la póliza, de nuevo con retraso, lo que hizo que en el momento de surgir la contingencia la póliza no estaba actualizada», se declara la responsabilidad de la aseguradora por no haber actualizado la cláusula pactada en un contrato de seguro colectivo que prevé una indemnización para el trabajador declarado en incapacidad permanente total.

Sentencia del Tribunal Supremo, rec. 4727/2010, de 29 de diciembre de 2011, ECLI:ES:TS:2011:9340

Los intereses moratorios del artículo 20 de la LCS solo se pueden imponer a las aseguradoras, no a las empresas.

Sentencia del Tribunal Supremo, rec. 4468/2009, de 17 de enero de 2011, ECLI:ES:TS:2011:217

Se desestima el recurso de casación para la unificación de doctrina interpuesto contra sentencia desestimatoria del Tribunal Superior de Justicia de Cataluña, sobre reclamación de cantidad, por mejora de prestación por IP absoluta, establecida en convenio colectivo. La Sala declara que:

«(…) la mejora establecida en el art. 12 del Convenio Colectivo se dispone como protección adicional automática por la declaración de IPA, sin exigencia de cualificación alguna —profesional o común— de la contingencia; b) por lo mismo, desde la fecha de tal declaración la acción para reclamar el importe de la mejora podía ejercitarse sin obstáculo alguno, de forma que desde la citada fecha transcurría ineluctablemente el plazo de prescripción; y c) las diligencias penales tenían un objetivo que por necesidad ninguna relación guardaba con la existencia de la mejora y su exigibilidad por parte del trabajador accidentado, por lo que tampoco cabe atribuir a las mismas efecto suspensivo alguno respecto de la acción para reclamarla».

Sentencia del Tribunal Supremo n.º 348/2017, de 25 de abril, ECLI:ES:TS:2017:1736

En el supuesto analizado se estudia la responsabilidad del pago de una indemnización de daños y perjuicios derivada de accidente de trabajo cuando la comunicación informativa del siniestro a la compañía aseguradora se realizó fuera del plazo estipulado por contrato para ello.

Asimismo, se considera que no existe responsabilidad de la aseguradora cuando se comunica el siniestro en plazo superior al que aparece como configurador del riesgo protegido en el contrato de seguro, condenando solidariamente a la actual compañía aseguradora y a la empresa empleadora al abono al trabajador de la cantidad de 56.692,70 euros en concepto de indemnización derivada de accidente de trabajo.

Sentencia del Tribunal Supremo, rec. 2070/2003, de 13 de mayo de 2004, ECLI:ES:TS:2004:3269

Para fundamentar la responsabilidad de la compañía aseguradora en el caso de una póliza que cubre insuficientemente las obligaciones impuestas por el convenio colectivo, declaraba que «Cuando esa inadecuación se produce, es evidente que la empresa no puede pretender que se amplíen los términos del contrato de seguro pactado para dar cobertura, en contra de lo previsto en el art. 1283 del Código Civil, a una contingencia que no quiso asegurar, acudiendo como hace la sentencia referencial al art. 1 de la Ley 50/1980, de 8 de octubre, de Contrato de Seguro, para entender que cuando alude a "dentro de los límites pactados" se está refiriendo a los que aparecen en el Convenio Colectivo, siendo así que resulta inequívoco que se remite, como es lógico, a los límites fijados para riesgos y cuantías en el propio contrato de seguro, único que vincula a la compañía aseguradora».

La indemnización por seguro de convenio será independiente de otras indemnizaciones que se puedan reclamar. Sus requisitos serán el reconocimiento de la situación indemnizable y que el convenio colectivo aplicable establezca la obligación de la empresa de subscribir un seguro por una cantidad determinada.

La solicitud por parte de la persona trabajadora de las indemnizaciones establecidas en convenio para invalidez o accidente (laboral, o no, según la redacción de cada texto colectivo) vendrá dictada en función de si la empresa ha cumplido con la obligación de contratar póliza de accidentes o no, o si la misma está en vigor. Si la empresa tiene contratado un seguro de convenio en vigor, la reclamación, por lo general, suele hacerse de forma extrajudicial directamente a la compañía aseguradora. Si, por el contrario, la empresa no tenía contratado el seguro de convenio, o la póliza no cumple con lo establecido en convenio, será necesario iniciar un proceso judicial.

CUESTIONES

1. ¿Qué repercusiones puede tener para el empresario no contar con seguro de convenio siendo obligatoria su suscripción?

En el momento en que se establece por convenio colectivo la obligatoriedad de concertar un seguro colectivo, se convierte en un derecho-obligación más en la relación laboral y su incumplimiento conllevará, independientemente de consecuencias reflejadas en el propio artículo del convenio, un incumplimiento sancionable por la autoridad legal competente. Hemos de tener siempre en cuenta que las indemnizaciones aseguradas implican que, ante un accidente de gravedad que cause una invalidez al trabajador, este tendrá derecho a una indemnización (bastante cuantiosa, habitualmente). La ausencia del seguro implicaría, en principio, la obligación de la empresa de responder de las cantidades establecidas en convenio. Todo ello, teniendo en cuenta que el trabajador puede denunciar a la empresa si esta no suscribe una póliza recogida en convenio.

2. En caso de que el convenio colectivo literalmente solo establezca la indemnización para los casos de fallecimiento o incapacidad permanente por accidente laboral, ¿corresponde alguna cantidad en caso de EP?

Deber estarse al tenor literal del convenio colectivo. Si los términos del contrato de seguro son claros y no dejan duda sobre la intención de los contratantes, habrá que estar al sentido literal de sus cláusulas, siguiendo el primer canon de interpretación del artículo 1.281 del Código Civil, de acuerdo con lo establecido en el artículo 1.284 del mismo Código. (STSJ de Canarias n.º 1168/2017, de 19 de diciembre, ECLI:ES:TSJICAN:2017:2901).

RESOLUCIÓN ADMINISTRATIVA

Resolución Vinculante de la DGT V0718-22, de 1 de abril de 2022

La Dirección General de Tributos se reafirma en considerar que los seguros de convenio obligatorios para la cobertura de accidentes no pueden considerarse como renta en especie para el trabajador y, por tanto, son renta exenta de tributación.

4.5. Indemnización por responsabilidad civil y su determinación en caso de accidente de trabajo

El Sistema para la valoración de daños y perjuicios causados a las personas en accidente de circulación (Real Decreto Legislativo 8/2004, de 29 de octubre) viene siendo aplicado con carácter orientador por muchos juzgados y tribunales de lo social para el cálculo de la indemnización adicional por responsabilidad civil en caso de accidente de trabajo o enfermedad profesional.

El cálculo de indemnizaciones civiles en casos de accidentes de trabajo, especialmente cuando hay incumplimiento empresarial de las normas de prevención de riesgos laborales, es un proceso complejo y no tasado legalmente. Según el art. 42.1 de la Ley de Prevención de Riesgos Laborales (LPRL) y el art. 1101 del Código Civil (CC), las víctimas pueden solicitar indemnizaciones que compensen el daño sufrido.

Con la entrada en vigor de la Ley 35/2015, de 22 de septiembre, se introduce un nuevo título IV en la LRCSCVM denominado «sistema para la valoración de los daños y perjuicios causados a las personas en accidentes de circulación», esto es, lo que comúnmente se conoce como «baremo».

Además de la resolución mencionada en el párrafo anterior habrá que tener en cuenta el Real Decreto 907/2022, de 25 de octubre, por el que se modifican determinadas tablas del sistema para la valoración de los daños y perjuicios causados a las personas en accidentes de circulación, que actualiza los importes indemnizatorios de determinadas tablas del anexo del Real Decreto Legislativo 8/2004, de 29 de octubre, con entrada en vigor el 29/10/2022, como consecuencia de la Orden ETD/949/2022, 29 de septiembre, por la que se actualizan las bases técnicas actuariales.

Partiendo del incumplimiento de la D.F. 5.ª de la LRJS donde se obligaba al Gobierno a adoptar, en el plazo de seis meses a partir del 11/12/2011, «(...) las medidas necesarias para aprobar un sistema de valoración de daños derivados de accidentes de trabajo y de enfermedades profesionales, mediante un sistema específico de baremo de indemnizaciones actualizables anualmente, para la compensación objetiva de dichos daños en tanto las víctimas o sus beneficiarios no acrediten daños superiores», la doctrina y jurisprudencia han recurrido a la **aplicación analógica del baremo de daños de los accidentes de tráfico, según lo regulado por el Real Decreto Legislativo 8/2004, de 29 de octubre, para el cálculo de la indemnización adicional por responsabilidad civil en caso de accidente de trabajo o enfermedad profesional** (STS, rec. 672/2007, de 20 de octubre de 2008, ECLI:ES:TS:2008:6317); ese sistema baremado, cuando se utilice, ha de ser justificado y, aunque su determinación cuantitativa constituye una competencia fundamental del juez de instancia, cabría su revisión en cualquier alzada «(...) en los supuestos en los que sus conclusiones, por resolver de forma errónea, caprichosa, desorbitada o evidentemente injusta, no superen el imprescindible test de razonabilidad». (Responsabilidad civil derivada del uso de vehículos a motor. Paso a paso. Colex. Año 2024).

La indemnización debe fijarse de una forma estructurada que permita conocer los diferentes daños y perjuicios que se compensan y la cuantía indemnizatoria que se reconoce por cada uno de ellos, razonándose los motivos que justifican esa decisión sobre esta necesidad de justificación vertebrada. Para el cálculo de cada indemnización, podemos seguir los siguientes parámetros:

- **Daño emergente**. En lo que al daño emergente se refiere, la determinación de su importe indemnizatorio habrá de realizarse atendiendo exclusivamente a lo oportunamente pedido y a la prueba practicada, tanto respecto de su existencia como de su importe. Dentro de estos gastos directamente asociados a las secuelas producidas por el accidente encontramos:
  - Gastos de asistencia sanitaria futura, prótesis y órtesis y rehabilitación domiciliaria y ambulatoria.
  - Gastos por pérdida de autonomía personal.
- **Lucro cesante**. Tratándose de lucro cesante, tanto por incapacidad temporal como por incapacidad permanente, la responsabilidad civil adicional tiene, en su caso, carácter complementario de las prestaciones de Seguridad Social y de las posibles mejoras voluntarias, si el importe de aquel supera a la suma de unas y otras que, en todo caso, habrán de ser tenidas en cuenta al fijar la indemnización. No obstan-

te, no se deducirá del monto indemnizatorio por el concepto de «lucro cesante» el posible recargo por infracción de medidas de seguridad, dada su naturaleza esencialmente sancionadora y finalidad preventiva, y porque, en caso contrario, se desvirtuaría la finalidad pretendida por el art. 164 de la LGSS.

– **Daño corporal/daño moral.** Para el resarcimiento de estos dos conceptos, el juzgador (o reclamante, en su caso) puede valerse el baremo que figura como Anexo al Real Decreto Legislativo 8/2004, de 29 de octubre, por el que se aprueba el texto refundido de la Ley sobre responsabilidad civil y seguro en la circulación de vehículos a motor (LRCSCVM), pero siempre teniendo en cuenta:

  • Una aplicación facultativa, tanto el juzgador como el demandante, en caso de apartarse del baremo en algún punto, deberán razonarlo.

  • Su carácter orientativo, no han de seguirse necesariamente los importes máximos previstos en el baremo, ya que los mismos pueden incrementarse en atención a factores concretos del caso.

JURISPRUDENCIA

STS n.º 127/2023, de 9 de febrero de 2023, ECLI:ES:TS:2023:466

«(...) en la reclamación de indemnización de daños y perjuicios se está demandando la reparación de un daño que viene determinado por el lucro cesante que, en términos de nuestra jurisprudencia, está en función de la situación de empleo del trabajador y de sus percepciones en esta situación que se vayan produciendo a lo largo de todo el tiempo en que la misma ha pervivido».

CUESTIONES

1. ¿Cuál será la indemnización por muerte tras un accidente de circulación?

En los artículos 61 a 92 del TRLRCSCVM se regula la indemnización por fallecimiento tras un accidente de circulación, al igual que en la tabla 1 del anexo del referido texto normativo.

Si acudimos al anexo de la ley encontraremos:

  – La tabla 1.B, en relación con el perjuicio personal particular.

  – La tabla 1.C, en relación con los perjuicios patrimoniales (diferenciando el daño emergente del lucro cesante).

  – La tabla 1.A, en relación con el perjuicio personal básico.

2. ¿Cuál será la indemnización por secuelas tras un accidente de circulación?

Las indemnizaciones por secuelas se cuantifican conforme a las disposiciones y reglas que se establecen en los artículos 93 y siguientes del Texto Refundido de la Ley sobre responsabilidad civil y seguro en la circulación de vehículos a motor y que se reflejan en los distintos apartados de la tabla 2 que figura como anexo de la ley.

La tabla 2 contiene tres apartados:

  – La tabla 2.A establece la cuantía del perjuicio personal básico.

  – La tabla 2.B establece la cuantía de los perjuicios personales particulares.

  – La tabla 2.C establece la cuantía de los perjuicios patrimoniales, distinguiendo las categorías del daño emergente y del lucro cesante.

3. ¿Cuál será la indemnización por lesiones temporales tras un accidente de circulación?

Son lesiones temporales las que sufre el lesionado desde el momento del accidente hasta el final de su proceso curativo o hasta la estabilización de la lesión y su conversión en secuela. La indemnización por lesiones temporales es compatible con la que proceda por secuelas o, en su caso, por muerte y se cuantifica conforme a las disposiciones y reglas que se establecen en los artículos 134 a 143 del TRLRCSCVM y que se reflejan en los distintos apartados de la tabla 3 que figura como anexo de la referida ley. La tabla 3 contiene tres apartados:

- La tabla 3.A establece la cuantía del perjuicio personal básico.

- La tabla 3.B establece la cuantía de los perjuicios personales particulares.

- La tabla 3.C establece la cuantía de los perjuicios patrimoniales, distinguiendo las categorías del daño emergente y del lucro cesante.

4.5.1. Fijación de los daños y perjuicios: baremo para la valoración del daño corporal en los accidentes de tráfico

El sistema (baremo) para la valoración de daños y perjuicios causados a las personas en accidente de circulación aprobada por el Real Decreto Legislativo 8/2004 y anexos posteriores, contiene un baremo que ayudará a vertebrar y estructurar el *quantum* indemnizatorio por cada concepto.

La cuantificación del daño corporal y del daño moral siempre es difícil y subjetiva, pues las pruebas practicadas en el proceso permiten evidenciar la realidad del daño, pero no evidencian, normalmente, con toda seguridad la equivalencia económica que deba atribuirse al mismo para su completo resarcimiento, actividad que ya requiere la celebración de un juicio de valor.

La indemnización a la que tendrá derecho la persona trabajadora saldrá del sumatorio de todos los diferentes daños ocasionados por el accidente de trabajo o la enfermedad profesional. Teniendo en cuenta los distintos importes indemnizables, su concurrencia con efectos sobre las cantidades en caso de resarcir el mismo perjuicio, o que la indemnización será distinta para cada caso, dentro de los denominados «daños personales y patrimoniales», en su vertiente de lesiones temporales o secuelas sufridas, podemos, con la intención de aclarar algunos conceptos de interés para valorar el daño personal, destacar lo siguiente:

- Dan lugar a indemnización la muerte, las secuelas y las lesiones temporales de acuerdo con lo previsto en los artículos 34 y ss. del Real Decreto Legislativo 8/2004 y con lo reflejado, respectivamente, en las tablas 1, 2 y 3 contenidas en el Anexo de esta ley.

- Cada una de estas tablas incluye, de modo, separado la reparación de los perjuicios personales básicos (1.A, 2.A y 3.A), de los perjuicios personales particulares (1.B, 2.B y 3.B) y de los perjuicios patrimoniales (1.C, 2.C y 3.C).

La correcta aplicación del sistema requiere la justificación de los criterios empleados para cuantificar las indemnizaciones asignadas según sus reglas, con tratamiento separado e individualizado de los distintos conceptos y partidas resarcitorias por los daños, tanto extrapatrimoniales como patrimoniales.

APLICACIÓN DEL BAREMO DE VALORACIÓN DE DAÑOS Y PERJUICIOS CAUSADOS A PERSONAS EN ACCIDENTES DE CIRCULACIÓN A LOS ACCIDENTES LABORALES

La doctrina acepta la aplicación analógica de los criterios cuantitativos que resultan de la aplicación del sistema de baremo establecido por el Real Decreto Legislativo 8/2004, de 29 de octubre (LRCSCVM).

Precisiones para la aplicación en el ámbito laboral de la LRCSCVM

Aplicación facultativa y con carácter orientativo, teniendo en cuenta las circunstancias concurrentes en cada caso.

Las lesiones permanentes no pueden compensarse con prestaciones de la SS ya percibidas o con mejoras voluntarias.

Art. 32 de la LRCSCVM: reglas y límites

IT

Los días de baja o curación integran el perjuicio personal básico.

3 tramos o niveles resarcitorios según los días de baja sean de hospitalización, impeditivos o no impeditivos.

La pérdida temporal de calidad de vida íntegra el perjuicio personal particular.

Muy grave/grave/moderado.

Lucro cesante.

Salario real - cantidades IT y complemento del subsidio de IT (mejora voluntaria).

IP (arts. 107-109 de la LRCSCVM)

Perjuicio personal particular (pérdida de la calidad de vida).

Se integran en este concepto las distintas incapacidades que pueden ser reconocidas en el ámbito laboral —absoluta, total y parcial—, que se corresponden respectivamente con perjuicios muy graves, graves, moderados o leves.

Pérdida de toda posibilidad de realizar la actividad laboral o profesional.	Pérdida de la actividad laboral o profesional que venía ejerciendo el lesionado.	Limitación o pérdida parcial de la actividad laboral (o profesional) que se venía ejerciendo.	Lucro cesante derivado de las secuelas.
Perjuicio grave: se establece una horquilla indemnizatoria.	Perjuicio moderado: se establece una horquilla indemnizatoria.	Perjuicio leve: se establece una horquilla indemnizatoria.	

TABLA 2.B

JURISPRUDENCIA

STS, rec. 1395/2019, de 24 de enero de 2023, ECLI:ES:TS:2023:424

Se discute si la indemnización por accidente de trabajo debe tomar en consideración factores correctores respecto de la derivada de aplicar el baremo establecido para accidentes de tráfico. Reiterando doctrina unificada el TS entiende que las cantidades de la Tabla I del baremo de accidentes de tráfico son imputables al daño moral y no pueden ser compensadas con las mejoras voluntarias de la Seguridad Social.

STS n.º 181/2018, de 21 de febrero de 2018, ECLI:ES:TS:2018:811

Esta sentencia contiene un ejemplo del cálculo de la indemnización por accidente laboral y resulta relevante por clarificar la doctrina sobre la aplicación del baremo de tráfico en el ámbito laboral y por establecer que las indemnizaciones por daños morales no deben reducirse por las cantidades destinadas a compensar la pérdida de ingresos futuros del trabajador fallecido.

El Tribunal Supremo, tras analizar la sentencia de contraste y la doctrina existente, concluye que las indemnizaciones básicas por muerte del baremo de tráfico resarcen principalmente el daño moral y no deben compensarse con las mejoras voluntarias que tienen como finalidad indemnizar el lucro cesante. Por tanto, estima parcialmente el recurso y fija la indemnización en 125.171,12 euros, sin deducir las mejoras voluntarias.

«Sobre la cuestión relativa a si cuando para la cuantificación de la indemnización adicional derivada de accidente de trabajo se utiliza el baremo circulatorio, de las indemnizaciones básicas por muerte previstas en la Tabla I cabe descontar o no el importe de las mejoras voluntarias de la Seguridad Social, esta Sala ha tenido oportunidad de pronunciarse en la sentencia invocada como término de comparación de 13 de marzo de 2014 . En ella se concluye, con la precisión que en lo que respecta al concreto tipo de daños que se resarce a través de la Tabla I, introduce la sentencia de 20 de noviembre de 2014 (rec. 2059/2013) a la luz de la doctrina sentada por la sentencia, de Pleno, de 23 de junio de 2014 (rec. 1257/203), que las indemnizaciones de la Tabla I resarcen el daño moral esencialmente, y que de ellas no pueden deducirse las mejoras voluntarias de las prestaciones de muerte y supervivencia, por no guardar la necesaria homogeneidad conceptual, pues estas mejoras tienen como finalidad indemnizar a los familiares del causante por la pérdida definitiva de los ingresos que allegaba a la familia, esto es, compensar el llamado lucro cesante».

STS, rec. 1257/2013, de 23 de junio de 2014, ECLI:ES:TS:2014:3546

La sala IV establece los criterios para cuantificar el lucro cesante por la incapacidad permanente destacando que cuando se acredita el lucro cesante en una cuantía superior el déficit de ingresos debe capitalizarse para resarcir la pérdida económica vitalicia que supone la incapacidad, y si las prestaciones de Seguridad Social (incluidas mejoras en su caso) están capitalizadas, también debe capitalizarse la pérdida de ingresos, de modo que el lucro cesante, de existir, será la diferencia entre ambas capitalizaciones.

RESOLUCIÓN RELEVANTE

STSJ de Galicia, rec. 3700/2014, de 19 de octubre do 2015, ECLI:ES:TSJGAL:2015:7791

Fundamenta la desestimación del recurso planteado por los demandantes en que la resolución de instancia ha establecido la cuantía de la indemnización dentro de los parámetros del baremo de tráfico, aplicado a título orientativo, que únicamente puede ser revisada cuando se observe una desproporción entre el daño y la indemnización, que en este caso no se aprecia dadas las circunstancias concurrentes y las cantidades que la Sección de la Sala viene otorgando en supuestos de análogas características.

4.5.2. Deducciones por compensaciones ya recibidas: compensación entre conceptos homogéneos

Al establecer el baremo distintos parámetros o conceptos indemnizables, las dudas aparecen a la hora de determinar si deben compensarse solo los conceptos homogéneos. La mayoría de la doctrina es partidaria de la llamada *compensatio lucri cum damno* —compensación derivada del principio jurídico, amparado en el art. 1.4 del Código Civil—, de forma que nadie puede enriquecerse torticeramente a costa de otro. Por ello, cuando existe el derecho a varias indemnizaciones se estima que **las diversas indemnizaciones son compatibles, pero complementarias, lo que supone que, como el daño es único y las diferentes indemnizaciones se complementan entre sí, habrá que deducir del monto total de la indemnización reparadora lo que se haya cobrado ya de otras fuentes por el mismo concepto.**

La regla general sería, pues, el cómputo de todos los cobros derivados del mismo hecho dañoso, mientras que la acumulación de indemnizaciones solo se aceptaría cuando las mismas son ajenas al hecho que ha provocado el daño, pues la regla de la compensación es una manifestación del principio que veda el enriquecimiento injusto. La aplicación de este principio por parte del orden jurisdiccional social debe ser objeto, no obstante, de ciertas **matizaciones y correcciones**, para que los automatismos en su aplicación no lleven a resultados contrarios al pretendido. Si se persigue evitar que la reparación de un daño no sea fuente de un enriquecimiento injustificado, también se debe buscar que la aplicación de la compensación no conlleve un enriquecimiento de quien causó el daño, al pagar de menos, ni el enriquecimiento de la aseguradora con quien contrató el aseguramiento del daño causado su responsable.

Como concretó la **STS, rec. 2059/2013, de 20 de noviembre de 2014, ECLI:ES:TS:2014:5242,** lo correcto será que la compensación, practicada para evitar enriquecimiento injusto del perjudicado, se efectúe por el juzgador tras establecer los diversos conceptos indemnizables y su cuantía, de forma que el descuento por lo ya abonado opere solamente sobre los conceptos a los que se imputaron los pagos previos. Consecuentemente, la compensación operará entre conceptos homogéneos, lo que tratándose de prestaciones de la Seguridad Social que resarcen por la pérdida de ingresos que genera la disminución de la capacidad de ganancia, temporal o permanente, supone que las referidas prestaciones solo pueden compensarse con las indemnizaciones reconocidas por el llamado lucro cesante, así como que las que se reconocen por la incapacidad temporal no se pueden compensar con las que se dan por la incapacidad permanente y viceversa.

Tres fallos merecen especial atención:

- Sentencia del Tribunal Supremo, rec. 1141/2007, de 22 de septiembre de 2008, ECLI:ES:TS:2008:5324: lo percibido en concepto de prestaciones de Seguridad Social —que resarcen la pérdida de ingresos— solo puede compensarse con las indemnizaciones percibidas por lucro cesante; y, como la resolución recurrida no concedió indemnización alguna en concepto de lucro cesante, no cabe descontar de la indemnización total el importe del capital coste ingresado.

- Sentencia del Tribunal Supremo, rec. 1219/2014, de 17 de febrero de 2015, ECLI:ES:TS:2015:991: las cuantías del baremo de accidentes de tráfico son imputables al concepto de daño moral y, por consiguiente, no pueden ser compensadas con las prestaciones de Seguridad Social.

- Sentencia del Tribunal Supremo n.º 15/2019, de 10 de enero, ECLI:ES:TS:2019:224: las prestaciones SS y la mejora de las mismas pactada en convenio colectivo forman parte del lucro cesante. La mejora de las prestaciones no es compensable con daño moral.

> **A TENER EN CUENTA.** Las prestaciones de la Seguridad Social solo sirven para resarcir la pérdida de retribuciones producida por el accidente y su posterior incapacidad temporal o permanente. Es decir, de los grandes apartados que integran una posible indemnización (daños corporales, daño emergente, lucro cesante y daños morales), las prestaciones sociales solo se podrán compensar mediante las cantidades que procedan por lucro cesante, siendo compatibles con el resto (a excepción de la indemnización por lesiones permanentes no invalidantes). A modo de ejemplo, cabe mencionar la **sentencia del Tribunal Supremo, rec. 3365/2008, de 15 de diciembre de 2009, ECLI:ES:TS:2009:8600**.

4.5.3. Intereses sobre las cantidades reconocidas

Para la determinación de la existencia de intereses sobre las cantidades reconocidas en concepto de indemnización por daños y perjuicios, hemos de distinguir entre:

- **Intereses moratorios (arts. 1100, 1101 y 1108 del CC):** se devengan automáticamente, por imponerlo así la defensa de los legítimos intereses del acreedor, manteniéndose, dentro de un criterio flexibilizador, como regla general —supuestos exorbitantes aparte—, la de que las deudas en favor del trabajador generan intereses a favor de estos desde la interpelación judicial, entendida como la fecha de presentación de papeleta de conciliación contra ante el SMA. Cabe destacar, en esta línea, la **sentencia del Tribunal Supremo, rec. 414/2007, de 30 de enero de 2008, ECLI:ES:TS:2008:1850**.

- **Intereses procesales (art. 576 de la LEC):** por aplicación directa de la norma, «desde que fuere dictada en primera instancia, toda sentencia o resolución que condene al pago de una cantidad de dinero líquida determinará, en favor del acreedor, el devengo de un interés anual igual al del interés legal del dinero incrementado en dos puntos o el que corresponda por pacto de las partes o por disposición especial de la ley».

Cuestión controvertida resulta la aplicación de la **regla de los intereses de demora procesal** (art. 576 de la LEC), o el interés del 20 % preceptuado en el art. 20 de la LCS, cuando la obligación de indemnizar recaiga sobre la compañía aseguradora del riesgo de responsabilidad civil. En este sentido, los apartados 3.º, 4.º y 8.º del art. 20 de la Ley 50/1980, de 8 de octubre, de contrato de seguro, establecen lo siguiente:

«(...) 3.º Se entenderá que el asegurador incurre en mora cuando no hubiere cumplido su prestación en el plazo de tres meses desde la producción del siniestro o no hubiere procedido al pago del importe mínimo de lo que pueda deber dentro de los cuarenta días a partir de la recepción de la declaración del siniestro.

4.º La indemnización por mora se impondrá de oficio por el órgano judicial y consistirá en el pago de un interés anual igual al del interés legal del dinero vigente en el momento en que se devengue, incrementado en el 50 por 100; estos intereses se considerarán producidos por días, sin necesidad de reclamación judicial.

No obstante, transcurridos dos años desde la producción del siniestro, el interés anual no podrá ser inferior al 20 por 100.

(...).

8.º No habrá lugar a la indemnización por mora del asegurador cuando la falta de satisfacción de la indemnización o de pago del importe mínimo esté fundada en una causa justificada o que no le fuere imputable (...)».

De conformidad con la doctrina unificada, destacando por todas, las **sentencias del Tribunal Supremo, rec. 1531/2012, de 12 de marzo de 2013, ECLI:ES:TS:2013:3599; rec. 1813/2009, de 14 de abril de 2010, ECLI:ES:TS:2010:2746; y rec. 4123/2008, de 30 de junio de 2010, ECLI:ES:TS:2010:4801,** los intereses del art. 20 de la LCS no se imponen sino desde el dictado de la sentencia de instancia, cuando la oposición a la pretensión de la parte demandante por la aseguradora es razonable y ajena a cualquier propósito dilatorio.

Respecto del abono de los intereses previstos en el art. 20 de la LCS, el TS viene entendiendo, por aplicación de su apartado 8.º, que «no habrá lugar a la indemnización por mora del asegurador cuando la falta de satisfacción de la indemnización o de pago del importe mínimo esté fundada en una causa justificada o que no le fuere imputable», de modo que no ha lugar a ello cuando el retraso en el pago por parte de la aseguradora estaba fundado en situaciones discutibles, tales como la determinación de la entidad aseguradora responsable, de la fecha del hecho causante o de la cuantía de la indemnización.

4.5.4. Concurrencia de culpa por parte de la persona trabajadora

La contribución de la conducta culposa de la víctima o perjudicado en el accidente o daños producidos contrarresta la responsabilidad empresarial (art. 1103 del CC). A pesar de la existencia de distintos pronunciamientos judiciales promulgando la reducción indemnizatoria en estos casos, no existe, al menos por el momento, una regla unificada atendiendo, en cada caso, a la apreciación de los tribunales.

5.
PRESTACIONES DE LA SEGURIDAD SOCIAL EN CASO DE ACCIDENTE DE TRABAJO

En el sistema de Seguridad Social, paralelamente a los mecanismos de protección contingencias comunes (las derivadas de accidente no laboral o enfermedad común), existe otro mecanismo previsto para las contingencias profesionales (las derivadas de accidente de trabajo o enfermedad profesional). Las prestaciones derivadas de contingencias profesionales difieren de las comunes, no solo en cuanto a los requisitos precisos para causar derecho a las mismas, sino también en cuanto a la mayor protección que dispensan. En las contingencias profesionales:

- La protección no está condicionada a un período de carencia previo.

- El cálculo de las prestaciones se realiza sobre bases reguladoras más elevadas —salario real en cómputo anual, incluidas las horas extraordinarias—.

- Existe derecho a consideración de alta de pleno derecho y principio de automaticidad absoluta.

- Existen indemnizaciones específicas en los casos de muerte y supervivencia.

- Existe posibilidad de un recargo de prestaciones por infracción de medidas preventivas.

- Existe un reconocimiento de lesiones permanentes no invalidantes.

- Cuentan con un tratamiento preventivo específico para las enfermedades profesionales: posibilidad de colocar al trabajador en período de observación con el fin de confirmar el diagnóstico de la enfermedad, reconocimientos médicos obligatorios previos a la contratación, o el traslado de puesto de trabajo a otro exento de riesgo cuando se detecten síntomas de la enfermedad profesional.

- Cuentan con reglas especiales en materia de cotización (el empresario asume la totalidad de la cotización, se cotiza sobre una base de cotización distinta que incluye horas extraordinarias, y con tarifas de primas específicas en función de la peligrosidad de la actividad).

Por otra parte, determinadas enfermedades profesionales cuentan, además, con una regulación específica en materia de prevención, diagnóstico y tratamiento (como la silicosis, a través de las OO.MM. de 9 de mayo de 1962, de 15 de abril de 1969, de 30 de abril de 1973 y de 30 de abril de 1977). Algunas cuentan también con normas específicas de seguridad y salud en el trabajo (como el asbesto, a través del RD 396/2006, de 31 de marzo).

5.1. Cobertura del riesgo y cotización

El art. 147.1 de la LGSS es claro: «La base de cotización para todas las contingencias y situaciones amparadas por la acción protectora del Régimen General, incluidas las de accidente de trabajo y enfermedad profesional, estará constituida por la remuneración total, cualquiera que sea su forma o denominación, tanto en metálico como en especie, que con carácter mensual tenga derecho a percibir el trabajador o asimilado, o la que efectivamente perciba de ser esta superior, por razón del trabajo que realice por cuenta ajena», «las percepciones de vencimiento superior al mensual se prorratearán a lo largo de los doce meses del año». Sobre esta premisa, únicamente no se computarán en la base de cotización los conceptos listados en el punto 2 del artículo citado.

a) Determinación de la base de cotización por contingencias profesionales

La base de cotización para estas contingencias se calcula de la misma forma que en contingencias comunes, si bien con la particularidad de que se añaden las cantidades abonadas en concepto de horas extraordinarias.

b) Tipos de cotización para contingencias profesionales

Para obtener la cuota a ingresar por las diferentes contingencias, aplicaremos distintos tipos de cotización según se trate de contingencias comunes o profesionales. En el caso de contingencias profesionales, hemos de acudir a la tarifa primas fijada por los PGE anualmente. En esta tabla tenemos que buscar el código de la actividad que realiza el trabajador y tomar los dos tipos: uno corresponde a IT (incapacidad temporal) y otro a IMS (invalidez, muerte y supervivencia).

La determinación del tipo de cotización aplicable será efectuada, en los términos que reglamentariamente se establezca, por la Tesorería General de la Seguridad Social en función de la actividad económica declarada por la empresa o por el trabajador por cuenta propia o, en su caso, por las ocupaciones o situaciones de los trabajadores, con independencia de que, para la formalización de la protección frente a las contingencias profesionales, se hubiera optado en favor de una entidad gestora de la Seguridad Social o de una entidad colaboradora de la misma.

Ambas cuotas (IT y IMS) corren siempre a cargo exclusivo del empresario.

El tipo de cotización para AT y EP será el que corresponda según la tarifa de primas aprobada por la disposición adicional cuarta de la Ley 42/2006, de 28 de diciembre, de Presupuestos Generales del Estado para el año 2007, en redacción dada por la disposición final octava de la Ley 48/2015, de 29 de octubre, de Presupuestos Generales del Estado para el 2016.

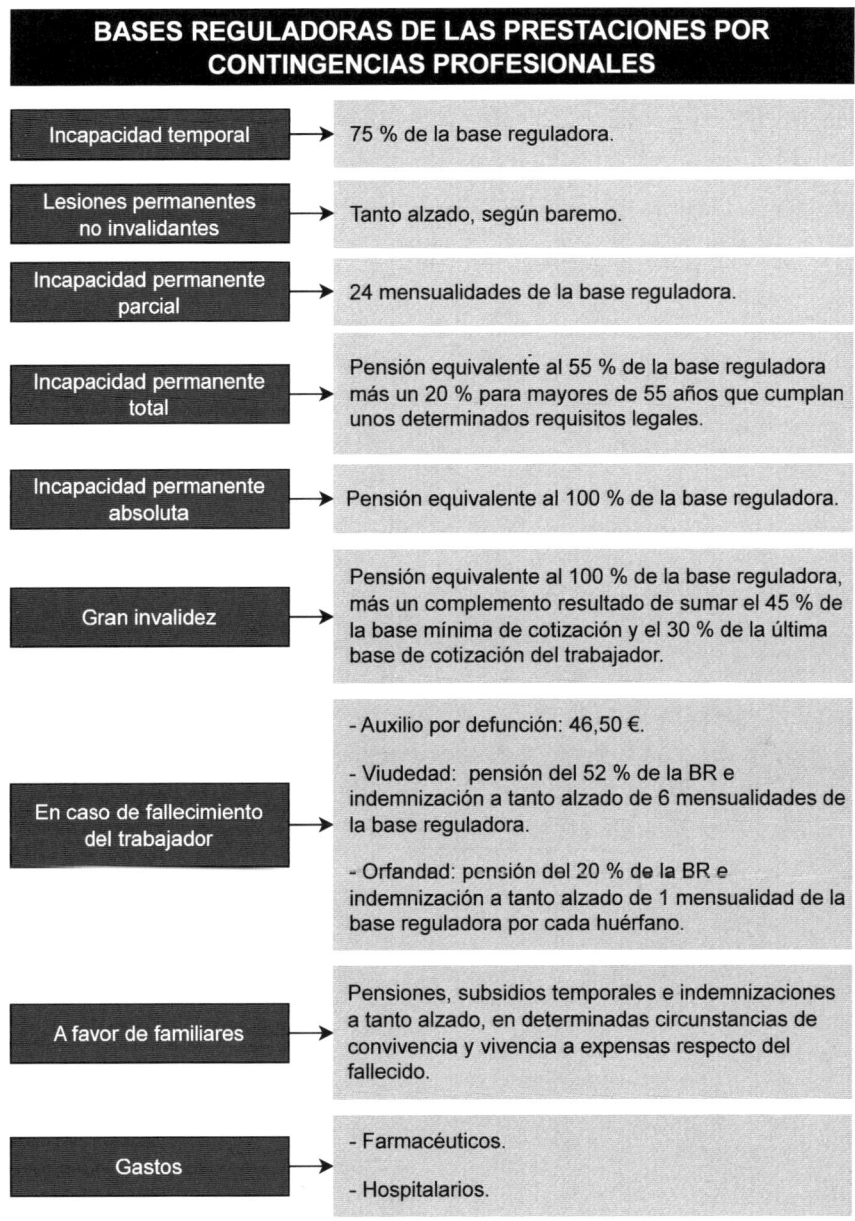

BASES REGULADORAS DE LAS PRESTACIONES POR CONTINGENCIAS PROFESIONALES

Incapacidad temporal	75 % de la base reguladora.
Lesiones permanentes no invalidantes	Tanto alzado, según baremo.
Incapacidad permanente parcial	24 mensualidades de la base reguladora.
Incapacidad permanente total	Pensión equivalente al 55 % de la base reguladora más un 20 % para mayores de 55 años que cumplan unos determinados requisitos legales.
Incapacidad permanente absoluta	Pensión equivalente al 100 % de la base reguladora.
Gran invalidez	Pensión equivalente al 100 % de la base reguladora, más un complemento resultado de sumar el 45 % de la base mínima de cotización y el 30 % de la última base de cotización del trabajador.
En caso de fallecimiento del trabajador	- Auxilio por defunción: 46,50 €. - Viudedad: pensión del 52 % de la BR e indemnización a tanto alzado de 6 mensualidades de la base reguladora. - Orfandad: pensión del 20 % de la BR e indemnización a tanto alzado de 1 mensualidad de la base reguladora por cada huérfano.
A favor de familiares	Pensiones, subsidios temporales e indemnizaciones a tanto alzado, en determinadas circunstancias de convivencia y vivencia a expensas respecto del fallecido.
Gastos	- Farmacéuticos. - Hospitalarios.

Fuente: Enfermedad Profesional. FREMAP.

5.2. Determinación de la contingencia: el papel de las mutuas

Las mutuas auxilian al INSS en la gestión de prestaciones de la Seguridad Social, determinan inicialmente contingencias profesionales y ofrecen asistencia sanitaria. Analizamos algunos extremos relacionados con las prestaciones por contingencias profesionales.

El artículo 66 de la Ley General de la Seguridad Social reafirma la competencia omnicomprensiva que tradicionalmente se viene otorgando al INSS al afirmar que corresponde a este organismo «la gestión y administración de las prestaciones económicas del sistema de la Seguridad Social (...)». Se le confiere así el rango de entidad de base para la organización y vigilancia y, en su caso, dispensación, de las prestaciones, siendo el papel de las mutuas, meramente auxiliar, habiendo destacado siempre este carácter secundario al ser designadas por todas las disposiciones rectoras del sistema de Seguridad Social, como «Entidades Colaboradoras».

Respecto de las contingencias profesionales, **corresponderá a las mutuas la determinación inicial del carácter profesional de la contingencia**, sin perjuicio de su posible revisión o calificación por la entidad gestora competente de acuerdo con las normas de aplicación (art. 82 de la LGSS).

Mediante la colaboración con el Ministerio de Empleo y Seguridad Social, las mutuas realizarán las siguientes actividades, no todas relacionas con las contingencias profesionales (art. 80 de la LGSS):

- La gestión de las prestaciones económicas y de la asistencia sanitaria, incluida la rehabilitación, comprendidas en la protección de las contingencias de accidentes de trabajo y enfermedades profesionales de la Seguridad Social, así como de las actividades de prevención de las mismas contingencias que dispensa la acción protectora.

- La gestión de la prestación económica por incapacidad temporal derivada de contingencias comunes.

- La gestión de las prestaciones por riesgo durante el embarazo y riesgo durante la lactancia natural.

- La gestión de las prestaciones económicas por cese en la actividad de los trabajadores por cuenta propia, en los términos establecidos en la Ley 32/2010, de 5 de agosto, por la que se establece un sistema específico de protección por cese de actividad de los trabajadores autónomos.

- La gestión de la prestación por cuidado de menores afectados por cáncer u otra enfermedad grave.

- Las demás actividades de la Seguridad Social que les sean atribuidas legalmente.

En relación con el papel de las mutuas, la Ley 35/2014, de 26 de diciembre, estableció la posibilidad de que las mutuas pasasen a intervenir en las incapacidades temporales tanto profesionales como comunes desde el primer día, respecto de las contingencias profesionales, corresponderá a las Mutuas la determinación inicial del carácter profesional de la contingencia, sin perjuicio de su posible revisión o calificación por la Entidad Gestora competente de acuerdo con las normas de aplicación.

Los actos que dicten las mutuas, por los que reconozcan, suspendan, anulen o extingan derechos en los supuestos atribuidos a las mismas, serán motivados y se formalizarán por escrito, estando supeditada su eficacia a la notificación al interesado. Asimismo, se notificarán al empresario cuando el beneficiario mantenga relación laboral y produzcan efectos en la misma.

Las prestaciones sanitarias comprendidas en la protección de las contingencias profesionales serán dispensadas a través de los medios e instalaciones gestionados por las mutuas, mediante convenios con otras mutuas o con las Administraciones Públicas Sanitarias, así como mediante conciertos con medios privados, en los términos establecidos en el artículo 199 y en las normas reguladoras del funcionamiento de las Entidades.

El servicio público de salud, el Instituto Social de la Marina, las mutuas o las empresas colaboradoras, que hayan emitido el parte de baja, podrán instar, motivadamente, ante el Instituto Nacional de la Seguridad Social la revisión de la consideración inicial de la contingencia, mediante el procedimiento regulado en el Art. 6 del Real Decreto 1430/2009, de 11 de septiembre, por el que se desarrolla reglamentariamente la Ley 40/2007, de 4 de diciembre, de medidas en materia de Seguridad Social, en relación con la prestación de incapacidad temporal.

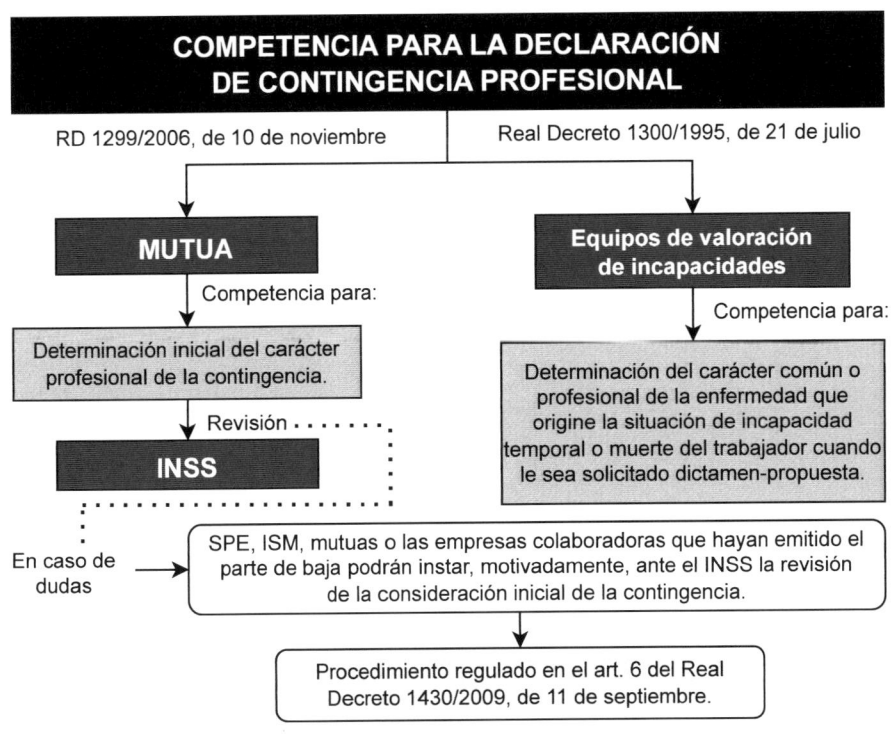

COMPETENCIA PARA LA DECLARACIÓN DE CONTINGENCIA PROFESIONAL

RD 1299/2006, de 10 de noviembre

Real Decreto 1300/1995, de 21 de julio

MUTUA

Competencia para:

Determinación inicial del carácter profesional de la contingencia.

Revisión

INSS

Equipos de valoración de incapacidades

Competencia para:

Determinación del carácter común o profesional de la enfermedad que origine la situación de incapacidad temporal o muerte del trabajador cuando le sea solicitado dictamen-propuesta.

En caso de dudas

SPE, ISM, mutuas o las empresas colaboradoras que hayan emitido el parte de baja podrán instar, motivadamente, ante el INSS la revisión de la consideración inicial de la contingencia.

Procedimiento regulado en el art. 6 del Real Decreto 1430/2009, de 11 de septiembre.

5.3. Características de las principales prestaciones

5.3.1. Incapacidad temporal

Cuando un trabajador aquejado de una contingencia laboral (accidente o enfermedad profesional) esté impedido para realizar su trabajo y esté recibiendo asistencia médica, éste se encuentra en situación de incapacidad temporal.

Mientras se encuentre en esta situación, el trabajador tendrá derecho al cobro de una indemnización diaria equivalente al 75% de su base de cotización diaria durante el mes anterior al accidente, sin perjuicio de otros beneficios que otorguen los convenios sectoriales.

a) Base reguladora y dinámica de la prestación

La BR en los supuestos de accidente de trabajo o enfermedad profesional se obtiene por adición de dos sumandos:

- La base de cotización por contingencias profesionales del mes anterior, sin horas extraordinarias, dividida por el número de días a que corresponda dicha cotización.

- La cotización por horas extraordinarias del año natural anterior, dividida entre 365 días, salvo que la antigüedad en la empresa sea inferior, en cuyo caso, se expresará el número de días de alta laboral en la empresa excluidos los del mes de la baja.

> **A TENER EN CUENTA.** En caso de accidente, sea o no de trabajo, y de enfermedad profesional, no se exigirá ningún período previo de cotización. (art. 172 de la LGSS).

Para entender la cobertura del riesgo en caso de las contingencias profesionales hemos de acudir a la comparativa con las contingencias comunes, donde, como se ve en el cuadro explicativo, encontramos grandes diferencias, no solo en relación a la calificación del daño, sino también en periodos de carencia para el acceso a prestación de IT, bases reguladoras, posibilidad de establecer recargos, tratamiento, o maneras de comunicación, entre otras.

	Contingencia común	Contingencia profesional
Asistencia	SPS Inspección médica	INSS (SPS) MUTUA
Periodo de carencia	180 días últimos 5 años	No se requiere periodo previo de cotización
Base reguladora (BR)	Contingencias comunes.	Contingencias profesionales (Se tiene en cuenta la prorrata de horas extra realizadas en los 365 días anteriores al hecho causante).
Porcentaje sobre BR	Prestación a cargo del empleador (4º a 15º día) 3 primeros días a cargo del trabajador.	Cobro a cargo de la entidad pagadora desde el día siguiente al del hecho.
Duración	365 días − + 180 días de prórroga. Cuando se presuma que, durante ellos, el trabajador pueda ser dado de alta médica por curación (545 días en total).	365 días − + 180 días de prórroga. Cuando se presuma que, durante ellos, el trabajador pueda ser dado de alta médica por curación (545 días en total).
Recargo de prestaciones	..	30 a un 50 % a cargo del empleador
Comunicación	SPS/INSS.	Accidente de trabajo: Delt@ Enfermedad Profesional: CEPROSS
Tratamiento	SPS.	INSS/MATEPSS.
Gestión IT	INSS / MUTUA.	INSS/MUTUA.
Medicamentos	Abono de un porcentaje.	Gratuitos.

b) Seguimiento y control

La entidad o instancia competente para emitir partes de alta, confirmación o alta médica viene establecida en virtud de la contingencia que da origen a la incapacidad temporal:

Desde su inicio hasta el cumplimiento del día 365 de la incapacidad temporal	Servicio Público de Salud (SPS)	Emitir partes de baja, confirmación y alta.
	Instituto Nacional de la Seguridad Social (INSS)	Emitir altas médicas a todos los efectos. Iniciar el expediente de IP.
	Instituto Social de la Marina (ISM) – Trabajadores incluidos en el ámbito de aplicación del Régimen Especial del Mar	Emitir bajas y altas (asistencia sanitaria no transferida) Altas médicas a todos los efectos. Iniciar expediente de IP.
	Mutuas	Emitir partes de baja, confirmación y alta por AT y EP y propuestas de alta por contingencias comunes.
	Empresas colaboradoras – Respecto de los trabajadores a su servicio, siempre que tengan asumidas las competencias en la gestión de la asistencia sanitaria y de la IT derivadas de accidente de trabajo y enfermedad profesional.	Emitir partes de baja, confirmación y alta.
Cumplido el día 365 desde la IT	INSS	Reconocer la situación de prórroga expresa. Determinar la iniciación de expediente de IP.
	ISM – Trabajadores incluidos en el ámbito de aplicación del Régimen Especial del Mar	Emitir el alta médica. Emitir nueva baja médica en caso de recaída (si se produce en el plazo de 180 días naturales posteriores al alta médica por la misma o similar patología).

Actualmente el Real Decreto 625/2014, de 18 de julio, regula determinados aspectos de la gestión y control de los procesos por incapacidad temporal en los primeros trescientos sesenta y cinco días de su duración.

La emisión del parte médico de baja es el acto que origina la iniciación de las actuaciones conducentes al reconocimiento del derecho al subsidio por incapacidad temporal. La declaración de la baja médica, en los procesos de incapacidad temporal, cualquiera que sea la contingencia determinante, se formulará en el correspondiente parte médico de baja expedido por el médico del servicio público de salud que haya efectuado el reconocimiento del trabajador afectado.

En caso de que la baja médica derive de un accidente de trabajo o de una enfermedad profesional cuya cobertura corresponda a una mutua colaboradora con la Seguridad Social, en adelante mutua, o a una empresa colaboradora, será el facultativo del servicio médico de la propia mutua o empresa colaboradora el que, inmediatamente después del reconocimiento médico de la persona trabajadora, expida el parte médico de baja utilizando el modelo oficial (art. 3 de la Orden ESS/1187/2015, de 15 de junio).

Todo parte médico de baja irá precedido de un reconocimiento médico del trabajador que permita la determinación objetiva de la incapacidad temporal para el trabajo habitual, a cuyo efecto el médico requerirá al trabajador los datos necesarios que contribuyan tanto a precisar la patología objeto de diagnóstico, como su posible incapacidad para realizar su trabajo.

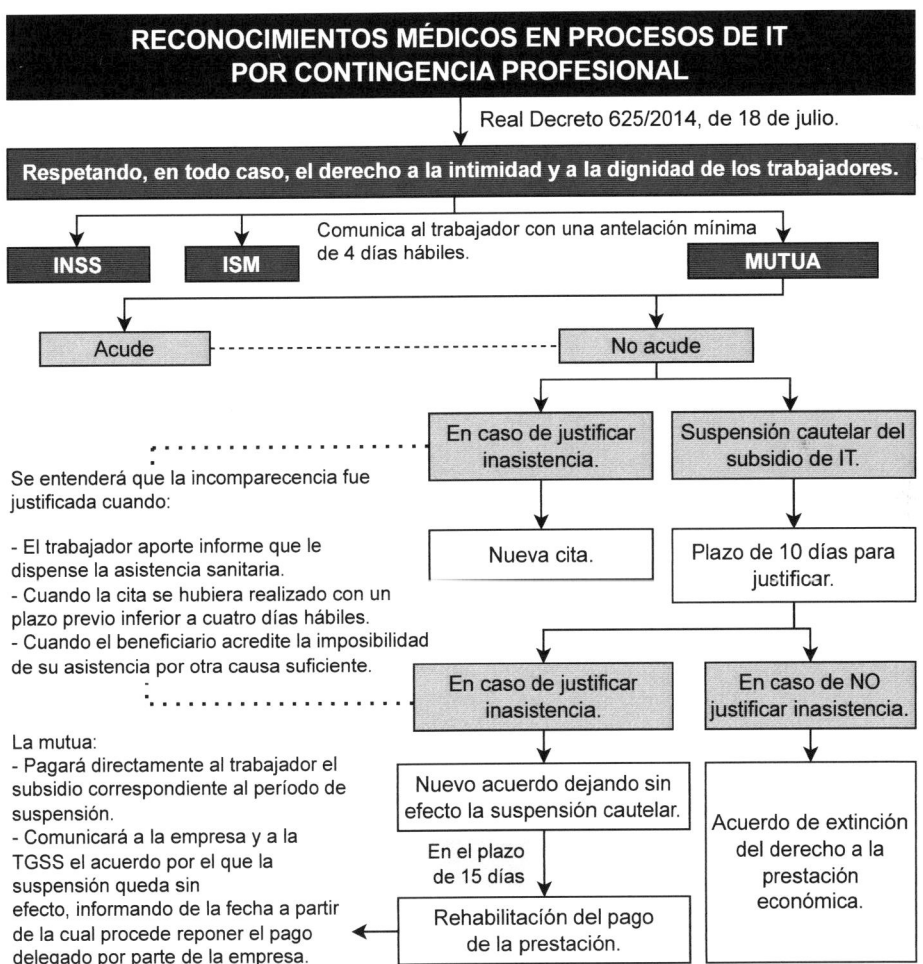

El servicio público de salud o la empresa colaboradora o la mutua, según cuál sea la entidad facultada para emitir el parte de baja, remitirá por vía telemática al Instituto Nacional de la Seguridad Social (art. 7.1 del Real Decreto 625/2014, de 18 de julio) los datos personales del trabajador y, además, los datos obligatorios del parte de baja relativos a la fecha de la baja, a la contingencia causante, al código de diagnóstico, al código nacional de ocupación del trabajador, a la duración estimada del proceso y, en su caso, la aclaración de que el proceso es recaída de uno anterior, así como, en este caso, la fecha de la baja del proceso inmediatamente anterior y la fecha de la baja del proceso que origina la recaída. Asimismo, hará constar la fecha en que se realizará el siguiente reconocimiento médico.

Los partes de confirmación se expedirán en función de la duración estimada del proceso, conforme a las siguientes reglas (art. 4 de la Orden ESS/1187/2015, de 15 de junio):

DURACIÓN ESTIMADA DE LA IT (DÍAS NATURALES)	FECHA CONSIGNACIÓN PARTE DE BAJA	FECHA CONSIGNACIÓN PRIMERA PARTE DE CONFIRMACIÓN	SEGUNDO PARTE DE CONFIRMACIÓN
MENOR 5 DÍAS	– Mismo día del acto médico (alta en el mismo día de la baja o en cualquiera de los 3 días siguientes). – Posibilidad de revisión a solicitud del trabajador, el día fijado como de alta médica.		
ENTRE 5 Y 30 DÍAS	Día del acto médico, consignando fecha de revisión médica prevista.	No más tarde de 7 días desde la baja médica inicial.	Tras el primer parte de confirmación, los sucesivos, cuando sean necesarios, no podrán emitirse con una diferencia de más de 14 días naturales entre sí.
ENTRE 31 Y 60 DÍAS	Día del acto médico, consignando fecha de revisión médica prevista.	No más tarde de 7 días desde la baja médica inicial.	Tras el primer parte de confirmación, los sucesivos, cuando sean necesarios, no podrán emitirse con una diferencia de más de 28 días naturales entre sí.
61 O MÁS DÍAS	Día del acto médico, consignando fecha de revisión médica prevista.	No más tarde de 14 días desde la baja médica inicial.	Tras el primer parte de confirmación, los sucesivos, cuando sean necesarios, no podrán emitirse con una diferencia de más de 35 días naturales entre sí.

Corresponde al facultativo que emite el parte médico de baja y de confirmación determinar, en el momento de su expedición, la duración estimada del proceso.

El facultativo podrá alterar esa duración estimada en un momento posterior como consecuencia de la modificación o actualización del diagnóstico o de la evolución sanitaria del trabajador. A tal efecto emitirá un parte de confirmación que recogerá la nueva duración estimada y, en su caso, el encuadramiento del proceso en un tipo diferente de los previstos (art. 2.4 del Real Decreto 625/2014, de 18 de julio y art. 2.2 de la Orden ESS/1187/2015, de 15 de junio).

A efectos de asignar la duración estimada a cada proceso, el facultativo dispondrá de unas **tablas de duración óptima** de los distintos procesos patológicos susceptibles de generar incapacidades, así como tablas sobre el grado de incidencia de los mismos en las distintas actividades laborales. Dichas tablas serán suministradas y revisadas periódicamente por el Instituto Nacional de la Seguridad Social.

5.3.2. Muerte y supervivencia

Este tipo de prestaciones tiene por objeto proteger a los familiares que dependían económicamente del trabajador o pensionista fallecido. Siempre y cuando el finado hubiese cumplido con unos determinados períodos de cotización previa para acceder a las prestaciones (con las peculiaridades características de las distintas prestaciones del riesgo de muerte derivada de enfermedad común y la derivada de contingencias profesionales y accidente no laboral).

La normativa básica aplicable a esta prestación se engloba en los artículos 216 a 234 del Texto Refundido de la Ley General de Seguridad Social, el Real Decreto 1647/1997 de 15 de julio, de Consolidación y Racionalización del Sistema de la Seguridad Social, el Real Decreto 1465/ 2001 de 27 de diciembre, de modificación parcial del régimen jurídico de las prestaciones por muerte y supervivencia, Decreto 3158/1966 de 23 de diciembre por el que se aprueba el Reglamento General de Prestaciones Económicas del Seguridad Social, y la Orden Ministerial de 13 de febrero de 1967 por la que se establecen las normas para la aplicación y desarrollo de las prestaciones de muerte y supervivencia del Régimen General.

Atendiendo al art. 216 de la LGSS, en caso de muerte, cualquiera que fuera su causa, cuando concurran los requisitos exigibles se reconocerán, según los supuestos, alguna o algunas de las prestaciones del siguiente cuadro, fijándose para el caso de muerte, causada por accidente de trabajo o enfermedad profesional una indemnización especial a tanto alzado.

En el caso de las prestaciones por viudedad, orfandad y a favor de familiares no se exigirá período previo de cotización cuando la causa de la muerte fuera un accidente (laboral o no) o una enfermedad profesional.

TIPO		CONTINGENCIAS COMUNES o ACCIDENTE NO LABORAL (INSS)	CONTINGENCIAS PROFESIONALES (MUTUAS)
AUXILIO POR DEFUNCIÓN		46'50 €.	46'50 €.
VIUDEDAD	Prestación económica	PENSIÓN VITALICIA DEL 52 % DE LA BASE REGULADORA. (REQUISITOS PUEDE PERCIBIRSE EL 60 % O EL 70 %).	PENSIÓN VITALICIA DEL 52 % DE LA BASE REGULADORA. (REQUISITOS PUEDE PERCIBIRSE EL 60 % O EL 70 %).
	Período de carencia	500 días (dentro de los últimos 5 años anteriores al fallecimiento).	No se exige.
ORFANDAD	Prestación económica	20 % DE LA BASE REGULADORA PARA CADA HUÉRFANO. – Si no hay cónyuge o este fallece posteriormente, se distribuirá entre los huérfanos el importe de la pensión de viudedad. – La suma de ambas pensiones no puede exceder el 100 % de la Base Reguladora que ha servido para el cálculo.	20 % DE LA BASE REGULADORA PARA CADA HUÉRFANO. – Si no hay cónyuge o este fallece posteriormente, se distribuirá entre los huérfanos el importe de la pensión de viudedad. – La suma de ambas pensiones no puede exceder el 100 % de la Base Reguladora que ha servido para el cálculo.
	Período de carencia	500 días (dentro de los últimos 5 años anteriores al fallecimiento).	Se calcula aplicando las mismas reglas que las señaladas para la incapacidad permanente total derivada de accidente no laboral.

TIPO		CONTINGENCIAS COMUNES o ACCIDENTE NO LABORAL (INSS)	CONTINGENCIAS PROFESIONALES (MUTUAS)
PRESTACIONES A FAVOR DE FAMILIARES	Prestación económica	20 % BR por cada uno de los beneficiarios con derecho a pensión.	20 % BR por cada uno de los beneficiarios con derecho a pensión.
	Período de carencia	500 días dentro de los últimos 5 años anteriores al fallecimiento.	No se exige.
INDEMNIZACIÓN ESPECIAL POR MUERTE POR AT O EP	Prestación económica	NO CUBIERTO	a) Viudo/a, beneficiarios de la viudedad: 6 mensualidades BR. b) Huérfanos, beneficiarios de la orfandad: 1 mensualidad de Base Reguladora (si no existe viudo/a, se distribuirán, además, sus mensualidades entre los huérfanos). c) Padre y/o madre [9 mensualidades de base reguladora (12 si viven ambos)].
	Período de carencia		

5.3.3. Lesiones permanentes no invalidantes

La lesión permanente no invalidante se define como la lesión, mutilación o deformidad causada por un accidente de trabajo o enfermedad profesional de carácter definitivo que no constituya incapacidad permanente, ni altere o disminuya la integridad física del trabajador y se encuentre catalogada en el baremo establecido al efecto. Es decir, son aquellas secuelas, consecuencia de un accidente laboral, que suponen una merma o alteración de la integridad física del trabajador, pero no influyen en su capacidad para realizar su trabajo habitual (art. 201 de la LGSS).

La prestación consiste en una indemnización a tanto alzado, abonada por la entidad que estuviera obligada al pago de las prestaciones de incapacidad permanente, cuya cuantía (fijada por baremo y para las lesiones, mutilaciones y deformidades que en el mismo se recogen) aumentará, según la gravedad de la falta, de un 30 a un 50 por 100, a cargo del empresario infractor, cuando la lesión, mutilación o deformidad se produzca por máquinas, artefactos, instalaciones, centros o en lugares de trabajo que carezcan de los dispositivos de precaución reglamentarios, o los tengan inutilizados o en malas condiciones o hayan inobservado las medidas de: seguridad y salud en el trabajo, adecuación personal a cada trabajo, etc. Habida cuenta de sus características y de la edad, sexo y demás condiciones del trabajador.

5.3.4. Incapacidad permanente

La incapacidad permanente cualquiera que sea su causa determinante se clasificará en función del porcentaje de reducción de la capacidad de trabajo del interesado, valorado de acuerdo con la lista de enfermedades que se apruebe reglamentariamente en los grados de: a) incapacidad permanente parcial; b) incapacidad permanente total; c) incapacidad permanente absoluta y; d) gran invalidez. (art. 194 de la LGSS).

- **Incapacidad permanente parcial**: la incapacidad permanente parcial para la profesión habitual (IPP) ocasiona al trabajador una disminución en su rendimiento de trabajo no inferior al 33 por 100 en su rendimiento normal, sin impedir la realización de las tareas fundamentales de su profesión u otra. La prestación supone una indemnización a tanto alzado de 24 mensualidades de la base reguladora utilizada el cálculo del subsidio de incapacidad temporal del que se deriva la incapacidad permanente.

- **Incapacidad permanente total**: cuando el grado de las lesiones que sufre el trabajador supera un 33 % y le imposibilita para la realización de su profesión habitual, pero puede realizar otras, el trabajador afectado tiene derecho a percibir una pensión vitalicia equivalente al 55% de su salario anual. Si el trabajador afectado tiene más de 55 años y no realiza trabajo alguno remunerado, la pensión será de un 75 % de su salario anual.

- **Incapacidad permanente absoluta**: si el trabajador afectado por las lesiones queda imposibilitado para la realización de cualquier trabajo remunerado, recibirá una pensión vitalicia del 100 % de su salario anual.

- **Gran invalidez**: cuando el trabajador, además de no poder realizar actividad remunerada alguna, necesite de otra persona para la realización de los actos más esenciales de la vida cotidiana (comer, lavarse, vestirse, etc.), recibirá una pensión equivalente a la pensión de la incapacidad permanente absoluta más un complemento consistente en el 45 % de la base de cotización mínima vigente más el 30% de la última base de cotización del trabajador, sin que en ningún caso dicho complemento sea inferior al 45% de la pensión recibida.

La base reguladora de las pensiones de incapacidad permanente deriva-da de contingencias profesionales, debe determinarse aplicando las reglas contenidas en los artículos vigentes arts. 60, 61 y 62 del Decreto de 22 junio 1956, por el que se aprueba el texto refundido de la Ley y el Reglamento de accidentes de trabajo (expresamente declarado vigente por la disposición transitoria primera del Decreto 1646/1972, de 23 junio), de tal manera que dicha base reguladora (que es de cómputo anual, no mensual) se calcula sobre los salarios reales percibidos por el trabajador en el año anterior al accidente, debiendo tenerse en cuenta:

1. Que el salario diario por jornada normal de trabajo percibido en el momento del accidente se multiplica por los 365 días del año;

2. Las pagas extraordinarias por su importe total anual en el año ante-rior al accidente; y

3. Los beneficios percibidos durante el año anterior al accidente, plu-ses y retribuciones complementarias, incluidas horas extraordina-rias cuando no hayan superado el límite de 80 al año, percibidos en el año anterior al accidente, dividido por el número de días efecti-vamente trabajados y multiplicado por 273, salvo que el número de días laborales efectivos fuese menor, en cuyo caso se aplica éste. Una vez calculado el salario real anual en los términos mencionados, éste se dividirá por 12, de modo que el beneficiario de la pensión percibirá 12 mensualidades de la pensión al año, sin pagas extras, al encontrarse ya incluida la parte proporcional de las pagas extraor-dinarias en el importe mensual de la pensión.

RESOLUCIÓN RELEVANTE

STSJ de la Comunidad Valenciana n.º 3964/2007, de 11 de diciembre de 2007

Analizando el cálculo de la base reguladora por contingencias profesionales para los trabajadores fijos discontinuos «(...) que, a los efectos de determinación de la base reguladora de las pensiones derivadas de contingencias profesionales en el caso de trabajo fijo discontinuo, el salario diario será el resultante de dividir, entre el número de días naturales de campaña transcurridos hasta la fecha del hecho causante, los salarios percibidos por el trabajador en el mismo periodo". No resulta por tanto de aplicación la Sentencia de esta Sala de 4 de octubre de 2002, que es de la que expresamente se citan sus fundamentos jurídicos en la Resolución recurrida, ni la doctrina que emana de las Sentencias citadas en la demanda y referidas a una regulación anterior (art. 30 de la Orden Ministerial de 18 de enero de 1989), ya que, en ellas se analizan hechos que tuvieron lugar con anterioridad a la entrada en vigor del Real Decreto 1131/02, que se produjo el 1 de noviembre de dicho año, sin que la parte impugnante del recurso combata eficazmente la existencia de la concreta norma citada por la parte recurrente para las contingencias profesionales como aplicable para el cálculo de la base regula-dora de las pensiones para dichas especiales contingencias de los trabajadores fijos-discontinuos. Por otra parte, el que la parte recurrente demandada percibiera la indemnización calculada por el INSS, al computar éste una mayor base regu-ladora, es algo que, máxime tratándose de una cuestión que puede presentar cierta complejidad, como es el cálculo de la base reguladora en los accidentes de trabajos de los trabajadores fijos discontinuos no veda a la parte recurrente poder discutirla». (citando STSJ Murcia n.º 806/2005, de 4 de julio de 2005).

TIPO	CAUSA DE LA IP	BASE REGULADORA
IPP	Enfermedad común, profesional o accidente de trabajo	24 mensualidades de la base reguladora utilizada para el cálculo de la incapacidad temporal que precedió a la incapacidad permanente.
IPT	Enfermedad común	**Trabajador mayor de 52 años y menor de 65 en la fecha del hecho causante:** suma de bases de cotización del interesado durante los 96 meses inmediatamente anteriores al mes previo al del hecho causante dividido entre 112.
		Trabajador menor de 52 años en la fecha del hecho causante (al que se exige un período de cotización inferior a 8 años): suma de las bases mensuales de cotización en número igual al de meses de que conste el período mínimo de cotización exigible, sin tener en cuenta las fracciones de mes, por el número de meses a que dichas bases se refieran, multiplicando este divisor por el coeficiente 1,1666, y excluyendo, en todo caso, de la actualización las bases correspondientes a los 24 meses inmediatamente anteriores al mes previo a aquel en que se produzca el hecho causante.
		Trabajador con 65 o más años en la fecha del hecho causante, que no reúne los requisitos para la jubilación: bases de cotización del interesado durante los 96 meses inmediatamente anteriores al mes previo al del hecho causante dividido entre 112.
		Trabajadores a tiempo parcial: las mismas reglas que en la pensión de jubilación (Real Decreto-ley 11/2013, de 2 de agosto).
	Accidente no laboral	Suma de las bases de cotización del interesado durante un período ininterrumpido de 24 meses dividido entre 28.
	Accidente de trabajo o enfermedad profesional	Salario real (no puede exceder el tope máximo de cotización ni ser inferior al tope mínimo) dividido entre 12.
IPA	Enfermedad común	Se calcula aplicando íntegramente las mismas reglas que las señaladas para la incapacidad permanente total derivada de enfermedad común.
	Accidente no laboral	Se calcula aplicando las mismas reglas que las señaladas para la incapacidad permanente total derivada de accidente no laboral.
	Accidente de trabajo o enfermedad profesional	La base reguladora se calcula sobre salarios reales, aplicando las mismas reglas que las señaladas para la incapacidad permanente total derivada de estas contingencias.
GI	Enfermedad común, profesional o accidente de trabajo	El importe de la pensión que corresponda por incapacidad permanente (total o absoluta), incrementada con un complemento destinado a remunerar a la persona que atienda al beneficiario.

5.3.5. Otros subsidios derivados de contingencias profesionales

Ante determinadas situaciones, en el entorno laboral, que puedan influir sobre el desarrollo del feto o el periodo de lactancia la TGSS reconocerá las prestaciones por riesgo durante el embarazo o lactancia natural (arts. 186-189 de la LGSS).

Desde la entrada en vigencia del Real Decreto 295/2009, de 6 de marzo, el riesgo durante el embarazo ha adquirido la consideración de contingencia de naturaleza profesional, eliminando la exigencia de cumplimiento de un periodo previo de cotización para su obtención —al igual que sucede en los casos de riesgo durante la lactancia natural—; de este modo para ser beneficiaria de la prestación será suficiente con que las trabajadoras estén afiliadas y en alta en alguno de los regímenes del sistema de la Seguridad Social en la fecha en que se inicie la suspensión de la relación laboral.

Las prestaciones por cuidado de menores afectados por cáncer u otra enfermedad grave, vigentes desde el 1 de enero de 2011, se regulan los art. 190 de la Ley General de la Seguridad Social, y se compone por una prestación económica durante la reducción de la jornada de trabajo de al menos un 50 por ciento que, de acuerdo con lo previsto en el párrafo tercero del artículo 37.6 del texto refundido de la Ley del Estatuto de los Trabajadores.

El sistema específico de protección por el cese de actividad (solo para autónomos) forma parte de la acción protectora del sistema de la Seguridad Social, es de carácter obligatorio (desde el 01/01/2019) y tiene por objeto dispensar a los trabajadores autónomos, afiliados a la Seguridad Social y en alta en el Régimen Especial de Trabajadores por Cuenta Propia o Autónomos o en el Régimen Especial de los Trabajadores del Mar, las prestaciones y medidas establecidas en esta ley ante la situación de cese total en la actividad que originó el alta en el régimen especial, no obstante poder y querer ejercer una actividad económica o profesional a título lucrativo (arts. 327-350 de la LGSS).

El cese de actividad podrá ser definitivo o temporal. El cese temporal comporta la interrupción de todas las actividades que originaron el alta en el régimen especial en el que el trabajador autónomo figure encuadrado en los supuestos regulados en el artículo 331 de la LGSS.

La protección por cese de actividad alcanzará también a los socios trabajadores de las cooperativas de trabajo asociado que hayan optado por su encuadramiento como trabajadores por cuenta propia en el régimen especial que corresponda, así como a los trabajadores autónomos que ejerzan su actividad profesional conjuntamente con otros en régimen societario o bajo cualquier otra forma jurídica admitida en derecho, siempre que, en ambos casos, cumplan con los requisitos establecidos al efectos con las peculiaridades contempladas, respectivamente, en los arts. 335 y 336 de la LGSS.

5.3.6. Asistencia sanitaria

Real Decreto 1630/2011, de 14 de noviembre

«Entre las prestaciones y servicios legalmente atribuidos a las mutuas de accidentes de trabajo y enfermedades profesionales de la Seguridad Social, reviste especial importancia la asistencia sanitaria que dispensan a los trabajadores al servicio de los empresarios asociados y a los trabajadores por cuenta propia adheridos, no sólo por su ámbito y materia y por el origen de las lesiones o enfermedades que motivan dicha asistencia sanitaria, sino porque esta prestación constituye una parte importante de la actividad encomendada a las mutuas».

La cobertura sanitaria que se presta a los trabajadores afectados por una contingencia profesional (accidente o enfermedad) es integral y va desde la urgencia médica hasta la rehabilitación funcional, proporcionando todos los medios necesarios, medicamentos, prótesis, pruebas especiales, etc.

Sobre este aspecto, la STS, rec. 1047/2009 de 2 de abril de 2010, ECLI:ES:TS:2010:2398, ha especificado que, tratándose de una contingencia profesional, la asistencia sanitaria ha de prestarse de la manera más completa, porque la normativa al respecto [art. 11.1.b) del Decreto 2766/1967, de 16 de noviembre] tiene peculiaridades propias y distintas, según se dice, a las que señala el anexo VI del RD 1030/2006, de 14 de noviembre, comprendiendo, entre otros, el suministro y renovación normal de los aparatos de prótesis y ortopedia «que se consideren necesarios», llegando a la conclusión de que, en este caso, la prótesis solicitada era la necesaria para reparar el déficit que, para el actor, supuso la amputación de su brazo derecho.

JURISPRUDENCIA

STS de 24 de enero de 2012, rec. 1681/2011, ECLI:ES:TS:2012:978

El material ortopédico y de prótesis, sí se debe cubrir, pues al tratarse de contingencias profesionales, rige el principio de reparación íntegra.

STSJ de la Comunidad Valenciana, rec. 2683/2016, de 11 de octubre de 2017, ECLI:ES:TSJCV:2017:5883

En un supuesto de asistencia sanitaria consistente en la colocación de implantes dentales, razona que la circunstancia de que el Decreto 2766/1967, de 16 de noviembre, fuera derogado totalmente por la Ley 25/2015 de 28 julio, y parcialmente por el RD 1192/2012, de 3 de agosto, que incluía en su disposición derogatoria única, apartado a) el citado Decreto, salvo el apartado 2 de su artículo sexto, no entendemos signifique que se dejara sin efecto el principio de reparación íntegra del daño, acuñado jurisprudencialmente en caso de asistencia sanitaria derivada de contingencias profesionales, sino que ese principio debía entenderse extraído de lo dispuesto al respecto en la Ley General de la Seguridad Social y demás disposiciones con rango de ley al respecto.

CUESTIONES

1. ¿Quién presta la asistencia sanitaria durante la incapacidad temporal derivada de contingencias profesionales?, ¿y la gestión y control de la prestación?

Las prestaciones sanitarias comprendidas en la protección de las contingencias profesionales serán dispensadas a través de los medios e instalaciones gestionados por las mutuas, mediante convenios con otras mutuas o con las administraciones públicas sanitarias, así como mediante conciertos con medios privados, en los términos establecidos en el artículo 258 de la LGSS y en las normas reguladoras del funcionamiento de las entidades.

2. ¿Quién gestiona y controla las prestaciones por IT derivadas de contingencias profesionales?

A efectos prácticos, cuando una empresa haya concertado con una mutua la gestión de las contingencias profesionales, el médico de la mutua será el encargado de emitir los partes de baja, confirmación y alta. La prestación económica del trabajador/a durante el tiempo de IT corresponde a la mutua (sobre una cuantía del 75 % de la base reguladora en caso de accidente laboral, pudiendo verse incrementada al 100 % a través del convenio colectivo).

3. ¿Qué supone la asistencia sanitaria íntegra derivada de contingencias profesionales?

La doctrina del principio de reparación íntegra del daño causado por contingencias profesionales se asienta directamente en la interpretación del art. 108 del texto refundido de la Ley General de la Seguridad Social de 1974 que se mantiene vigente (al no haber sido derogado por las disposiciones derogatorias de los Reales Decreto Legislativo 1/1994, de 20 de junio, y 8/2015, de 30 de octubre).

Este principio, en relación con la asistencia sanitaria, supone incluir dentro de la acción protectora de la Seguridad Social a suministrar por la mutua, tanto el tratamiento médico y quirúrgico de las lesiones o dolencias sufridas, las prescripciones farmacéuticas y, en general, todas las técnicas diagnósticas y terapéuticas que se consideren precisas por los facultativos asistentes; el suministro y renovación normal de los aparatos de prótesis y ortopedia que se consideren necesarios y los vehículos para inválidos; incluso la cirugía plástica y reparadora adecuada, cuando una vez curadas las lesiones hubieran quedado deformidades o mutilaciones que produzcan alteración importante en el aspecto físico del accidentado o dificulten su recuperación funcional para el empleo posterior; y, también, el tratamiento de rehabilitación necesario para lograr una curación más completa y rápida o para obtener una mayor aptitud para el trabajo pudiendo realizarse también este tratamiento después del alta con secuelas o sin ellas, siempre que permita la recuperación más completa de la capacidad para el trabajo, o el suministro de material ortopédico y prótesis (STS 26-6-2001, R.3165/00, 21-11-2001, R. 585/01 y 23-9-2009, R. 2657/08).

5.4. Recargo de prestaciones en caso de AT y EP

El art. 164 de la Ley General de la Seguridad Social establece que:

«1. Todas las prestaciones económicas que tengan su causa en accidente de trabajo o enfermedad profesional se aumentarán, según la gravedad de la falta, de un 30 a un 50 por ciento, cuando la lesión se produzca por equipos de trabajo o en instalaciones, centros o lugares de trabajo que carezcan de los medios de protección reglamentarios, los tengan inutilizados o en malas condiciones, o cuando no se hayan observado las medidas generales o particulares de seguridad y salud en el trabajo, o las de adecuación personal a cada trabajo, habida cuenta de sus características y de la edad, sexo y demás condiciones del trabajador.

2. La responsabilidad del pago del recargo establecido en el apartado anterior recaerá directamente sobre el empresario infractor y no podrá ser objeto de seguro alguno, siendo nulo de pleno derecho cualquier pacto o contrato que se realice para cubrirla, compensarla o trasmitirla.

3. La responsabilidad que regula este artículo es independiente y compatible con las de todo orden, incluso penal, que puedan derivarse de la infracción».

La Sala de lo Social del Tribunal Supremo ha declarado en la sentencia STS, rec. 2812/2006, de 18 de octubre de 2007, ECLI:ES:TS:2007:8816: «que la incoación de diligencias penales no debe dar lugar a la suspensión de un procedimiento administrativo de imposición del recargo de las prestaciones de accidentes de trabajo por falta de medidas de seguridad en la producción del accidente. El fundamento de estas decisiones estriba por una parte en la naturaleza especial de dichas indemnizaciones a cargo de las empresas infractoras, y en la interpretación de los preceptos legales (art. 123 LGSS y art. 86.1 de la Ley de Procedimiento Laboral —LPL—) y reglamentarios (RD 1300/1995 y OM 18-1-1996) en la materia. La conclusión de las sentencias citadas es que «este recargo no afecta al principio *non bis in idem*», por lo que se desestimó el recurso del INSS, que reclamaba la suspensión de la tramitación de un procedimiento de imposición de recargo de prestaciones hasta tanto recayera resolución que pudiera fin al proceso penal en curso por causa del mismo accidente». En este mismo sentido, también es relevante la sentencia STS, rec. 3552/2004, de 25 de octubre de 2005, ECLI:ES:TS:2005:6457.

La **STS, rec. 1535/2011, de 14 de febrero de 2012, ECLI:ES:TS:2012:1554,** afirma:

«(...) el referido recargo tiene, entre otras, las siguientes características:

a) Un carácter sancionador y por esa razón el precepto legal regulador de este aumento porcentual ha de ser interpretado restrictivamente.

b) El recargo "es una pena o sanción que se añade a una propia prestación, previamente establecida y cuya imputación solo es atribuible, en forma exclusiva, a la empresa incumplidora de sus deberes en materia de seguridad e higiene en el trabajo".

c) Se trata de responsabilidad empresarial cuasi-objetiva con escasa incidencia de la conducta del trabajador.

d) En orden a su abono, está exento de responsabilidad el INSS como sucesor del Fondo de Garantía de Accidentes de Trabajo, recayendo la responsabilidad directa y exclusivamente sobre el empresario, lo que se fundamenta como una consecuencia de su carácter sancionatorio.

e) En la vía jurisdiccional cabe modular la cuantía porcentual del recargo fijada por Juez de instancia, pudiendo la Sala de suplicación moderar ese porcentaje cuando el recargo impuesto no guarde manifiestamente proporción con la directriz legal de fijarse en atención a la "gravedad de la falta", con independencia del daño causado al trabajador».

5.4.1. Requisitos para la existencia del recargo de prestaciones

La responsabilidad del pago del citado recargo recaerá directamente sobre el empresario infractor y no podrá ser objeto de seguro alguno, siendo nulo de pleno derecho cualquier pacto o contrato que se realice para cubrirla, compensarla o transmitirla. Igualmente, esta responsabilidad es independiente y compatible con las de todo orden, incluso penal, que puedan derivarse de la infracción.

Tanto la jurisprudencia como el citado art. 164 de la LGSS establecen que la imposición del recargo hace necesaria la concurrencia de una serie de requisitos o circunstancias:

- La verdadera existencia de un accidente de trabajo o una enfermedad profesional.

- Un incumplimiento de la normativa sobre prevención de riesgos laborales. Es decir, cuando el empresario ha cumplido su obligación de suministrar seguridad, la responsabilidad por recargo no llega a nacer. La generalidad del reiterado art. 164.1 de la LGSS permite entender que la conducta empresarial que faculta la imposición del recargo cuando exista una acción u omisión que suponga un incumplimiento de los dispositivos de precaución reglamentarios, de las medidas generales o particulares, de las elementales de salubridad, etc.

- A pesar de que algunos pronunciamientos de los tribunales sostienen que la imposición del recargo no puede fundamentarse en vulneración de un precepto que imponga obligaciones genéricas, condicionando la imposición del recargo al incumplimiento de medidas de seguridad impuestas por normas reglamentarias. La doctrina judicial mayoritaria estima que la omisión puede afectar a las medidas generales o particulares de seguridad, exigibles en la actividad laboral, por ser las adecuadas para prevenir o evitar una situación de riesgo en la vida o salud de los trabajadores. Fundamentando su posición, principalmente, en la deuda de seguridad que el empresario tiene contraída con sus trabajadores por el solo hecho de que estos presten servicios bajo su ámbito de organización, derecho básico recogido en los arts. 4.2 y 19 del ET.

- A la vista del tenor literal de la LGSS cabe extender los supuestos en los que procede reconocer el recargo a las omisiones de reconocimientos médicos u otras medidas preventivas, incluidas las de facilitar suficiente formación, medidas de adecuación personal a cada trabajo, etc., siempre que dichas omisiones hayan influido en los daños sufridos por el trabajador. Así, cuando el accidente acontece por falta de formación e instrucción del trabajador, especialmente frente a riesgos específicos distintos de su ocupación habitual, la doctrina judicial ha venido considerando que procede la imposición del recargo.

– Ha de existir una relación causal entre el comportamiento del empresario y el resultado lesivo sufrido por el trabajador. Hemos de recordar nuevamente aquí la necesidad de existencia de una relación causal entre el comportamiento del empresario y el resultado lesivo sufrido por el trabajador, siguiendo el art. 164 de la LGSS. Esto implica la imposibilidad de aplicar el recargo por meras probabilidades o sospechas; los hechos probados han de constituir indicios razonables suficientes para estimar que este cúmulo de irregularidades fue el desencadenante de la explosión litigiosa, siendo presumible, como muy probable, que fue la situación de riesgo creada por la empresa la que contribuyó de modo decisivo a la explosión causante del accidente de trabajo.

– Han de reunirse los requisitos propios de la prestación económica que en cada caso corresponda. No obstante, la ausencia de período de carencia para acceder a las prestaciones derivadas de contingencias profesionales y el principio de automaticidad que para ellas existe, acaba convirtiendo en decisivo la determinación de si las lesiones traen su origen, precisamente, en un accidente de trabajo o en una enfermedad profesional.

5.4.2. Sujeto responsable del pago del recargo de prestaciones

El art. 164.2 de la LGSS atribuye la responsabilidad del pago directamente al empresario infractor, señalando la prohibición de su aseguramiento y la nulidad de cualquier pacto o contrato que se realice para cubrir, compensar o transmitir esta responsabilidad. Respecto a la exoneración de la responsabilidad cuando no hubiese una conducta culposa del empresario, la STS, n.º 149/2019, de 28 de febrero, ECLI:ES:TS:2019:983, establece:

> «(...) consta que los trabajadores estaban formados y habilitados para el trabajo a realizar y que el accidente no se debió a la falta de unos equipos de trabajo adecuados, sino a la negligencia del jefe de servicio.
>
> (...) no existe una norma de seguridad concreta o previsible cuya infracción sea imputable a la empresa. Si no se ha producido la infracción de una norma de seguridad no cabe imponer un recargo de prestaciones que, precisamente, sanciona las infracciones de normas concretas, aunque sea por falta de previsión, esto es las que se debieron prever con arreglo a las circunstancias en las que se ejecutaba el trabajo.
>
> Es cierto que los artículos 14 y 15 de la Ley de Prevención de Riesgos obligan al empresario a preparar un plan de prevención y a prever las imprudencias no temerarias de sus trabajadores (art. 15-4), pero lo que resulta difícil de prever y vigilar es el incumplimiento por el encargado de la principal misión que tiene.

Sobre la existencia de una lesión y del necesario nexo causal entre la supuesta infracción y la lesión poco se puede argumentar, pues la lesión es consecuencia del accidente sufrido por el trabajador demandante y, por ello, la cuestión queda reducida a determinar si es necesario que concurra la culpa del empresario infractor y si de su responsabilidad culposa lo libera el hecho culposo de un tercero, aunque no sea ajeno a la empresa.

(...) la llamada "culpa in vigilando" podrá justificar la reclamación de una indemnización por los daños y perjuicios causados y así como la condena al pago de la misma. Pero una cosa es la responsabilidad civil por el acto de un empleado y otra diferente la responsabilidad penal y la administrativa por la comisión de infracciones penales o administrativas, cuya sanción requiere la culpa del infractor, cual sucede con el recargo de prestaciones que tiene naturaleza sancionadora, lo que obliga a interpretar esa responsabilidad de forma estricta (STC 81/1995), esto es exigiendo la culpa de la empresa de forma más rigurosa que cuando responde civilmente por actos de sus empleados».

El Supremo en la **STS, rec. 2057/2014, de 23 de marzo de 2015, ECLI:ES:TS:2015:1924**, ha cambiado su doctrina respecto a quién es el responsable del recargo de prestaciones por incumplimiento de las medidas de seguridad en el trabajo, en el caso de sucesión de empresas. El cambio de criterio se ha debido a la aplicación de la jurisprudencia comunitaria sobre el tema que establece que la responsabilidad del recargo de prestaciones también se transmite en el caso de sucesión de empresas, por lo que el obligado será la empresa sucesora.

Lo esencial para que entre en juego la responsabilidad empresarial no radica en analizar si el trabajador o un tercero han contribuido a la producción del resultado dañoso con una actuación negligente, sino que consiste en determinar si el empresario ha infringido alguna norma de seguridad y si, de haberse cumplido esta, hubiera minorado o evitado aquel.

- **Recargo por falta de medidas de seguridad en caso de pluralidad de empresarios:**

  - **Recargo por falta de medidas de seguridad en contratas y subcontratas:** «En los casos de sucesión en la titularidad de la explotación, industria o negocio, el adquirente responderá solidariamente con el anterior o con sus herederos del pago de las prestaciones causadas antes de dicha sucesión» (art. 168.2 de la LGSS). Hasta la aparición de la mencionada STS, rec. 2057/2014, de 23 de marzo de 2015, ECLI:ES:TS:2015:1924, el Supremo negaba que se produjera la transmisión de responsabilidad en el caso de sucesiones de empresa, por lo que la obligación del pago del recargo de las prestaciones recaía en la empresa incumplidora. Sin embargo, en el citado fallo, en aplicación de jurisprudencia comunitaria, el Alto Tribunal cambia su doctrina interpretando que la expresión «causadas» existente en el art. 127.2 de la LGSS/1994 (actualmente art. 168.2 de la LGSS) engloba tanto los recargos de prestaciones ya reconocidos antes de dicha sucesión, como también los que se encuentren en fase de reconocimiento a la fecha del cambio empresarial.

- **Recargo por falta de medidas de seguridad en caso de ETT.** Aplicando el art. 16.2 de la LETT, en el caso de recargo por accidente profesional sufrido por trabajador puesto a disposición, ha de entenderse que la empresa usuaria, como responsable de las condiciones directas de ejecución de la actividad laboral, es la única responsable.

- **Recargo ante culpa de terceros en el siniestro.** Como se deriva del art. 5.º de la Directiva 89/391, de 12 de junio de 1989 del Consejo, solo impedirán la existencia de culpa y el nacimiento de responsabilidad aquellos hechos extraños por completo al sujeto responsable, como son las situaciones de fuerza mayor, caso fortuito y situación de necesidad. Sin embargo, el error o la imprevisión no liberarán de culpa leve, porque el patrono debe conocer su industria y prever los diferentes riesgos, tal y como determina el art. 15.4 de la LPRL. Partiendo del art. 1105 del CC, donde queda patente que «fuera de los casos expresamente mencionados en la ley, y de los en que así lo declare la obligación, nadie responderá de aquellos sucesos que no hubieran podido preverse, o que, previstos, fueran inevitables», la jurisprudencia ha venido flexibilizando la exigencia de culpa al reducir la importancia de un actuar culposo del sujeto en el nacimiento de la responsabilidad, bien mediante la aplicación de la teoría de riesgo, bien por el procedimiento de exigir la máxima diligencia y cuidado para evitar los daños, bien invirtiendo las normas que regulan la carga de la prueba. En este sentido, la responsabilidad gravita sobre el empresario, quien deberá probar que obró con la diligencia debida, que adoptó todas las medidas de seguridad reglamentarias y las demás previsibles en atención a las circunstancias y que el hecho causante del daño no le era imputable. El art. 96.2 de la LJS establece: «En los procesos sobre responsabilidades derivadas de accidentes de trabajo y enfermedades profesionales corresponderá a los deudores de seguridad y a los concurrentes en la producción del resultado lesivo probar la adopción de las medidas necesarias para prevenir o evitar el riesgo, así como cualquier factor excluyente o minorador de su responsabilidad. No podrá apreciarse como elemento exonerador de la responsabilidad la culpa no temeraria del trabajador ni la que responda al ejercicio habitual del trabajo o a la confianza que este inspira». La doctrina sobre la inexistencia de responsabilidad objetiva y la exigencia de un principio de culpa que determine la responsabilidad del empleador, así como que sea él quien venga obligado a probar que obró con la diligencia debida, se reflejan en la mencionada STS n.º 149/2019, de 28 de febrero, ECLI:ES:TS:2019:983, donde el Alto Tribunal exonera del recargo de prestaciones al empresario, dado que el accidente se debió a un hecho imprevisible, como es la imprudencia temeraria de un encargado.

- **Culpa in vigilando y responsabilidad vicaria en el recargo de prestaciones.** A la hora de imponerse un recargo de prestaciones se exigen la culpa de la empresa de forma más rigurosa que cuando se asigna una responsabilidad civil por actos de sus empleados. En este caso, en lo que al recargo de prestaciones se refiere, hemos de distinguir entre una responsabilidad civil o penal del empresario, por el acto de un empleado, frente a una posible responsabilidad administrativa, cual sucede con el recargo de prestaciones con naturaleza sancionadora, lo que obliga a interpretar esa responsabilidad de forma estricta. La diligencia exigible al empresario supone que no basta con facilitar los medios de protección y prohibir su no uso, así como las prácticas peligrosas, sino que es preciso cuidar de que se observen las instrucciones dadas, y se usen los medios de protección facilitados, lo que supone que sea preciso vigilar la actuación de los empleados y prever las imprudencias profesionales. Es decir, es obligación del empresario probar que cumplió todas las normas de seguridad y que adoptó cuantas medidas de prevención fuesen necesarias, así como que el siniestro se debió a un caso fortuito o fuerza mayor. La responsabilidad civil por los actos de los empleados, con origen en el artículo 1903 del CC, supone la obligación de reparar los daños causados culposamente por los auxiliares (empleados) del empresario en la realización de su actividad. La denominada «responsabilidad vicaria», supone el establecimiento de esa responsabilidad sin que intervenga la culpa del empleador, quien responde civilmente por los actos de su auxiliar que no respeten «el estándar de conducta exigible», que no actúe con la diligencia exigible y cause un daño. En estos casos de «responsabilidad vicaria» por el acto del empleado, pero sin culpa del empresario a quien se le hace responsable del acto de otro, por no haber controlado debidamente su actividad, la misma se impone sin culpa, lo que implicaría la ausencia de recargo de prestaciones. En apoyo de esta solución pueden citarse el Convenio 155 de la OIT que nos dicen que deben tomarse medidas «razonables y factibles» y la citada STS n.° 149/2019, de 28 de febrero, ECLI:ES:TS:2019:983, donde al no existir infracción imputable a la empresa, y no mediando culpa de la empresa en la actuación negligente de un supervisor del trabajador accidentado que supuso el siniestro, no procede recargo de prestaciones.

- **Actitud in vigilando del empresario.** Respecto a los concretos mecanismos de seguridad, la doctrina jurisprudencial exige al empresario una actitud in vigilando. Para los jueces de lo social no resulta suficiente con poner a disposición de los trabajadores los distintos medios o instrumentos que puedan prevenir o evitar el riesgo, dejando a su arbitrio la utilización de los mismos, sino que el empresario debe dar órdenes o instrucciones concretas para su utilización, verificando y controlando que los operarios hacen uso de los medios de protección puestos a su alcance. Aunque la mayoría de las resoluciones señalan que la vigilancia empresarial ha de valorarse con criterios de razonabilidad, según máximas de diligencia ordinaria, exigibles a un empresario normal, no se puede perseguir que el empresario tenga una presencia permanente en las tareas que los trabajadores realizan.

– **Imprudencia temeraria por parte de la persona trabajadora y su incidencia sobre el recargo de prestaciones.** En relación con el recargo de prestaciones, dos son los preceptos para analizar para dilucidar si la actuación temeraria o profesional por parte de la persona trabajadora supone la eliminación o cuantificación a la baja la cuantía del recargo:

Art. 15.4 de la LPRL

«La efectividad de las medidas preventivas deberá prever las distracciones o imprudencias no temerarias que pudiera cometer el trabajador. Para su adopción se tendrán en cuenta los riesgos adicionales que pudieran implicar determinadas medidas preventivas, las cuales solo podrán adoptarse cuando la magnitud de dichos riesgos sea sustancialmente inferior a la de los que se pretende controlar y no existan alternativas más seguras».

Art. 156.5 de la LGSS

«No impedirán la calificación de un accidente como de trabajo:
a) La imprudencia profesional que sea consecuencia del ejercicio habitual de un trabajo y se derive de la confianza que este inspira.
b) La concurrencia de culpabilidad civil o criminal del empresario, de un compañero de trabajo del accidentado o de un tercero, salvo que no guarde relación alguna con el trabajo».

Nuestro legislador ha querido que el deber de protección que tiene la empresa sobre la salud y seguridad de los trabajadores llegue hasta el punto de prever las actuaciones negligentes de los mismos, las conductas constitutivas de imprudencia no temeraria que pueden cometer en la confianza y distracción que el desarrollo habitual y continuo de toda actividad laboral puede alcanzarse, «pues no es por desgracia infrecuente el comportamiento de muchos trabajadores de asumir riesgos que ponen en peligro su integridad física, ya sea por simple distracción o por excesiva confianza en la seguridad y habilidad con las que realizan su labor, guiados en muchas ocasiones por el afán de agilizar en beneficio de la empresa el proceso productivo y no ralentizar la ejecución de las tareas que le son encomendadas incluso aunque esto suponga un evidente peligro para su persona, siendo precisamente este el motivo por el que es exigible al empresario la adopción de todas las medidas de seguridad necesarias para hacer imposible este tipo de prácticas y prevenir así los accidentes que pudiere provocar la distracción, exceso de confianza o incluso negligencia del trabajador, estableciendo los mecanismos de vigilancia y control con los que detectar la posible realización por su parte de conductas imprudentes y los protocolos de seguridad adecuados para evitar o minimizar ese riesgo, dotando a la maquinaria de todas las medidas de protección necesarias para evitar o minimizar al máximo la posibilidad de que un error o distracción del trabajador pueda acabar poniendo en peligro su integridad física». (STSJ de Cataluña, n.° 778/2015, de 5 de febrero, ECLI:ES:TSJCAT:2015:2617).

No obstante, cada vez es más habitual que nuestros tribunales consideren la concurrencia de culpa profesional o no temeraria del trabajador accidentado para moderar el porcentaje de recargo, lo cual es lógico teniendo en cuenta su imposición en base a la «gravedad de la falta» y la consideración de tres elementos para la misma (entre otras, destaca la STSJ de Galicia, rec. 1451/2017, de 26 de septiembre de 2017, ECLI:ES:TSJGAL:2017:6438):

– Mayor o menor posibilidad de accidente.

– Mayor o menor gravedad previsible de sus consecuencias para el trabajador.

– Mayor o menor déficit de medidas destinadas a impedirlo.

5.4.3. Aspectos relevantes del recargo de prestaciones

Como otros aspectos relevantes sobre el recargo de prestaciones, hay que destacar:

1. Cuantía del recargo de prestaciones

Según el art. 164 de la LGSS, «Todas las prestaciones económicas que tengan su causa en accidente de trabajo o enfermedad profesional se aumentarán, según la gravedad de la falta, de un 30 a un 50 por ciento, cuando la lesión se produzca por equipos de trabajo o en instalaciones, centros o lugares de trabajo que carezcan de los medios de protección reglamentarios, los tengan inutilizados o en malas condiciones, o cuando no se hayan observado las medidas generales o particulares de seguridad y salud en el trabajo, o las de adecuación personal a cada trabajo, habida cuenta de sus características y de la edad, sexo y demás condiciones del trabajador».

La LGSS no contiene criterios de graduación precisos para la determinación de la cuantía porcentual del recargo, lo que supone dejar un amplio margen de apreciación al órgano resolutor para la concreción de este (INSS, en vía administrativa, o juzgados de lo social, en caso de existir demanda judicial). No obstante, el TS ha reiterado que el propio artículo 164.1 de la LGSS orienta en la solución de cómo determinar el porcentaje del recargo de prestaciones por accidente de trabajo o enfermedad profesional (STSJ de Asturias n.º 693/2022, de 29 de marzo, ECLI:ES:TSJAS:2022:968):

> «Se trata de decidir entre un 30 y un 50 por 100 en función de la gravedad de la falta, contemplada no desde la calificación de la conducta infractora en la esfera administrativa, pues "la gravedad de la falta" no es expresión que se pueda utilizar como sinónimo de calificación de acuerdo a las normas que rigen la potestad sancionadora en el orden administrativo, sino una directriz general, dentro de la que el Juez puede actuar empleando los parámetros que le ofrece aquel precepto, pues el recargo no responde a la realidad de la comisión de una infracción tipificada y configurada legalmente de una manera estricta, exige un incumplimiento empresarial en materia de obligaciones de seguridad, hasta el punto de que la misma realidad del daño puede ser la evidencia del fracaso de la acción preventiva. La determinación del porcentaje se aborda desde la

valoración conjunta de las circunstancias concurrentes en la producción del accidente, tal que la peligrosidad de la actividad, la actitud general de la empresa en materia de prevención y seguridad, la conducta del trabajador, las instrucciones impartidas, etc. (SSTS de 20-3-1983/ 19-1-1996/ 12-7-2007, 4-3-2014 rcud. 788/2013, 26-4-2016 rcud. 149/2015, 14-9-2016 rec. 846/2015, 14-3-2017 rcud. 1083/2015, 12-12-2019 rcud. 2735/2017)».

2. Compatibilidad del recargo de prestaciones por infracción de medidas seguridad con la indemnización por daños y perjuicios

A la hora de fijar la indemnización por daños y perjuicios no puede tomarse en consideración las cantidades satisfechas al trabajador por recargo ante faltas de medidas de seguridad por el empresario. Es decir, la fijación previa del recargo no debe incidir en el quantum de la responsabilidad civil por daños.

La esencial regla de independencia y compatibilidad citada en el art. 164 de la LGSS, cabe entenderla reflejada y refrendada en el art. 42.3 de la LPRL, cuando dispone que «las responsabilidades administrativas que se deriven del procedimiento sancionador serán compatibles con las indemnizaciones por los daños y perjuicios causados y de recargo de prestaciones económicas del sistema de la Seguridad Social que puedan ser fijadas por el órgano competente de conformidad con lo previsto en la normativa reguladora de dicho sistema». Este precepto claramente distingue tres tipos de responsabilidades que declara compatibles:

Las responsabilidades administrativas derivadas del procedimiento sancionador.

Las indemnizaciones por los daños y perjuicios causados.

Las indemnizaciones de recargo de prestaciones económicas.

También otras normas de carácter reglamentario, como el art. 27 del Real Decreto 928/1998, de 14 de mayo, interpretan y reiteran que el recargo de prestaciones «es compatible con la responsabilidad administrativa, penal o civil que derive de los hechos constitutivos de la infracción».

3. Prescripción del derecho a solicitar recargo de prestaciones

El plazo de prescripción para reclamar el recargo de prestaciones es de 5 años y se inicia cuando la última prestación ha sido reconocida. No obstante, los efectos económicos de esta prestación solo se pueden retrotraer 3 meses desde la correspondiente solicitud o reclamación.

En relación a la determinación de la fecha de efectos del recargo por falta de medidas de seguridad, hay que destacar que los efectos económicos no quedan vinculados a los de las prestaciones causadas por la contingencia profesional, sino a la retroactividad establecida en el art. 53.1 de la LGSS, donde se establece:

«El derecho al reconocimiento de las prestaciones prescribirá a los cinco años, contados desde el día siguiente a aquel en que tenga lugar el hecho causante de la prestación de que se trate, sin perjuicio de las excepciones que se determinen en la presente ley y de que los efectos de tal reconocimiento se produzcan a partir de los tres meses anteriores a la fecha en que se presente la correspondiente solicitud.

Si el contenido económico de las prestaciones ya reconocidas resultara afectado con ocasión de solicitudes de revisión de las mismas, los efectos económicos de la nueva cuantía tendrán una retroactividad máxima de tres meses desde la fecha de presentación de dicha solicitud. Esta regla de retroactividad máxima no operará en los supuestos de rectificación de errores materiales, de hecho o aritméticos ni cuando de la revisión derive la obligación de reintegro de prestaciones indebidas a la que se refiere el artículo 55».

La **STS n.º 508/2018, de 11 de mayo, ECLI:ES:TS:2018:2170,** establece que «para determinar los efectos de ese recargo en la prestación de viudedad, habrá de tenerse en cuenta la primera de las actuaciones inspectoras a las que nos hemos referido, llevada a cabo el 30/09/2010 y dándole valor equivalente a la solicitud de la interesada —su esposo ya había fallecido con anterioridad al 27/01/2010— retrotraer los efectos del recargo del 50 % en la prestación de viudedad a los tres meses anteriores a esa fecha». Este caso presenta especial interés dado que trata una situación en la que no existe petición o solicitud alguna de la viuda del trabajador fallecido, sino que se toma como fecha de referencia para la determinación de los efectos económicos del recargo, la primera actuación de la Inspección de Trabajo donde, en su acta, propuso la aplicación a la empresa del recargo en todas las prestaciones de Seguridad Social que se abonaran como consecuencia de la enfermedad profesional.

6.
PROCEDIMIENTOS DE INTERÉS RELACIONADOS CON LOS ACCIDENTES DE TRABAJO

Analizamos los principales procedimientos relacionados con un accidente de trabajo.

6.1. Procedimiento administrativo sancionador en materia preventiva

Siguiendo las pautas establecidas con carácter general en los arts. 1 a 4 de la LISOS, la responsabilidad administrativa es exigible en tanto y cuanto la infracción tenga atribuido ese carácter por ley. El art. 1 de la norma define lo que se entiende por infracciones administrativas, las califica y establece los requisitos esenciales para iniciar el procedimiento administrativo correspondiente:

«1. Constituyen infracciones administrativas en el orden social las acciones u omisiones de los distintos sujetos responsables tipificadas y sancionadas en la presente Ley y en las leyes del orden social.

Las infracciones no podrán ser objeto de sanción sin previa instrucción del oportuno expediente, de conformidad con el procedimiento administrativo especial en esta materia, a propuesta de la Inspección de Trabajo y Seguridad Social, sin perjuicio de las responsabilidades de otro orden que puedan concurrir.

Las infracciones se califican como leves, graves y muy graves en atención a la naturaleza del deber infringido y la entidad del derecho afectado, de conformidad con lo establecido en la presente Ley».

En este sentido, a nivel de PRL, el artículo 5.2 dispone:

«2. Son infracciones laborales en materia de prevención de riesgos laborales las acciones u omisiones de los diferentes sujetos responsables que incumplan las normas legales, reglamentarias y cláusulas normativas de los convenios colectivos en materia de seguridad y salud en el trabajo sujetas a responsabilidad conforme a esta ley».

Este procedimiento administrativo sancionador consta de las fases de instrucción, tramitación, resolución, notificación y ejecución. A modo de sucinto resumen:

1. El procedimiento sancionador se iniciará de oficio, como resultado de la actividad inspectora previa, por acta de infracción de la Inspección de Trabajo y Seguridad Social, que se extenderá y tramitará de acuerdo con lo establecido en el capítulo III, sin perjuicio de lo dispuesto en el capítulo IX, del citado Real Decreto 928/1998, de 14 de mayo y en los arts. 63 de la LPACAP y 52 de la LISOS.

2. En el caso de procedimientos de naturaleza sancionadora, las actuaciones previas se orientarán a determinar, con la mayor precisión posible, los hechos susceptibles de motivar la incoación del procedimiento, la identificación de la persona o personas que pudieran resultar responsables y las circunstancias relevantes que concurran en unos y otros (art. 55.2 de la LPACAP). En base a los arts. 7.5, 8.1, 10, 12.1 y 13.1 del Real Decreto 928/1998, de 14 de mayo, la fase de instrucción de este procedimiento hemos de entenderla dentro de la denominada «actividad inspectora previa», y se encontraría sujeta a parámetros de duración, interrupción y caducidad del expediente. Por su parte, la LISOS, en su art. 53, establece el contenido de las actas y de los documentos iniciadores del expediente.

3. La **tramitación** del expediente se centra en la fase de alegaciones frente a la comunicación del acta de infracción y de la siguiente propuesta de infracción siguiendo los arts. 17, 18 y 18 bis.4 del Real Decreto 928/1998, de 14 de mayo.

4. En la propuesta de resolución se fijarán de forma motivada los hechos que se consideren probados y su exacta calificación jurídica, se determinará la infracción que, en su caso, aquellos constituyan, la persona o personas responsables y la sanción que se proponga, la valoración de las pruebas practicadas, en especial aquellas que constituyan los fundamentos básicos de la decisión, así como las medidas provisionales que, en su caso, se hubieran adoptado (art. 89.3 de la LPACAP).

5. En caso de falta de **notificación** de la propuesta de resolución del expediente se entenderá vulnerado el derecho de defensa del recurrente. Para computar los plazos de resolución del procedimiento hemos de seguir:

   • Duración máxima para resolver: 10 días (art. 20.1 del Real Decreto 928/1998, de 14 de mayo).

   • Cómputo de plazos: art. 30 de la LPACAP.

   • Efectos de la falta de resolución: art. 25 de la LPAC.

   • Caducidad del expediente: el plazo máximo para resolver los expedientes sancionadores por infracciones de orden social será de seis meses, computados desde la fecha del acta hasta la fecha en que se notifique la resolución, produciéndose en caso de superación de dicho plazo la caducidad del expediente. Cuando concurran circunstancias excepcionales, podrá acordarse la ampliación de dicho plazo máximo, en los términos previstos en los arts. 21.5 y 23 de la Ley 39/2015, de 1 de octubre. (Art. 20.3 del Real Decreto 928/1998, de 14 de mayo).

- Medidas para resolver en plazo: arts. 21.5 y 23.1 de la LPACAP.

6. **El órgano competente para resolver**, previas las diligencias que estime necesarias, **dictará la resolución motivada** que proceda **en el plazo de diez días** desde el momento en que finalizó la tramitación del expediente, bien confirmando, modificando o dejando sin efecto la propuesta del acta. Completando este mandato, el art. 87 de la LPACAP establece que «antes de dictar resolución, el órgano competente para resolver podrá decidir, mediante acuerdo motivado, la realización de las actuaciones complementarias indispensables para resolver el procedimiento», a estos efectos «no tendrán la consideración de actuaciones complementarias los informes que preceden inmediatamente a la resolución final del procedimiento».

7. Las **infracciones y sanciones** que pueden ser aplicadas a consecuencia del procedimiento **tendrán carácter leve, grave o muy grave**, y se aplicarán por el órgano competente respetando el principio de proporcionalidad.

8. Las resoluciones recaídas en los procedimientos sancionadores por infracciones de orden social serán notificadas a los interesados, advirtiéndoles de los recursos que correspondan contra ellas, órgano administrativo o judicial ante el que hubieran de presentarse y plazo para interponerlos. Cuando el sujeto infractor hubiese hecho efectivo el pago de la sanción con carácter previo a la resolución, se le indicará la imposibilidad de interponer cualquier recurso o acción en vía administrativa contra la resolución. Asimismo, se remitirá copia del acto al funcionario que hubiere promovido el expediente (art. 21 del Real Decreto 928/1998, de 14 de mayo).

9. Las resoluciones sancionadoras firmes en vía administrativa serán inmediatamente ejecutivas (art. 24.1 del Real Decreto 928/1998, de 14 de mayo).

10. Siguiendo los arts. 23 del Real Decreto 928/1998, de 14 de mayo:

«1. Contra las resoluciones previstas en el capítulo anterior, se podrá interponer recurso de alzada en el plazo de un mes ante el órgano superior competente por razón de la materia, de acuerdo con lo dispuesto en el artículo 4, cuya resolución agotará la vía administrativa.

No cabrá recurso de alzada en aquellos casos en los que, de acuerdo con lo previsto en el artículo 14.6, el sujeto responsable abone efectivamente la sanción con carácter previo a la resolución.

Las resoluciones dictadas por los Directores Generales competentes por razón de la cuantía que no pongan fin a la vía administrativa y las dictadas por el Secretario de Estado de la Seguridad Social y Pensiones, podrán ser objeto de recurso de alzada ante la persona titular del Ministerio competente por razón de la materia. Los actos administrativos de la persona titular del Ministerio competente y del Consejo de Ministros agotarán la vía administrativa.

En el ámbito de competencia de las comunidades autónomas, corresponderá a éstas la determinación de los órganos competentes para la resolución del recurso de alzada.

2. En lo no regulado por el apartado anterior, el recurso de alzada se regirá por lo establecido en la Ley 39/2015, de 1 de octubre. Transcurridos tres meses desde la interposición del recurso sin que recaiga resolución, se podrá entender desestimado y quedará expedita la vía jurisdiccional».

PROCEDIMIENTO PARA LA IMPUGNACIÓN DEL ACTA DE INFRACCIÓN DE LA ITSS

| Acta de infracción | → | Contenido exigido por el art. 14 del RGPSL. |

15 días contados desde el siguiente a su notificación

- Notificación de las actas de infracción y alegaciones (art. 17 del RGPSL).
- Tramitación e instrucción del expediente sancionador (art. 18 del RGPSL).

| Escrito de alegaciones | → | En caso de solicitud de informe a la ITSS:
a) Suspensión del plazo de caducidad (máx. 5 meses).
b) Plazo para nuevas alegaciones.
Resolución estimatoria (total/parcial)/confirmatoria.
Silencio administrativo: caducidad 6 meses. |

| Resolución del escrito de alegaciones |

1 MES

| Recurso de alzada | → | Plazo de 3 meses para resolver:
a) Resolución estimatoria/silencio administrativo: 6 meses para interponer demanda.
b) Resolución desestimatoria: 2 meses para vía judicial. |

| Resolución del recurso de alzada | → | Plazos para interponer demanda:
a) Resolución desestimatoria: dos meses desde su notificación.
b) Silencio administrativo: seis meses desde el transcurso del plazo para resolver (tres meses).
c) En caso de resolución de la administración extemporánea: dos meses desde la notificación. |

2/6 MESES

| Demanda ante el juzgado de lo social [arts. 2.n) y 6.2.b) de la LJS] |

| Sentencia | → | - Procedimiento ordinario.
- Vinculando del los hechos y la argumentación con el recurso de alzada [arts. 72 y 80.1.c) de la LJS].
- Competencia del juzgado de lo social del domicilio del ente administrativo o sujeto sancionado (dentro de una CC.AA.). |

En relación con la materia de prevención de riesgos laborales, el art. 4.3 de la LISOS y el art. 7.1 del Real Decreto 928/1998, de 14 de mayo, establecen el **plazo de prescripción** de las infracciones que será:

- **Para las leves**: un año.
- **Graves**: tres años.
- **Muy graves**: a los cinco años.

Asimismo, el plazo de prescripción de las infracciones empezará a contar desde la fecha de su comisión.

Las sanciones impuestas **prescribirán a los cinco años**, a contar desde el día siguiente a aquel en que adquiera firmeza la resolución por la que se impone la sanción (art. 7.3 del Real Decreto 928/1998, de 14 de mayo). Para el cómputo de este plazo, hemos de acudir al art. 30.3 de la Ley 40/2015, de 1 de octubre:

> «El plazo de prescripción de las sanciones comenzará a contarse desde el día siguiente a aquel en que sea ejecutable la resolución por la que se impone la sanción o haya transcurrido el plazo para recurrirla.
>
> Interrumpirá la prescripción la iniciación, con conocimiento del interesado, del procedimiento de ejecución, volviendo a transcurrir el plazo si aquél está paralizado durante más de un mes por causa no imputable al infractor».

A TENER EN CUENTA. Suspensión de las sanciones. La vía administrativa se suspende en todo caso mientras se llevan a cabo las diligencias penales —debido a la prejudicialidad penal de este orden jurisdiccional—, una vez estas se dan por finalizadas, se reinicia o no la administrativa en función de la vulneración del principio *non bis in ídem* que hemos tratado anteriormente. (Arts. 5.3 del Real Decreto 928/1998, de 14 de mayo y 3.3 de la LISOS).

6.2. Procedimiento para la reclamación judicial de indemnización por daños y perjuicios en el orden social

Como hemos visto, en función del tipo de accidente y su gravedad, existen dos vías distintas de reclamar una indemnización por daños y perjuicios en caso de accidente: la social y la penal. Analizaremos en este punto el proceso social, toda vez que, en la práctica, los profesionales tienden (salvo en supuestos de accidente de gravedad) a realizar la reclamación por esta vía.

a) Orden competente

Los órganos jurisdiccionales del orden social resultan competentes en relación con las acciones que puedan ejercitar los trabajadores o sus causahabientes contra el empresario o contra aquellos a quienes se les atribuya legal, convencional o contractualmente, responsabilidad por los daños originados en el ámbito de la prestación de servicios o que tengan su causa en accidentes de trabajo o enfermedades profesionales, incluida la acción directa contra la aseguradora y sin perjuicio de la acción de repetición que pudiera corresponder ante el orden competente. [Art. 2.b) de la LRJS]. **(Sentencia del Tribunal Supremo n.º 639/2015, de 3 de diciembre, ECLI:ES:TS:2015:5414).**

b) Determinación del *dies a quo* para el ejercicio de la acción

Con carácter general, podemos afirmar que el plazo de prescripción de la acción de reclamación de daños y perjuicios es de un año (art. 59 del ET). No obstante, la doctrina unificada del Tribunal Supremo ha declarado que el día inicial de los efectos prescriptivos no puede fijarse con carácter general en el momento de ocurrir el evento, sino que, de acuerdo con el artículo 1969 del Código Civil, el plazo arranca el día en que se tiene un cabal conocimiento de las secuelas del accidente y de las mermas que tales secuelas producen, tanto en su capacidad de ganancia, como en su patrimonio biológico (a modo de ejemplo: en el caso de la IP cuando adquiere firmeza la resolución del INSS). **(Sentencia del Tribunal Supremo n.º 589/2017, de 5 de julio, ECLI:ES:TS:2017:3163):**

- El **plazo de prescripción** aplicable a las reclamaciones de indemnización de daños y perjuicios atribuibles a la empresa y derivados de accidente de trabajo o de enfermedad profesional es —efectivamente— el de **un año**, previsto en el art. 59.2 del ET; y la **fecha inicial para el cómputo de los plazos de prescripción de todas las acciones**, según dispone el art. 1968 del CC, se inicia **desde el momento en que pudieron ser ejercitadas.**

- Aunque el *dies a quo* para reclamar tal responsabilidad empresarial se sitúa **cuando la acción puede ejercitarse,** ello no necesariamente equivale al momento en que acaece el AT o al del alta médica en el mismo o en la EP, «"que expresará el parecer del facultativo que lo emite y cuya comprensión para la generalidad de los beneficiarios será de difícil entendimiento, dados los términos científicos que en tales documentos deben utilizarse"; como tampoco se inicia en la fecha en que se impone el recargo por infracción de medidas de seguridad; en igual forma que los "procesos penales deducidos a consecuencia de un accidente de trabajo, impiden que pueda comenzar a correr el plazo prescriptivo de la acción sobre reclamación de daños y perjuicios derivada de ese accidente"».

- En puridad, el plazo «no puede iniciarse hasta que el beneficiario tiene un cabal conocimiento de las secuelas del accidente y de las mermas que tales secuelas producen, tanto en su capacidad de ganancia, como en su patrimonio biológico». En esta línea, cuando se sigue un procedimiento judicial para la fijación de las lesiones padecidas, el plazo solo comienza a correr desde que el mismo se agota, porque la resolución del INSS en vía previa «no fue firme hasta que recayó la citada sentencia de la Sala de lo Social, y solo desde tal firmeza se pudo iniciar el cómputo del referido plazo prescriptivo», «pues sólo hasta ese momento se supo con certeza cuáles eran las dolencias y secuelas que el actor padece a consecuencia del accidente de autos»; y «obviamente, la solución sería otra si la parte se aquietase a la resolución administrativa de la Gestora respecto de la incapacidad reconocida, ya que en tal caso habría que estar el informe propuesta». En consecuencia, tal conocimiento —pleno y cabal— solamente se produce en la fecha en que se ha dictado la correspondiente resolución firme en proceso de IP, que es **«cuando el beneficiario conoce cuáles van a ser las consecuencias que las secuelas le van a producir y cuáles los perjuicios que de ellas se van a derivar. Por tanto, debe ser el momento de conocimiento de esta resolución el punto de partida para el ejercicio de la acción de daños y perjuicios».**

– A mayor abundamiento, esta tesis viene reforzada también por el hecho de que «existe un solo daño que hay que compensar o indemnizar» por las distintas reclamaciones y que «debe existir también, en principio, un límite en la reparación del daño», de modo que «del importe total de los daños han de deducirse las cantidades que, por prestaciones de la Seguridad Social, haya podido percibir el beneficiario y éstas cantidades no son conocidas hasta tanto sea firme la resolución que declara la invalidez del beneficiario, pues antes se ignorarán las cantidades a deducir del total importe de los perjuicios sufridos por el trabajador accidentado».

Lo anterior, llevado a la práctica, supone:

Acciones	Inicio plazo reclamación indemnización de daños y perjuicios	Jurisprudencia
No reclamación del grado de IP reconocido por el INSS.	Notificación al interesado de la resolución administrativa declarándolo en situación de incapacidad permanente.	STS n.º 457/2016, de 1 de junio, ECLI:ES:TS:2016:2772
Reclamación del grado de IP reconocido por el INSS.	Cuando se agota el proceso de reclamación.	STS n.º 589/2017, de 5 de julio, ECLI:ES:TS:2017:3163
Reclamación de la contingencia como profesional.	Momento en que se califica la enfermedad como profesional y hayan quedado determinadas la totalidad de las prestaciones.	STS, rec. 1756/2014, de 16 de febrero de 2016, ECLI:ES:TS:2016:909 STS, rec. 1918/2014, de 9 de diciembre de 2015, ECLI:ES:TS:2015:5832

Cuando se trata de accidente de trabajo y acción de reclamación de daños y perjuicios de él derivados, no puede iniciarse el plazo prescriptivo hasta el fin de la causa penal. Es decir, la prescripción se interrumpe por el ejercicio de acciones penales (cuyo ejercicio requerirá reserva de acciones). Del mismo modo, el plazo prescriptivo se interrumpirá por reclamación extrajudicial de la reiterada indemnización. (Sentencia del Tribunal Supremo n.º 741/2016, de 15 de septiembre. ECLI:ES:TS:2016:4369).

c) Acciones acumulables a la pretensión

Siguiendo el art. 25.4 de la LRJS, en reclamaciones sobre accidente de trabajo y enfermedad profesional se podrán acumular todas las pretensiones de resarcimiento de daños y perjuicios derivadas de un mismo hecho, incluso sobre mejoras voluntarias, que el trabajador perjudicado o sus causahabientes dirijan contra el empresario u otros terceros que deban responder a resultas del hecho causante, incluidas las entidades aseguradoras, salvo que hayan debido tramitarse mediante procedimiento administrativo separado, en cuyo caso se estará a lo dispuesto en el art. 30 de la LRJS.

d) Modalidad procesal: procedimiento ordinario (art. 80 de la LRJS)

Se sustanciarán a través del procedimiento ordinario por no tener previsto un trámite o modalidad especial (art. 102 de la LRJS).

La demanda se encuentra sujeta a la necesidad de intento de conciliatorio previo, siguiendo el Libro II de la Ley de la Jurisdicción Social (arts. 76-101 de la LRJS), donde se desarrolla este proceso en relación a actos preparatorios, diligencias preliminares, demanda, su admisión, señalamiento de la conciliación y del juicio oral, suspensiones de la conciliación y del juicio, celebración de la conciliación y del juicio, la prueba, su documentación en el acto del juicio oral, los medios de prueba, la sentencia y las diligencias finales.

CUESTIONES

1. ¿A quién corresponde la carga de la prueba en los accidentes de trabajo?

En la actualidad, el art. 96 de la LRJS establece una inversión de la carga de la prueba en el sentido de que toda empresa, en caso de accidente, ha de probar que adoptó todas las medidas necesarias para prevenir o evitar el riesgo:

«2. En los procesos sobre responsabilidades derivadas de accidentes de trabajo y enfermedades profesionales corresponderá a los deudores de seguridad y a los concurrentes en la producción del resultado lesivo probar la adopción de las medidas necesarias para prevenir o evitar el riesgo, así como cualquier factor excluyente o minorador de su responsabilidad (...)».

Completando lo anterior, la norma establece que «No podrá apreciarse como elemento exonerador de la responsabilidad la culpa no temeraria del trabajador ni la que responda al ejercicio habitual del trabajo o a la confianza que éste inspira».

También viene indicándose que, en relación a la carga de la prueba, ha de destacarse la aplicación —analógica— del art. 1183 del CC, del que deriva la conclusión de que el incumplimiento de la obligación ha de atribuirse al deudor y no al caso fortuito, salvo prueba en contrario; y la del art. 217 de la LEC, tanto en lo relativo a la prueba de los hechos constitutivos (secuelas derivadas de AT) y de los impeditivas, extintivos u obstativos (diligencia exigible), cuanto a la disponibilidad y facilidad probatoria (es más difícil para el trabajador acreditar la falta de diligencia que para el empresario demostrar la concurrencia de esta). (Sentencia del Tribunal Superior de Justicia de Canarias n.º 128/2016, de 2 de febrero, ECLI:ES:TSJICAN:2016:368).

A TENER EN CUENTA. El art. 217 de la Ley de enjuiciamiento Civil ha sido modificado por la Ley 4/2023, de 28 de febrero, para la igualdad real y efectiva de las personas trans y para la garantía de los derechos de las personas LGTBI, con entrada en vigor el 02/03/2023.

2. ¿Qué debe probarse y cómo?

Para poder imputar el resarcimiento de los daños al empleador, es preciso probar, además de que los perjuicios causados exceden de las previsiones legales, la concurrencia de los requisitos previstos para su exigencia que han de referirse a la demostración, junto a la existencia de una conducta culposa, de una relación concatenada de causa a efecto entre la misma y el daño originado. Y esta relación se construye, en cada caso, bajo el principio de la causalidad adecuada, por lo que se impone la exigencia de valorar en cada caso concreto si el antecedente se presenta como causa necesaria del efecto lesivo producido, de tal manera que el cómo y el por qué se produjo dicho efecto lesivo constituyen elementos definitorios del contenido de aquella relación causal. (STSJ de Asturias n.° 1009/2014, de 9 de mayo de 2014).

Atendiendo al origen de las posibles reclamaciones, podemos definir tres elementos probatorios básicos en estos procesos:

a) **Existencia de accidente de trabajo o enfermedad profesional.** La laboralidad del accidente suele reconocerse por la empresa en un primer momento, bien vía comunicaciones administrativas necesarias como parte de accidente, relación de accidentes de trabajo ocurridos sin baja médica o relación de altas o fallecimientos de accidentados, bien mediante la pertinente baja de índole profesional por los servicios médicos actuantes. En caso de falta de reconocimiento de la contingencia profesional, hemos de recurrir a los arts. 156 y 157 de la LGSS, donde encontramos sus conceptos y presunciones.

b) **Incumplimiento por parte empresarial de las medidas de prevención.** La LPRL, la LGSS, la LISOS, el ET y demás normas de desarrollo, regulan las obligaciones y responsabilidades en materia preventiva para todas las partes implicadas en la relación laboral. El empresario como responsable de la seguridad y salud de los trabajadores a su servicio, asume por mandato legal una serie de obligaciones en esta materia, entre las que podemos citar:

– Protección de sus trabajadores garantizando la salud y seguridad de los trabajadores, adoptando las medidas necesarias para prever los riesgos y eliminarlos.

– Evaluación de los riesgos.

– Dotar a los trabajadores de equipación y medios de protección adaptados a la necesidad productiva.

– Facilitar información a los trabajadores y fomentar la participación de los mismos consultando a trabajadores y representantes sobre las medidas adoptadas.

– Formación.

– Fijar medidas de emergencia.

– Vigilancia de la salud.

– Coordinación de actividades empresariales para que aquellos otros empresarios que desarrollen actividades en su centro de trabajo reciban la información y las instrucciones adecuadas, en relación con los riesgos existentes en el centro de trabajo y con las medidas de protección y prevención correspondientes, así como sobre las medidas de emergencia a aplicar para su traslado a sus respectivos trabajadores.

– Prevención en relación a las contrataciones temporales y por empresas de trabajo temporal.

– Protección de trabajadores especialmente sensibles a determinados riesgos, maternidad y menores, etcétera.

c) Daños y cuantía de reparación de estos. Tanto los daños causados como la razonabilidad de la cuantificación de los mismos ha de ser probada por quien los solicita (arts. 1.101 y 1.106 del CC). En este caso no se aplicará la inversión de la carga de la prueba predicada por el art. 96 de la LRJS.

3. ¿Qué punto de partida podemos tomar como referencia para demostrar que el empresario ha cumplido/incumplido con el deber general de prevención previsto en el artículo 14 de la LPRL?

A juicio de la jurisprudencia, entre otras, el procedimiento se concentra en demostrar (o no) el cumplimiento de las medidas de seguridad, el deber de extremar la diligencia en las materias de PRL o el deber de proporcionar la suficiente información preventiva. Como punto de partida para demostrar que el empresario ha cumplido/incumplido con el deber general de prevención previsto en el artículo 14 de la LPRL, podemos recurrir al análisis de los siguientes principios generales fijados por el art. 15 del citado texto:

– Evitar los riesgos.

– Evaluar los riesgos que no se puedan evitar.

– Combatir los riesgos en su origen.

– Adaptar el trabajo a la persona, en particular en lo que respecta a la concepción de los puestos de trabajo, así como a la elección de los equipos y los métodos de trabajo y de producción, con miras, en particular, a atenuar el trabajo monótono y repetitivo y a reducir los efectos del mismo en la salud (arts. 25 a 28 de la LPRL). **(Sentencia del Tribunal Supremo, rec. 4123/2008, de 30 de junio de 2010, ECLI:ES:TS:2010:4801).**

– Tener en cuenta la evolución de la técnica.

– Sustituir lo peligroso por lo que entrañe poco o ningún peligro.

– Planificar la prevención, lo que supone la existencia de los puntos citados anteriormente (evaluación de los riesgos, medidas de emergencia, vigilancia de la salud, etcétera).

– Adoptar medidas que antepongan la protección colectiva a la individual.

– Dar las debidas instrucciones a los trabajadores y vigilar su cumplimiento. **(Sentencia del Tribunal Supremo, rec. 1239/2009, de 20 de enero de 2010, ECLI:ES:TS:2010:558).**

– Impartir por las vías que se consideren necesarias información y formación (arts. 14.2, 15.1 y 19 de la LPRL). **(Sentencia del Tribunal Supremo, rec. 793/2012, de 12 de junio de 2013, ECLI:ES:TS:2013:3647).**

6.3. Disconformidad con alta médica de incapacidad temporal

En función del momento en el que se emite el alta médica, su reclamación o impugnación seguirá distintos procedimientos:

Altas médicas antes de alcanzar los 12 meses (365 días) de IT.	Enfermedad común o accidente no laboral.	Emitida por el médico de cabecera el SPS.	Reclamación previa ante el INSS.
		Emitida por inspección médica.	Reclamación previa ante el INSS e Inspección.
	Accidente de trabajo o enfermedad profesional.	Emitida por la mutua.	Reclamación ante el INSS: procedimiento de revisión según art. 4 del Real Decreto 1430/2009, de 11 de septiembre: plazo de 10 días.
Alta médica a los 12 meses (365 días) de IT – **Alta médica por curación.** – **Alta médica por mejoría que permita la reincorporación al trabajo.** – **Alta médica con propuesta de incapacidad permanente.** – **Alta médica por incomparecencia injustificada a los reconocimientos médicos convocados por la entidad gestora.**	Situaciones de contingencia común o profesional.	INSS.	– Exclusión de reclamación previa (art. 71.1 de la LRJS): demanda contra el INSS. – Procedimiento de disconformidad según el art. 3 del Real Decreto 1430/2009, de 11 de septiembre: 4 días naturales desde la resolución. **A TENER EN CUENTA.** Con efectos de 17/05/2023, la falta de alta médica, una vez agotado el plazo de 365 días de IT, supondrá que el trabajador se encuentra automáticamente en situación de prórroga de incapacidad temporal [nuevo art. 169.1.a) de la LGSS].
Alta médica después de los 12 meses (desde el día 365 hasta el 545) de IT. – **El INSS puede dar el alta en cualquier momento al trabajador sin la obligatoriedad de que tenga que esperar los 180 días prorrogados.**	Situaciones de contingencia común o profesional.	INSS.	Reclamación previa ante el INSS en el plazo de 30 días.
Alta médica tras los 18 meses (más de 545 días) de IT. – **Denegación de IP.**	Situaciones de contingencia común o profesional.	INSS.	Reclamación previa ante el INSS contra negativa (o silencio administrativo) de pensión de IP en el plazo de 30 días.

a) Reclamación administrativa previa

Establece el art. 71 de la LRJS que será requisito necesario para formular demanda en materia de prestaciones de Seguridad Social que los interesados interpongan reclamación previa ante la entidad gestora de las mismas. Se exceptúan los procedimientos de impugnación de las resoluciones administrativas expresas en las que se acuerda el alta médica emitidas por los órganos competentes de las entidades gestoras de la Seguridad Social al agotarse el plazo de duración de trescientos sesenta y cinco días de la prestación de incapacidad temporal.

Los **plazos para efectuar la reclamación previa** son los siguientes:

- En caso de existir notificación expresa o silencio administrativo: 30 días a contar desde la fecha de notificación (art. 5 del Real Decreto 1300/1995, de 21 de julio).

- Procedimientos de impugnación de altas médicas que no estén exentos de reclamación previa: 11 días a contar desde la fecha de notificación de la resolución (art. 71.2 de la LRJS).

A TENER EN CUENTA. No será exigible el agotamiento previo de la vía administrativa en los procesos de impugnación de altas médicas emitidas por los órganos competentes de las entidades gestoras al agotarse el plazo de duración de 365 días de la prestación de incapacidad temporal. En todos los demás casos, donde resulta perceptiva la reclamación administrativa, se establece para su interposición 11 días y para su contestación 7.

---

b) Demanda

El proceso de impugnación de alta médica tendrá las especialidades fijadas por el art. 140 de la LRJS:

- Límite de las partes intervinientes a la entidad gestora y, en su caso, colaboradora (mutua), sin que sea necesario traer al proceso al servicio público de salud (excepto cuando se discutan altas de sus servicios médicos) ni a la empresa (saldo cuando se cuestione la contingencia).

- Se le dará tramitación urgente y preferente.

- La vista se celebrará en los cinco días siguientes a la admisión de la demanda, y la sentencia, que no tendrá recurso, se dictará en otros tres.

- No podrán acumularse a la discusión de altas médicas otras cuestiones.

Los plazos para la presentación de la demanda son los siguientes:

- Denegación de reclamación previa o silencio administrativo: 30 días a contar desde la fecha de notificación (art. 71.6 de la LRJS).

- Procedimientos de impugnación de alta médica: 20 días (art. 71.6, segundo párrafo de la LRJS).

Teniendo en cuenta lo anterior a continuación analizamos las **peculiaridades** del procedimiento de revisión de las altas médicas emitidas con anterioridad a 365 días de duración y con posterioridad a este margen temporal.

6.3.1. Procedimiento de revisión de las altas médicas emitidas por la mutua (contingencia profesional) con anterioridad a 365 días de duración

A continuación, analizaremos el **procedimiento de revisión de las altas médicas expedidas por la mutua en procesos de IT derivados de contingencias profesionales con anterioridad al agotamiento del plazo de doce meses (365 días) de duración:**

1. Frente a las altas médicas emitidas por las mutuas y por las empresas colaboradoras en los procesos de incapacidad temporal derivados de contingencias profesionales con anterioridad al agotamiento del plazo de doce meses de duración de dicha situación, el interesado podrá iniciar, ante la entidad gestora competente, el procedimiento administrativo especial de revisión de dicha alta, de acuerdo con lo previsto en el art. 4 del Real Decreto 1430/2009, de 11 de septiembre.

   La tramitación del procedimiento indicado debe considerarse preferente por la entidad gestora, con el fin de que se dicte la resolución correspondiente en el menor tiempo posible.

2. El interesado podrá instar la revisión del alta médica emitida por la entidad colaboradora en el **plazo de los diez días hábiles siguientes al de su notificación**, mediante solicitud presentada a tal efecto ante la entidad gestora competente, en la que manifestará los motivos de su disconformidad con dicha alta médica. A esta solicitud se acompañará el historial médico previo relacionado con el proceso de IT de que se trate o, en su caso, copia de la solicitud de dicho historial a la entidad colaboradora.

   > **A TENER EN CUENTA.** El interesado que inicie el procedimiento de revisión, lo comunicará a la empresa en el mismo día en que presente su solicitud o en el siguiente día hábil.

3. **La iniciación del procedimiento especial de revisión suspenderá los efectos del alta médica emitida**. Esto supone: decir, l

   - Durante la tramitación del procedimiento de revisión se entenderá prorrogada la situación de incapacidad temporal derivada de contingencia profesional.

   - Se mantiene el abono de la prestación en la modalidad de pago delegado, sin perjuicio de que posteriormente puedan considerarse indebidamente percibidas las prestaciones económicas de la incapacidad temporal.

4. El Instituto Nacional de la Seguridad Social (o el Instituto Social de la Marina) comunicará a la mutua de accidentes de trabajo y enfermedades profesionales de la Seguridad Social competente el **inicio del procedimiento especial de revisión** para que, en el plazo improrrogable de cuatro días hábiles, aporte los antecedentes relacionados con el

proceso de incapacidad temporal de que se trate e informe sobre las causas que motivaron la emisión del alta médica.

> **A TENER EN CUENTA.** En el caso de que no se presentara la citada documentación, se dictará la resolución que proceda, teniendo en cuenta la información facilitada por el interesado.

La mutua de accidentes de trabajo y enfermedades profesionales de la Seguridad Social correspondiente podrá pronunciarse reconociendo la improcedencia del alta emitida, lo que motivará, sin más trámite, el **archivo inmediato del procedimiento** iniciado por el interesado ante la entidad gestora.

5. Asimismo, **la entidad gestora competente comunicará a la empresa el inicio del procedimiento en el plazo de los dos días hábiles** siguientes a la presentación de la solicitud por parte del interesado. Cuando el interesado hubiera presentado a la empresa parte médico de baja emitido por el servicio público de salud, aquélla, con el fin de coordinar las actuaciones procedentes, deberá informar de dicha circunstancia al Instituto Nacional de la Seguridad Social o al Instituto Social de la Marina, con carácter inmediato.

   A su vez, **cuando el interesado solicite una baja médica derivada de contingencia común y se conociera la existencia de un proceso previo de incapacidad temporal derivada de contingencia profesional** en el que se hubiera emitido un alta médica, el **servicio público de salud deberá informar al interesado sobre la posibilidad de iniciar, en el plazo de los diez días hábiles siguientes** al de notificación del alta médica emitida por la entidad colaboradora, este procedimiento especial de revisión y, además, con carácter inmediato comunicará a la entidad gestora competente la existencia de dos procesos distintos de incapacidad temporal que pudieran estar relacionados.

   En estos casos, se iniciará el abono de la prestación de incapacidad temporal por contingencias comunes hasta la fecha de resolución del procedimiento, sin perjuicio de que cuando el alta expedida por la mutua de accidentes de trabajo y enfermedades profesionales de la Seguridad Social no produzca efecto alguno, ésta deba reintegrar a la entidad gestora la prestación abonada al interesado y a éste la diferencia que resulte a su favor.

6. El director provincial competente de **la entidad gestora correspondiente dictará, en el plazo máximo de quince días hábiles, a contar desde la aportación de la documentación por parte de la entidad colaboradora, la resolución que corresponda**, previo informe preceptivo del equipo de valoración de incapacidades, que debe examinar y valorar el caso concreto.

7. La resolución que se dicte determinará la fecha y efectos del alta médica o el mantenimiento de la baja médica, fijando, en su caso, la contingencia de la que deriva el proceso de incapacidad temporal, así como, en su caso, la improcedencia de otras bajas médicas que pudieran haberse emitido durante la tramitación del procedimiento especial de

revisión por el servicio público de salud. En consecuencia, el procedimiento terminará con alguno de los siguientes pronunciamientos:

a) Confirmación del alta médica emitida por la mutua de accidentes de trabajo y enfermedades profesionales de la Seguridad Social y declaración de la extinción del proceso de incapacidad temporal en la fecha de la mencionada alta.

b) Mantenimiento de la situación de incapacidad temporal derivada de contingencia profesional, por considerar que el interesado continúa con dolencias que le impiden trabajar. Por tanto, el alta médica emitida por la entidad colaboradora no producirá efecto alguno.

c) Determinación de la contingencia, común o profesional, de la que derive la situación de incapacidad temporal, cuando coincidan procesos intercurrentes en el mismo periodo de tiempo, y, por tanto, existan distintas bajas médicas. Asimismo, se fijarán los efectos que correspondan, en el proceso de incapacidad temporal, como consecuencia de la determinación de la contingencia causante.

d) Cuando el interesado hubiera recuperado la capacidad laboral durante la tramitación del procedimiento, se podrá declarar sin efectos el alta médica emitida por la entidad colaboradora por considerarla prematura. En estos casos, la resolución determinará la nueva fecha de efectos del alta médica y de extinción del proceso de incapacidad temporal.

8. **Cuando la entidad gestora competente confirme el alta médica emitida** por la entidad colaboradora o establezca una nueva fecha de extinción de la situación de incapacidad temporal, se considerarán indebidamente percibidas las prestaciones económicas de la incapacidad temporal, derivada de contingencias profesionales, que se hubieran abonado al interesado a partir de la fecha establecida en la resolución.

9. Las comunicaciones efectuadas entre las entidades gestoras, la entidad colaboradora, el servicio público de salud y la empresa se realizarán preferentemente por medios electrónicos, informáticos o telemáticos que permitan la mayor rapidez en la información.

10. **Si durante la tramitación de este procedimiento especial de revisión se cumpliera el plazo de doce meses de duración de la situación de incapacidad temporal,** la entidad gestora competente resolverá de conformidad con lo previsto en el art. 169.1.a) de la Ley General de la Seguridad Social.

11. El abono de la prestación de incapacidad temporal durante la tramitación de este procedimiento especial será **incompatible** con las rentas derivadas del ejercicio de la actividad profesional.

12. Las resoluciones emitidas por la entidad gestora, en el ejercicio de las competencias establecidas en este artículo, podrán considerarse dictadas con los efectos atribuidos a la resolución de una **reclamación previa**, de conformidad con lo dispuesto en el art. 71 de la LRJS, lo que se hará constar en la resolución que se dicte.

PROCEDIMIENTO DE REVISIÓN DE LAS ALTAS MÉDICAS EMITIDAS POR LA MUTUA EN PROCESOS DERIVADOS DE CONTINGENCIAS PROFESIONALES (con anterioridad a 365 días)

Alta médica emitida por la mutua y por las empresas colaboradoras [con anterioridad al agotamiento del plazo de doce meses (365 días)]. Art. 4 del RD 1430/2009, de 11 de septiembre.

El/la interesado/a

Conforme

No conforme

Visita a médico del SPS

Incorporación al puesto laboral.

El mismo día o el siguiente día hábil comunicación a la empresa.

10 días hábiles

Instar la revisión del alta médica.

Documentación →

INSS/ISM

Procedimiento especial de revisión

4 días hábiles

Comunicación MUTUA

Comunicación EMPRESA

Presentación de antecedentes relacionados la IT e informe sobre las causas del alta.

- Solicitud.
- Historial médico previo relacionado con el proceso de IT.
- Copia de la solicitud de dicho historial.

Solicitud de baja médica derivada de contingencia común.

SPE: parte médico de baja.

- Informar al interesado de la posibilidad de iniciar en 10 días hábiles procedimiento de revisión.
- Informar a la mutua.

Abono de la prestación de IT por contingencias comunes hasta resolución del procedimiento.

Propuesta EVI

15 días hábiles

Resolución INSS → Efectos de reclamación previa

Determinación de la contingencia, común o profesional, de la que derive la situación de IT.

Mantenimiento de la situación de IT derivada de contingencia profesional.

Confirmación del alta médica emitida por la mutua.

Cuando el interesado hubiera recuperado la capacidad laboral durante la tramitación del procedimiento.

Se fijarán los efectos que correspondan.

El alta médica emitida en en su momento por la entidad colaboradora no producirá efecto alguno.

Extinción del proceso de IT en la fecha inicial de alta.

Devolución de prestación indebidamente percibida.

Se declarará sin efectos el alta médica emitida por la entidad colaboradora por prematura.

Nueva fecha de efectos del alta médica y de extinción del proceso de IT.

6.3.2. Procedimiento de revisión de las altas médicas superiores a 365 días de duración

En el caso del procedimiento de revisión de las altas médicas emitidas por el INSS en procesos IT de duración superior a 365 días, debemos tener en cuenta (art. 170.3 de la LGSS):

1. La falta de alta médica, una vez agotado el plazo de duración de 365 días de IT, supondrá que el trabajador se encuentra en la **situación de prórroga de incapacidad temporal** [art. 169.1.a) de la LGSS] por presumirse que, dentro del período subsiguiente de 180 días, aquel puede ser dado de alta médica por curación o mejoría.

2. Si no se produce lo anterior, agotado el plazo de duración de 365 días de IT, la **inspección médica del Instituto Nacional de la Seguridad Social** será la única competente para emitir el alta médica por:

   • Curación.

   • Mejoría que permita la reincorporación al trabajo.

   • Propuesta de incapacidad permanente.

   • Incomparecencia injustificada a los reconocimientos médicos convocados por dicha entidad gestora.

   De igual modo, la citada inspección médica será la única competente para emitir una **nueva baja médica en la situación de incapacidad temporal** producida, por la misma o similar patología, en los ciento ochenta días naturales posteriores a la citada alta médica.

3. La colaboración obligatoria en el pago de la prestación se mantendrá hasta:

   • Que se notifique al interesado el alta médica (por curación, por mejoría o por incomparecencia injustificada a los reconocimientos médicos).

   • El último día del mes en que el Instituto Nacional de la Seguridad Social haya expedido el alta médica con propuesta de incapacidad permanente.

   • Que se cumpla el periodo máximo de 545 días (finalizando en todo caso en esta fecha).

   Las empresas mantendrán el pago a su cargo de la prestación hasta la fecha en que se notifique al interesado el alta médica o la resolución por la que se extinga el derecho al subsidio, incluida, en su caso, la situación de prolongación de efectos económicos de la incapacidad temporal (art. 174.5 de la LGSS).

4. El interesado podrá manifestar su disconformidad frente al alta médica a la inspección médica del SPS en el plazo máximo de los cuatro días naturales siguientes a la notificación de la resolución. En este caso [art. 169.1. a) y 170 de la LGSS y art. 3 del Real Decreto 1430/2009, de 11 de septiembre]:

- Si la inspección médica del SPS discrepara del criterio de la inspección médica del INSS, tendrá la facultad de proponerle, en el plazo máximo de siete días naturales, la reconsideración de su decisión, especificando las razones y fundamento de su discrepancia.

- Si la inspección médica del servicio público de salud se pronunciara confirmando la decisión de la Inspección médica del Instituto Nacional de la Seguridad Social o si no se produjera pronunciamiento alguno en los once días naturales siguientes a la fecha de la resolución, la mencionada alta médica adquirirá plenos efectos. Durante el período de tiempo transcurrido entre la fecha del alta médica y aquella en la que la misma adquiera plenos efectos se considerará prorrogada la situación de incapacidad temporal.

- Si, en el aludido plazo máximo de siete días naturales, la inspección médica del servicio público de salud hubiera manifestado su discrepancia con el alta emitida por la inspección médica del Instituto Nacional de la Seguridad Social, esta última se pronunciará expresamente en los siete días naturales siguientes, notificando al interesado la reconsideración del alta médica o su confirmación, que será también comunicada a la inspección médica del servicio público de salud. Si reconsiderara el alta médica, se reconocerá al interesado la prórroga de su situación de incapacidad temporal a todos los efectos. Si, por el contrario, se reafirmara en su decisión, para lo cual aportará las pruebas complementarias que la fundamenten, solo se prorrogará la situación de incapacidad temporal hasta la fecha de la última resolución.

- Durante la prórroga de la situación de incapacidad temporal se mantendrá la colaboración obligatoria en el pago de la prestación, así como la colaboración voluntaria, en su caso.

PROCEDIMIENTO DE REVISIÓN DE LAS ALTAS MÉDICAS EMITIDAS POR EL INSS EN PROCESOS IT DE DURACIÓN SUPERIOR A 365 DÍAS

Habiéndose agotado el plazo de duración de IT de 365 días, el INSS declara la extinción de la IT por alta médica del interesado en los supuestos del art. 170.2 de la LGSS).

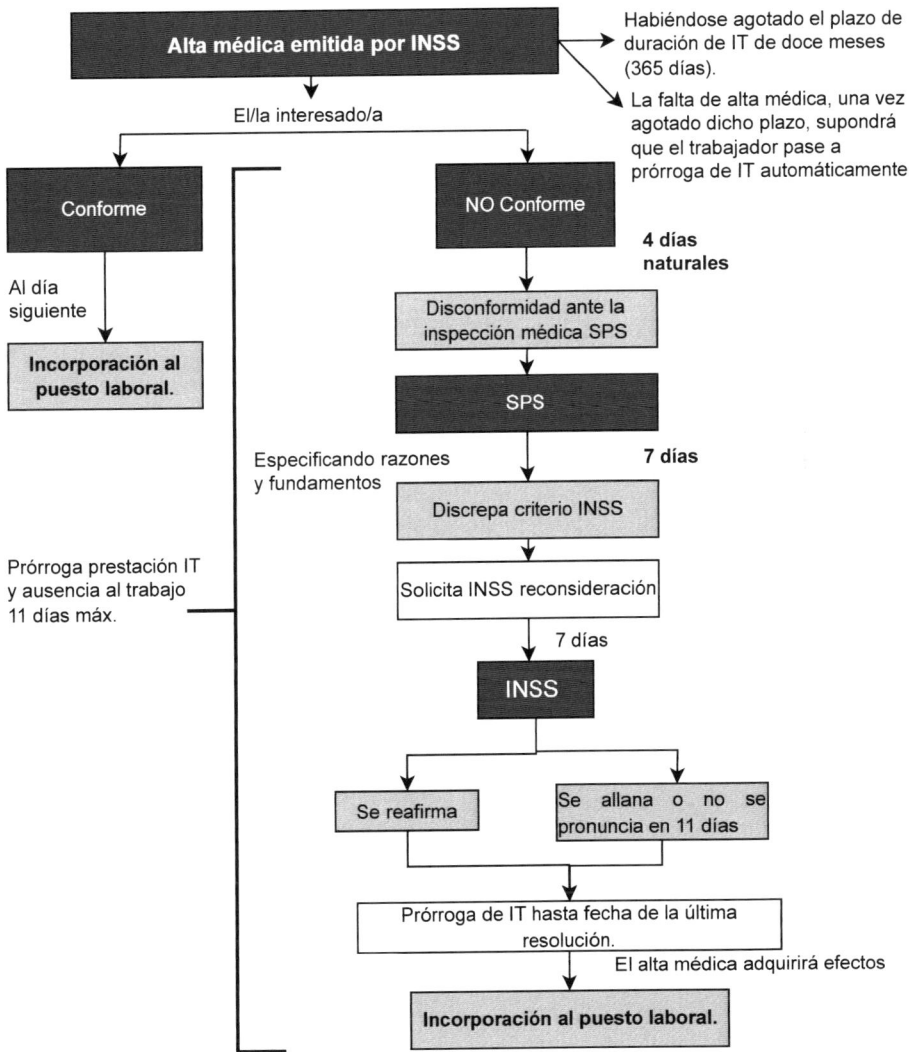

Alta médica emitida por INSS

Habiéndose agotado el plazo de duración de IT de doce meses (365 días).

La falta de alta médica, una vez agotado dicho plazo, supondrá que el trabajador pase a prórroga de IT automáticamente.

El/la interesado/a

Conforme

NO Conforme

Al día siguiente

Incorporación al puesto laboral.

4 días naturales

Disconformidad ante la inspección médica SPS

SPS

Especificando razones y fundamentos

7 días

Discrepa criterio INSS

Prórroga prestación IT y ausencia al trabajo 11 días máx.

Solicita INSS reconsideración

7 días

INSS

Se reafirma

Se allana o no se pronuncia en 11 días

Prórroga de IT hasta fecha de la última resolución.

El alta médica adquirirá efectos

Incorporación al puesto laboral.

A TENER EN CUENTA. Las empresas recibirán todas las comunicaciones de su interés asociadas al proceso a través de SILTRA, o buzón correspondiente –para el caso de Autorizaciones RED Directo-. La persona trabajadora en situación de incapacidad temporal podrá presentar su disconformidad con el alta médica emitida por el INSS mediante el Portal de la Seguridad Social: Gestión de la prestación de incapacidad temporal

> **CUESTIÓN**
>
> **¿En qué momento se puede iniciar el procedimiento de disconformidad frente a las altas médicas emitidas por el INSS?**
>
> Desde el 17/05/2023, solo frente al alta médica emitida por el inspector médico en el día 366. El agotamiento del plazo de 365 días sin emisión de alta médica supone el pase automático a la prórroga de incapacidad temporal, sin necesidad de declaración expresa. De esta forma, «Si no hubiera prórroga, se mantiene la posibilidad de que el trabajador inicie el procedimiento de disconformidad frente al alta médica emitida por el INSS al agotamiento de los trescientos sesenta y cinco días de duración de la IT, lo que supone que solo frente al alta médica emitida por el inspector médico en el día 366 -o el inmediato hábil posterior ya sea por curación, por mejoría que permita la reincorporación al trabajo o por incomparecencia injustificada al reconocimiento médico, podrá el interesad». (Criterio del INSS n.º 12/2023, de 17 de mayo de 2023).

6.4. Procedimiento de fijación del recargo de prestaciones

La figura jurídica por la que se insta una mejorar las prestaciones de Seguridad Social, mediante el recargo de las mismas con un porcentaje abonado, exclusivamente por el empresario empleador que infringiese una norma de seguridad determinante en la existencia de un accidente, no se incardina en un procedimiento administrativo concreto.

La competencia para fijar la declaración de responsabilidad empresarial por falta de adopción de medidas de seguridad corresponde al Instituto Nacional de la Seguridad Social, en virtud de la LGSS en relación con el art. 1.e) del Real Decreto 1300/1995, de 21 de julio, sobre Incapacidades Laborales del Sistema de la Seguridad Social. No obstante, **esta figura jurídica no se incardina en un procedimiento administrativo concreto,** encontrándose desarrollada en el art. 16 de la vigente Orden de 18 de enero de 1996 para la aplicación y desarrollo del Real Decreto 1300/1995, de 21 de julio, sobre incapacidades laborales del sistema de la Seguridad Social.

Lo único que indica el citado art. 16 es que la resolución del INSS debe motivarse con expresión de las circunstancias concurrentes, la disposición infringida, la causa concreta de las enumeradas en el art. 123 de la LGSS y el porcentaje en que hayan de incrementarse las prestaciones económicas. Por tanto, para la imposición del recargo de prestaciones por falta de medidas de seguridad, el único procedimiento específicamente regulado es el contenido en el Real Decreto 1300/1995 y en la Orden Ministerial de desarrollo, de 18 de enero de 1996, sin perjuicio de la aplicación de las disposiciones de la LPAC en defecto de norma concreta aplicable. (STS, rec. 1023/2012, de 17 de julio de 2013, ECLI:ES:TS:2013:5056).

Partiendo de lo anterior, el **procedimiento a seguir para la imposición del recargo** sería conforme a lo siguiente (Orden de 18 de enero de 1996):

a) La tramitación del expediente puede iniciarse de oficio, a instancias de la ITSS, o a instancias del interesado o su representante legal.

b) Se requeriría de la ITSS el informe-propuesta sobre los hechos y circunstancias existentes, disposición infringida y causa para el incremento de la prestación junto con el porcentaje del mismo.

c) El INSS pondrá en conocimiento de los interesados la apertura del expediente.

d) Se dará trámite de audiencia al presunto empresario infractor para que, en un plazo de 10 días, formule alegaciones y presente cualquier documentación exculpatoria.

> **A TENER EN CUENTA.** La omisión del trámite de audiencia a las partes en el procedimiento administrativo seguido ante el INSS sobre recargo en las prestaciones no comporta la nulidad del expediente, sino, en todo caso su anulidad «cuando el acto carezca de los requisitos formales indispensables para alcanzar su fin o dé lugar a la indefensión de los interesados» (art. 48 de la LPAC). (STS, rec. 1136/2009 de 28 de enero de 2010, ECLI:ES:TS:2010:915). Siguiendo doctrina de la Sala III del TS, «la indefensión no equivale a la propia falta del trámite de audiencia», sino que «ha de ser real y efectiva» y, por ello, «para que exista indefensión determinante de la anulabilidad del acto es preciso que el afectado se haya visto imposibilitado de aducir en apoyo de sus intereses cuantas razones de hecho y de derecho pueda considerar pertinentes para ello». (STS, rec. 814/2007 de 28 de mayo de 2008, ECLI:ES:TS:2008:4498).

e) La resolución motivada del INSS (en un plazo máximo de 135 días hábiles desde la iniciación del procedimiento de oficio o la solicitud de iniciación del mismo) supone la finalización del procedimiento. En caso de silencio administrativo, la solicitud se entenderá desestimada y podrá iniciarse el procedimiento judicial oportuno.

f) El empresario responsable (en ausencia de reclamación judicial) deberá ingresar el capital-coste del recargo. La TGSS lo comunicará al INSS y este procederá al abono al beneficiario.

g) La ausencia del ingreso del capital-coste del recargo en periodo voluntario supondrá el inicio de la vía ejecutiva.

> **CUESTIÓN**
>
> **¿El recargo de prestaciones es una sanción, una prestación o una indemnización?**
>
> Tras algunas vacilaciones iniciales, la jurisprudencia ha sostenido que el recargo de prestaciones no es ni estrictamente sanción, ni puramente prestación o indemnización.
>
> En palabras de la **STS, rec. 163/2007, de 13 de febrero de 2008, ECLI:ES:TS:2008:2841,** es más bien «(...) una indemnización con función disuasoria o punitiva, institución que se diferencia por una parte de la indemnización típica con función resarcitoria, y que se distingue también por otra parte de la multa o sanción administrativa de contenido pecuniario, cuyo importe ingresa en el Tesoro público y no se destina a la persona perjudicada por el comportamiento de infracción».

Asimismo, se decía en la **STS, rec. 4582/2006, de 8 de julio de 2009, ECLI:ES:TS:2009:5371**, que «(...) la naturaleza jurídica del recargo de prestaciones es dual o mixta, pues si bien desde la perspectiva del empresario infractor se presenta como una responsabilidad sancionadora [siquiera no puede calificarse de sanción propiamente dicha], no es menos cierto que desde la óptica del beneficiario supone una prestación adicional o sobreañadida de carácter indemnizatorio [a tener en cuenta que su regulación por la LGSS se hace en Sección -2ª- titulada "Régimen General de las Prestaciones", ubicada en Capítulo -III- denominado "Acción Protectora" y dentro del Título -II- "Régimen General de la Seguridad Social"; y que ha de ser objeto de la oportuna capitalización en la TGSS]». (STS, rec. 1023/2012, de 17 de julio de 2013, ECLI:ES:TS:2013:5056).

6.5. Procedimiento administrativo de determinación de la contingencia causante de los procesos de incapacidad temporal

El procedimiento para la determinación de la contingencia causante de los procesos de incapacidad temporal se podrá iniciar, a partir de la fecha de emisión del parte de baja médica (art. 6 del Real Decreto 1430/2009, de 11 de septiembre):

a) **De oficio**, por propia iniciativa del Instituto Nacional de la Seguridad Social, o como consecuencia de petición motivada de la Inspección de Trabajo y Seguridad Social, del servicio público de salud competente para gestionar la asistencia sanitaria de la Seguridad Social, o a propuesta del Instituto Social de la Marina.

b) **A instancia de la persona trabajadora o su representante legal**.

c) A instancia de las **mutuas** o de las **empresas colaboradoras**, en aquellos asuntos que les afecten directamente.

Las solicitudes deberán ir acompañadas de toda la documentación necesaria para poder determinar la contingencia, incluidos, en su caso, los informes y pruebas médicas realizados.

CUESTIÓN

¿Durante cuánto tiempo es posible solicitar un cambio de la contingencia de la IT?

Desde la fecha de emisión del parte de incapacidad temporal hasta que hayan pasado cinco años (art. 53.1 de la LGSS).

6.5.1. Procedimiento iniciado de oficio

Resumiendo, el **contenido del art. 6 del Real Decreto 1430/2009, de 11 de septiembre:**

a) Comunicación de la iniciación del proceso

El Instituto Nacional de la Seguridad Social comunicará la iniciación del procedimiento al servicio público de salud competente, a la mutua de accidentes de trabajo y enfermedades profesionales de la Seguridad Social o a la empresa colaboradora, según corresponda, cuando el procedimiento no se hubiera iniciado a su instancia y en aquellos asuntos que les afecten, para que, en el plazo improrrogable de cuatro días hábiles, aporten los antecedentes relacionados con el caso de que dispongan e informen sobre la contingencia de la que consideran que deriva el proceso patológico y los motivos del mismo. También se dará traslado al trabajador de la iniciación del procedimiento, cuando esta no hubiera sido a instancia suya, comunicándole que dispone de un plazo de diez días hábiles para aportar la documentación y hacer las alegaciones que estime oportunas.

Asimismo, el Instituto Nacional de la Seguridad Social podrá solicitar los informes y realizar cuantas actuaciones considere necesarias para la determinación, conocimiento y comprobación de los datos en virtud de los cuales debe dictar resolución.

b) Cambio de contingencia y ajustes en el pago del subsidio

Por su parte, el art. 6.3 del Real Decreto 1430/2009, de 11 de septiembre, establece **como el cambio de contingencia genera unos ajustes referidos a la responsabilidad en el pago del subsidio:**

«Cuando por el servicio público de salud se hubiera emitido parte de baja por contingencias comunes, se iniciará el abono de la prestación de incapacidad temporal que por estas corresponda hasta la fecha de resolución del procedimiento, sin perjuicio de que cuando la resolución determine el carácter profesional de la contingencia, la mutua que la cubra deba abonar al interesado la diferencia que resulte a su favor, y reintegrar tanto a la entidad gestora, en su caso, la prestación abonada a su cargo, mediante la compensación de las cuantías que procedan, como al servicio público de salud el coste de la asistencia sanitaria prestada. Asimismo, cuando la contingencia profesional estuviera a cargo de la entidad gestora, esta abonará al interesado las diferencias que le correspondan.

De igual modo se procederá cuando la resolución determine el carácter común de la contingencia, modificando la anterior calificación como profesional y su protección hubiera sido dispensada por una mutua. Esta deberá ser reintegrada por la entidad gestora y el servicio público de salud de los gastos generados por las prestaciones económicas y asistenciales hasta la cuantía que corresponda a dichas prestaciones en consideración a su carácter común. Asimismo, la mutua, cuando ambas contingencias fueran protegidas por la misma, realizará las correspondientes compensaciones en sus cuentas».

Puede decirse que se trata de una concreción lógica de la decisión de la entidad gestora que, en uso de sus competencias, declarara que la entidad colaboradora era la entidad responsable (o no) de la prestación económica correspondiente al proceso de incapacidad temporal. (STSJ de Andalucía n.º 2117/2019, de 11 de diciembre de 2019, ECLI:ES:TSJAND:2019:19476).

c) Equipo de valoración de incapacidades

El equipo de valoración de incapacidades emitirá un informe preceptivo, que elevará al director provincial del Instituto Nacional de la Seguridad Social, en el que se pronunciará sobre la contingencia que ha originado el proceso de dicha incapacidad.

Emitido el informe del equipo de valoración de incapacidades, el director provincial competente del Instituto Nacional de la Seguridad Social dictará la resolución que corresponda, en el plazo máximo de quince días hábiles a contar desde la aportación de la documentación por las partes interesadas, o del agotamiento de los plazos fijados (art.6.2 del Real Decreto 1430/2009, de 11 de septiembre).

La resolución que se dicte deberá pronunciarse sobre los siguientes extremos:

> a) Determinación de la contingencia, común o profesional, de la que derive la situación de incapacidad temporal y si el proceso es o no recaída de otro anterior.
>
> b) Efectos que correspondan, en el proceso de incapacidad temporal, como consecuencia de la determinación de la contingencia causante, cuando coincidan en el tiempo dolencias derivadas de distintas contingencias.
>
> c) Sujeto responsable de las prestaciones económicas y sanitarias.

A TENER EN CUENTA. Las resoluciones emitidas por la entidad gestora podrán considerarse dictadas con los efectos atribuidos a la resolución de una reclamación previa (art 71 de la LRJS).

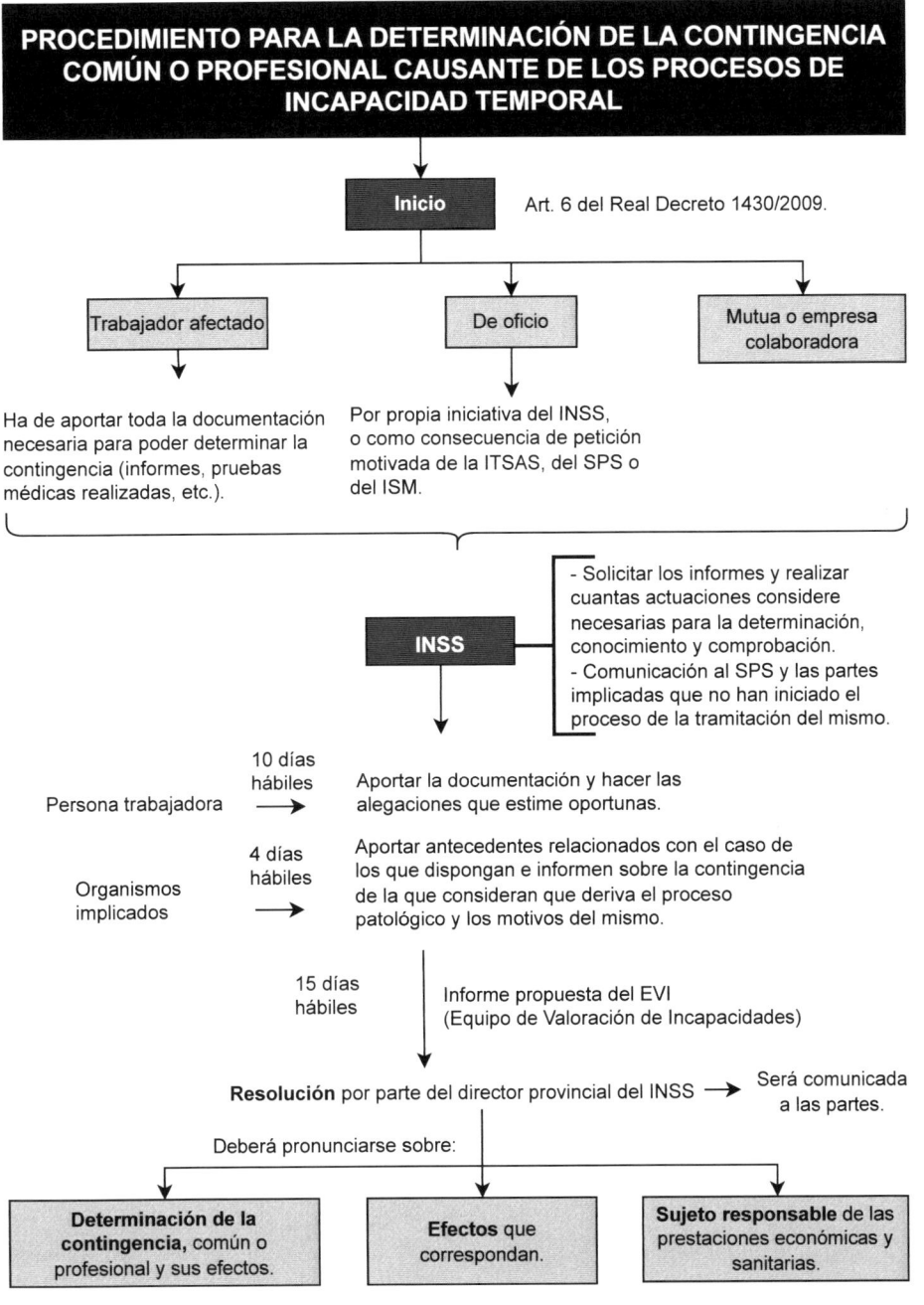

PROCEDIMIENTO PARA LA DETERMINACIÓN DE LA CONTINGENCIA COMÚN O PROFESIONAL CAUSANTE DE LOS PROCESOS DE INCAPACIDAD TEMPORAL

Inicio — Art. 6 del Real Decreto 1430/2009.

Trabajador afectado

De oficio

Mutua o empresa colaboradora

Ha de aportar toda la documentación necesaria para poder determinar la contingencia (informes, pruebas médicas realizadas, etc.).

Por propia iniciativa del INSS, o como consecuencia de petición motivada de la ITSAS, del SPS o del ISM.

INSS

- Solicitar los informes y realizar cuantas actuaciones considere necesarias para la determinación, conocimiento y comprobación.
- Comunicación al SPS y las partes implicadas que no han iniciado el proceso de la tramitación del mismo.

Persona trabajadora — 10 días hábiles → Aportar la documentación y hacer las alegaciones que estime oportunas.

Organismos implicados — 4 días hábiles → Aportar antecedentes relacionados con el caso de los que dispongan e informen sobre la contingencia de la que consideran que deriva el proceso patológico y los motivos del mismo.

15 días hábiles — Informe propuesta del EVI (Equipo de Valoración de Incapacidades)

Resolución por parte del director provincial del INSS → Será comunicada a las partes.

Deberá pronunciarse sobre:

Determinación de la contingencia, común o profesional y sus efectos.

Efectos que correspondan.

Sujeto responsable de las prestaciones económicas y sanitarias.

137

Las resoluciones emitidas por la entidad gestora podrán considerarse dictadas con los efectos atribuidos a la resolución de una reclamación previa, de conformidad con lo dispuesto en el art. 71 de la LJS.

CUESTIONES

1. Mediante el formulario oficial de solicitud de determinación de la contingencia de incapacidad temporal del INSS, ¿qué tipo de cambios de contingencia es posible solicitar?

– La recaída de un proceso anterior de incapacidad temporal derivado de un accidente de trabajo o enfermedad profesional cuando exista alta médica y proceso posterior con baja por enfermedad común emitida por el SPS.

– Un proceso de incapacidad temporal por enfermedad común y reclamación de accidente de trabajo sin parte de accidente de trabajo y negativa de la mutua a expedir parte de baja por accidente de trabajo.

– Un proceso de incapacidad temporal derivado de un accidente de trabajo/ enfermedad profesional que se pretende declarar por enfermedad común.

– Un proceso actual de incapacidad temporal por enfermedad común que tiene su origen en un proceso finalizado derivado de un accidente de trabajo/enfermedad profesional.

2. ¿Qué sucede si la resolución del INSS establece que la contingencia es de carácter profesional? ¿Y si deniega la solicitud de cambio de contingencia?

– Resolución del INSS favorable al cambio de contingencia: la contingencia será considerada como profesional desde el inició de la IT. La mutua deberá abonar la diferencia entre la prestación recibida y la de contingencias profesionales al trabajador y la asistencia sanitaria prestada por el Servicio Público de Salud.

– Resolución del INSS denegando el cambio de contingencia: la resolución emitida por la entidad gestora tiene efectos de reclamación previa por lo que, si se opta por continuar con la solicitud, será necesario demandar ante los juzgados de lo social en un plazo de 30 días.

3. ¿Qué ocurre mientras el INSS no dicte resolución?

Se continuará percibiendo la prestación por contingencias comunes.

6.5.2. Procedimiento iniciado a instancia de la persona trabajadora

En el caso de que el proceso se inicie por parte de la persona trabajadora, existe un modelo oficial de «solicitud de determinación de la contingencia profesional». Su presentación puede realizarse a través de la sede electrónica de la Seguridad Social, por correo ordinario o en un centro de atención e información de la de la Seguridad Social (CAISS). El propio modelo indica la **documentación** que será necesario aportar:

– Acreditación de identidad del solicitante y, en caso de que lo hubiera, del representante legal, del guardador de hecho/curador/defensor judicial.

- No es necesario aportar aquellos documentos que ya se encuentren en poder de la Administración actuante o hayan sido elaborados por cualquier otra Administración. No obstante, podrá aportar cualquier documento que considere que pueda ayudar a determinar la contingencia:

  • Parte de baja y alta médica por contingencias comunes o profesionales emitido.

  • Informes y pruebas médicas que puedan ayudar a determinar la contingencia.

  • Partes de baja y alta de los procesos anteriores que puedan tener relación con el proceso por el que se solicita la valoración.

  • Informe de la empresa donde se especifique la actividad del trabajador, así como las circunstancias concurrentes en la fecha del posible accidente (horario de trabajo, categoría profesional).

- Cualquier otro tipo de documentación que resulte relevante.

6.5.3. Procedimiento iniciado a instancia de las mutuas o de las empresas colaboradoras

El facultativo de la empresa colaboradora o de la mutua que asista al trabajador podrá inicialmente, previo reconocimiento médico preceptivo y realización, en su caso, de las pruebas que correspondan, considerar que la patología causante es de carácter común y remitir al trabajador al servicio público de salud para su tratamiento, sin perjuicio de dispensar la asistencia precisa en los casos de urgencia o de riesgo vital. A tal efecto entregará al trabajador un informe médico en el que describa la patología y señale su diagnóstico, el tratamiento dispensado y los motivos que justifican la determinación de la contingencia causante como común, al que acompañará los informes relativos a las pruebas que, en su caso, se hubieran realizado (art. 3 del Real Decreto 625/2014, de 18 de julio).

Si, a la vista del informe de la empresa colaboradora o de la mutua, el trabajador acude al servicio público de salud y el médico de este emite parte de baja por contingencia común, el beneficiario podrá formular reclamación con relación a la consideración otorgada a la contingencia ante el Instituto Nacional de la Seguridad Social, que se sustanciará y resolverá aplicando el procedimiento regulado en el art. 6 del Real Decreto 1430/2009, de 11 de septiembre.

Por su parte, el facultativo que emita el parte de baja podrá formular su discrepancia frente a la consideración de la contingencia que otorgó la empresa colaboradora o la mutua, en los términos establecidos en el artículo 6 mencionado en el párrafo anterior, sin perjuicio de que el parte médico produzca plenos efectos.

La resolución que se dicte establecerá el carácter común o profesional de la contingencia causante y el sujeto obligado al pago de las prestaciones derivadas de la misma y a la prestación de asistencia sanitaria, en su caso.

6.6. Procedimiento de comunicación del accidente de trabajo

La Ley 31/1995 de Prevención de Riesgos Laborales impone al empresario la responsabilidad de notificar los accidentes de trabajo. Esta notificación se realiza a través de diferentes documentos, dependiendo de las circunstancias del accidente:

- **Parte de accidente de trabajo (PAT):** debe ser cumplimentado y enviado a la Entidad Gestora o Mutua en caso de accidentes que resulten en la ausencia del trabajador por al menos un día.

- **Relación de accidentes de trabajo ocurridos sin baja médica (RATSB):** recopila los accidentes sin baja médica ocurridos en un mes y se envía mensualmente.

- **Relación de altas o fallecimientos de accidentados:** indica la finalización del proceso de baja médica por accidente de trabajo.

- **Comunicación urgente:** para accidentes graves, muy graves, mortales o múltiples, debe enviarse en un plazo máximo de 24 horas a la autoridad laboral.

La notificación se realiza de forma telemática a través del Sistema de Declaración Electrónica de Accidentes de Trabajo (Delt@), conforme a la Orden TAS/2926/2002. Los plazos para realizar estas notificaciones varían, siendo de 5 días hábiles para el PAT y mensualmente para la RATSB y la Relación de Altas o Fallecimientos, mientras que la Comunicación Urgente debe realizarse en un máximo de 24 horas.

Para facilitar el cumplimiento de estas obligaciones, el Ministerio de Empleo y Seguridad Social ha publicado guías específicas, como la Guía de cumplimentación del parte de accidente de trabajo (PAT) de julio de 2020 y la Guía de cumplimentación de la relación de accidentes sin baja (RATSB) de octubre de 2021.

Las fuentes legales relevantes incluyen la Orden Ministerial de trabajo y Seguridad Social de 16 de diciembre de 1987, la Orden Ministerial TAS/2926/2002, y la Resolución de 26 de noviembre de 2002 de la subsecretaría de Trabajo y Asuntos Sociales, que regula la utilización del Sistema Delt@. Además, la «NTP 592: La gestión integral de los accidentes de trabajo (I): tratamiento documental e investigación de accidentes INSST. Año 2001.», ofrece orientación de interés.

a) Cumplimentación del parte de accidente: Delt@

La Subdirección General de estadística y análisis sociolaboral ha puesto a disposición de los usuarios una guía para la cumplimentación del parte de accidente y códigos Delt@.

El parte de accidente se compone de seis apartados:

- Trabajador (nombre y apellidos del trabajador; N.A.F.; fecha de ingreso en la empresa: Se indicará el día que el accidentado empezó a prestar sus servicios en la empresa. Fecha de nacimiento, código de ocupación; tipo de contrato; convenio aplicable, etc.)

– Datos empresa (C.C.C.; C.I.F. o N.I.F.; Codificaciones CNAE 09 AT y EP, etc.).

– Datos del lugar del accidente (centro de trabajo habitual o en desplazamiento, datos del centro, etc.).

– Accidente (fecha y hora de accidente, descripción, etc.).

– Asistenciales (descripción de la lesión y parte del cuerpo lesionada, grado de lesión, asistencia sanitaria, etc.).

– Económicos (base cotización mensual y anual y subsidio).

b) Infracciones y sanciones

La Ley, en concreto, la LISOS, establece una serie de infracciones y sanciones por la no comunicación del accidente de trabajo. Son las siguientes:

Artículo 10.1 a) de la LISOS. Infracción leve de las obligaciones establecidas en la normativa que regula el desplazamiento a España de trabajadores en el marco de una prestación de servicios transnacional

«b) No dar cuenta, en tiempo y forma, a la autoridad laboral competente, conforme a las disposiciones vigentes, de los accidentes de trabajo ocurridos y de las enfermedades profesionales declaradas, cuando tengan la calificación de leves».

Art. 11.2 de la LISOS: infracción leve en materia de prevención de riesgos laborales

«2. No dar cuenta, en tiempo y forma, a la autoridad laboral competente, conforme a las disposiciones vigentes, de los accidentes de trabajo ocurridos y de las enfermedades profesionales declaradas cuando tengan la calificación de leves».

Art. 12.3 de la LISOS: infracción grave en materia de prevención de riesgos laborales

«No dar cuenta en tiempo y forma a la autoridad laboral, conforme a las disposiciones vigentes, de los accidentes de trabajo ocurridos y de las enfermedades profesionales declaradas cuando tengan la calificación de graves, muy graves o mortales, o no llevar a cabo una investigación en caso de producirse daños a la salud de los trabajadores o de tener indicios de que las medidas preventivas son insuficientes».

c) Investigación del accidente

Como ampliaremos, dentro de la investigación de un AT, existen una serie de preguntas por las que obtendremos la información necesaria sobre lo sucedido y cuya respuesta ha de servir para cumplimentar el parte de accidentes del sistema Delt@:

¿Quién es el accidentado?	Identificación de la persona trabajadora
¿Dónde ha ocurrido el accidente?	Tipo de lugar y sus características
¿Cuándo y cómo ocurrió el accidente?	Fecha y hora. Horas trabajadas. Suceso, contacto con energía o sustancia que directamente tiene como resultado el daño, etc.
¿Qué hacía la persona trabajadora cuando ocurrió el accidente?	Descripción de la tarea o tipo de trabajo
¿Cómo lo hacía?	Actividad física
¿Con qué trabajaba?	Agente material
¿Con quién trabajaba? ¿Quién supervisaba?	Testigos
¿Qué hizo en el momento en que se produjo el accidente?	Desviación
¿Qué agente material ha estado implicado en el accidente? ¿Con qué se ha lesionado?	Agente material asociado a la desviación
¿Qué daño ha sufrido la persona trabajadora?	Lesiones
¿Cómo se ha lesionado?	Forma de ocurrencia

d) Plazos de presentación

El empresario y el trabajador por cuenta propia o autónomo, según proceda, deberá remitir el citado parte a la Entidad Gestora o colaboradora, cumplimentado conforme al art. 2 de la Orden de 16 de diciembre de 1987, que tenga a su cargo la protección por accidente de trabajo, en el plazo máximo de **5 días hábiles**, contados desde la fecha en que se produjo el accidente o desde la fecha de la baja médica (art. 3 de la Orden de 16 de diciembre de 1987).

La Entidad Gestora o colaboradora deberá codificar las casillas sombreadas que figuran en los modelos de los Partes de Accidentes de Trabajo y subsanar los errores advertidos en la cumplimentación de los mismos. Si la Entidad Gestora o colaboradora no pudiera subsanar dichos errores, devolverá los modelos a la empresa para que en el plazo máximo de **5 días hábiles** le sean remitidos debidamente cumplimentados.

La entidad gestora o colaboradora deberá codificar las casillas sombreadas que figuran en los modelos parte de accidente de trabajo y relación de accidentes de trabajo ocurridos sin baja médica a ella remitidos y subsanar los errores advertidos en la cumplimentación de los mismos. Si la entidad gestora o colaboradora no pudiera subsanar dichos errores, devolverá los modelos a la empresa para que en el plazo máximo **de 5 días hábiles** le sean remitidos debidamente cumplimentados.

La entidad gestora o colaboradora presentará ante la autoridad laboral de la provincia donde radique el centro de trabajo del trabajador accidentado, en el plazo máximo de **10 días hábiles** desde la recepción de los modelos, correctamente cumplimentados o subsanados por ella, los ejemplares (art. 4 de la Orden de 16 de diciembre de 1987).

e) Destinatarios

Destinatarios del parte de accidente de trabajo (art. 1.2 de la Orden de 16 de diciembre de 1987):

Original	Entidad gestora o colaboradora.
Primera copia	Dirección General de Informática y Estadística del Ministerio de Trabajo y Seguridad Social.
Segunda copia	Autoridad laboral.
Tercera copia	Empresario.
Cuarta copia	Trabajador.

Cuando se produce un accidente que ocasiona baja médica de al menos un día (además del día en que ocurrió el accidente), el empresario tiene la obligación de cumplimentar el original y cuatro copias del Parte Oficial de Accidente de Trabajo y remitirlos a la mutua en el plazo máximo de 5 días hábiles.

En el parte han de constar datos del trabajador/a accidentado/a, los de la empresa, las circunstancias del accidente, datos referidos al propio accidente (agente material, forma como se produjo, naturaleza de la lesión, grado de la lesión...), y los datos necesarios para el cálculo de indemnizaciones. Un ejemplar quedará en la empresa y otro debe entregarse al trabajador/a.

En el caso de **accidentes graves, muy graves, mortales o múltiples** (tendrán esta consideración aquellos accidentes, aun leves, cuando afecten a más de cuatro trabajadores), el empresario además de emitir los correspondientes partes tiene el deber de comunicarlo a la autoridad laboral en el plazo máximo de 24 horas.

Los **accidentes sin baja médica** deben incluirse en un parte mensual, que igualmente presenta la empresa a la mutua en los 5 primeros días del mes siguiente, donde ha de constar una relación nominal de los trabajadores/as accidentados/as, la fecha del accidente y la forma en que se produjo. Una copia del mismo debe entregarse también a los trabajadores afectados.

f) Tramitación y conservación de documentos por medios electrónicos

La presentación del parte de accidente de trabajo se debe realizar por medios electrónicos, utilizando el sistema Delt@ —salvo en Cataluña y País Vasco que regulan sistemas alternativos—, **diferenciando si se trata de un accidente o de una recaída y el lugar en el que haya ocurrido el accidente:**

- Accidente en el centro de trabajo habitual.

- Accidente en desplazamiento durante la jornada laboral.

- Accidente in itinere.

- Accidente en otro centro de trabajo.

Cualquier usuario autorizado podrá presentar a través del sistema de aplicación Delt@, los siguientes tipos de partes de accidente de trabajo:

– Parte de accidente de trabajo con baja.

– Relación de accidentes de trabajo ocurridos sin baja médica.

– Parte de enfermedad profesional.

La presentación y tramitación electrónica de los documentos incluidos en el sistema Delt@ podrá realizarse mediante uno de los dos procedimientos alternativos, uno que permite la presentación mediante el envío de ficheros y un segundo procedimiento que permite la introducción directa de partes individualmente a través de las pantallas habilitadas al efecto (Orden TAS/2926/2002, de 19 de noviembre).

Ambos procedimientos por vía telemática deberán respetar los plazos que establezca la norma en vigor para la presentación impresa (citados en apartados anteriores).

El Sistema, mediante correo electrónico, emitirá **acuses de recibo** de la información recibida, informará sobre el **estado de tramitación** de los documentos y realizará las **comunicaciones** a las Inspecciones de Trabajo y Seguridad Social y al Instituto Nacional de la Seguridad Social previstas en la Orden de 16 de diciembre de 1987.

De igual forma, el sistema Delt@ permitirá que la Autoridad Laboral pueda consultar, las relaciones de altas o fallecimientos de accidentados.

El sistema Delt@ conservará, con las correspondientes medidas de seguridad, los originales firmados electrónicamente de los documentos recibidos, que serán accesibles tanto a los que los generaron, como a las Administraciones Públicas competentes y entidades gestoras y colaboradoras en los términos y condiciones establecidos en la Orden de 16 de diciembre de 1987.

En aquellos supuestos en los que se detecten **errores de tipo formal** en la cumplimentación de los partes de accidente de trabajo y de enfermedad profesional se pondrán en conocimiento del presentador por el propio sistema, mediante los correspondientes mensajes de error, para que proceda a su subsanación.

g) Obligación del empresario de proporcionar documentación relativa a los daños producidos en la salud de los trabajadores a los delegados/as de prevención.

Los arts. 23.1 y 36.2 de la LPRL establecen la obligación del empresario de proporcionar documentación relativa a los daños producidos en la salud de los trabajadores a los delegados/as de prevención.

Del mismo modo, el comité de empresa tendrá derecho a ser informado trimestralmente de las estadísticas sobre el índice de absentismo y las causas, los accidentes de trabajo y enfermedades profesionales y sus consecuencias, los índices de siniestralidad, los estudios periódicos o especiales del medio ambiente laboral y los mecanismos de prevención que se utilicen (art. 64.2 del ET).

6.7. Procedimiento de investigación de accidentes de trabajo

La investigación de los accidentes laborales consiste en un análisis exhaustivo de los hechos acaecidos. Tanto la ITSS como el propio empresario han de realizar una investigación de determinados accidentes con el objeto de esclarecer e informar sobre los mismos.

El art. 16.3 de la LPRL obliga al **empresario** a «investigar los hechos que hayan producido un daño para la salud en los trabajadores, a fin de detectar las causas de estos hechos». En paralelo, el art. 9.1.d) del mismo texto establece, como competencia de la **Inspección de Trabajo y Seguridad Social**, informar a la autoridad laboral sobre los accidentes de trabajo mortales, muy graves o graves, y sobre aquellos otros en que, por sus características o por los sujetos afectados, se considere necesario dicho informe, así como sobre las enfermedades profesionales en las que concurran dichas calificaciones y, en general, en los supuestos en que aquella lo solicite respecto del cumplimiento de la normativa legal en materia de prevención de riesgos laborales.

De esta forma, con un carácter marcadamente preventivo, por mandato legal tanto la ITSS como el propio empresario han de realizar una investigación de determinados accidentes con el objeto de esclarecer e informar sobre los mismos, así como, en el caso de la Inspección, determinar posibles responsabilidades.

6.7.1. Investigación de los accidentes por la Inspección de Trabajo y Seguridad Social

La actuación inspectora de la Inspección de Trabajo y Seguridad Social (ITSS) en caso de accidente laboral se rige por el artículo 9.1.d) de la Ley de Prevención de Riesgos Laborales (LPRL), que establece como competencia de la ITSS informar a la autoridad laboral sobre los accidentes de trabajo mortales, muy graves o graves, y sobre aquellos otros en que, por sus características o por los sujetos afectados, se considere necesario dicho informe, así como sobre las enfermedades profesionales en las que concurran dichas calificaciones y, en general, en los supuestos en que aquella lo solicite respecto del cumplimiento de la normativa legal en materia de prevención de riesgos laborales.

La comunicación obligatoria de accidentes de trabajo mortales, muy graves o graves por parte de la empresa se establece en la Orden TAS/2926/2002, de 19 de noviembre. El empresario debe comunicar este hecho a la autoridad laboral de la provincia donde haya ocurrido el accidente en un plazo máximo de veinticuatro horas.

La Guía Procedimental para la Investigación de los Accidentes de Trabajo de la ITSS establece los siguientes pasos en la intervención inspectora:

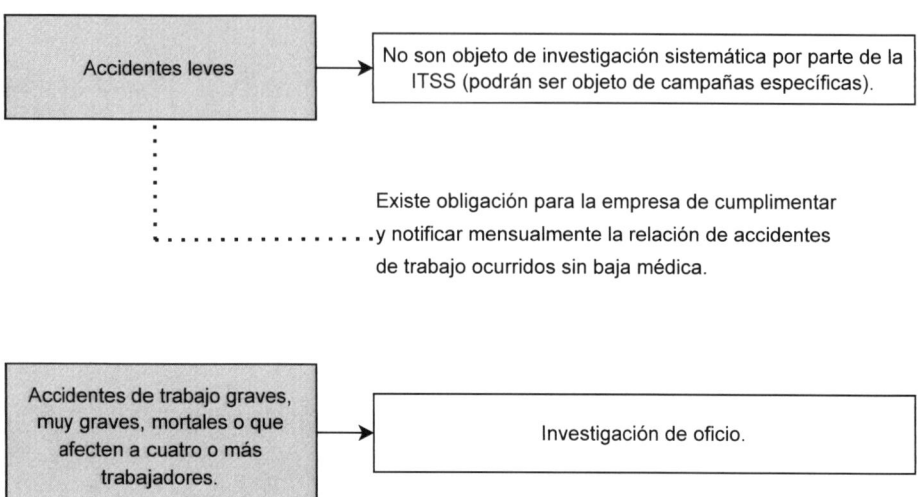

ITSS Y ACCIDENTES LABORALES

Accidentes leves → No son objeto de investigación sistemática por parte de la ITSS (podrán ser objeto de campañas específicas).

Existe obligación para la empresa de cumplimentar y notificar mensualmente la relación de accidentes de trabajo ocurridos sin baja médica.

Accidentes de trabajo graves, muy graves, mortales o que afecten a cuatro o más trabajadores. → Investigación de oficio.

1. **Consideraciones previas al inicio de las actuaciones inspectoras:** la inspección tendrá un conocimiento aproximado de los hechos analizando la notificación del accidente efectuada por la empresa.

2. **Sujetos intervinientes en la investigación:** incluye al empresario, técnicos de prevención, mandos intermedios, delegados de prevención o representantes del personal, testigos del accidente, otros trabajadores que puedan aportar datos relevantes, y la persona trabajadora accidentada, si es posible.

3. **Inspección ocular del accidente:** el inspector intentará comprender el entorno en el que se produjo el accidente y las condiciones habituales en las que se prestan los servicios.

4. **Descripción del accidente:** la inspección recurrirá a la búsqueda de indicios o evidencias y a la toma de declaraciones o testimonios.

5. **Determinación de las causas del accidente laboral:** se realizará una selección y posterior ordenación de las causas del accidente.

6. **Entrevista con los sujetos intervinientes:** se recogerá información sobre las circunstancias que se daban en el momento inmediatamente anterior al accidente.

7. **Análisis documental del accidente laboral:** la Inspección analizará pormenorizadamente la documentación relevante.

ANÁLISIS DOCUMENTAL DEL ACCIDENTE DE TRABAJO POR PARTE DE LA INSPECCIÓN

Al final de la visita o en posterior comparecencia, mediante citación formal, la ITSS analizará:

- Plan de prevención de riesgos laborales.

- Informe de investigación del accidente (arts. 16.3 y 22 de la LPRL).

- Revisión de la evaluación de riesgos (arts. 4 y 6 del RSP).

- Información y formación del trabajador accidentado y de otros trabajadores que pudieran estar relacionados con el accidente.

- Si la vigilancia de la salud del accidentado se ha realizado correctamente y sus condiciones psicofísicas son compatibles con el puesto de trabajo que desempeña.

- Las medidas de emergencia (art. 20 de la LPRL).

Además, en caso de situación de «riesgo laboral grave e inminente», la ITSS debe ordenar la paralización inmediata de trabajos o tareas por inobservancia de la normativa sobre prevención de riesgos laborales.

La ITSS también tiene la facultad de efectuar la propuesta de recargo de prestaciones por accidente de trabajo o enfermedad profesional cuando la lesión se produzca por incumplimiento de las medidas de seguridad e higiene en el trabajo.

Finalmente, se menciona la importancia de las anotaciones en el libro de visitas por parte de la ITSS y las limitaciones a la facultad de contratar con la Administración por la comisión de delitos o infracciones administrativas muy graves en materia de seguridad y salud en el trabajo.

6.7.1.1. Actas de infracción de la Inspección de Trabajo y Seguridad Social

Las **actas de infracción** son extendidas por la Inspección de Trabajo una vez que se constatan los hechos constitutivos de **infracción** en el orden social, siguiendo los términos y condiciones establecidos en la normativa.

Cuando el inspector de Trabajo comprobase infracción a la normativa laboral, requerirá al empresario para la subsanación de las deficiencias observadas. Su incumplimiento persistiendo los hechos infractores dará lugar a la práctica de la correspondiente acta de infracción por tales hechos, si no la hubiere practicado inicialmente.

147

En materia de prevención de riesgos laborales, se consideran infracciones laborales las acciones u omisiones de los diferentes sujetos responsables que incumplan las normas legales, reglamentarias y cláusulas normativas de los convenios colectivos en materia de seguridad y salud en el trabajo sujetas a responsabilidad conforme a los arts. 11-13 de la LISOS. Del mismo modo, su criterio de graduación y cuantía se reserva para los arts. 39 y 40 de la LISOS, junto con las distintas valoraciones que pueda realizar el inspector actuante para el caso.

a) Contenido del acta de infracción

El Real Decreto 928/1998, de 14 de mayo, establece el contenido y procedimiento específico para las actas de infracción de la Inspección de Trabajo y Seguridad Social (ITSS). Estas actas deben incluir datos del infractor, descripción de los hechos, infracciones cometidas, propuesta de sanción, y medidas provisionales para evitar la continuación de la infracción. Además, se detalla el proceso para la reducción de sanciones pecuniarias bajo ciertas condiciones, y se especifica el tratamiento de las reincidencias. Este decreto también contempla la inclusión de perjuicios económicos para los trabajadores afectados en las actas de infracción.

– **Contenido de las actas de infracción**: las actas deben contener información detallada del presunto infractor, descripción de los hechos comprobados, infracciones cometidas con referencia a los preceptos vulnerados, y la propuesta de sanción con su respectiva graduación y cuantificación. También deben indicar el órgano competente para resolver y el plazo para interponer alegaciones.

– **Medidas provisionales y perjuicios económicos**: el inspector puede establecer medidas provisionales para asegurar la eficacia de la resolución y evitar la continuación de los efectos de la infracción. Además, puede incluir en el acta los perjuicios económicos para los trabajadores afectados por la infracción.

– **Reincidencia y reducción de sanciones**: se establece un procedimiento para la reincidencia, que permite incrementar la cuantía de las sanciones si se cometen infracciones del mismo tipo en un periodo determinado. Para las sanciones pecuniarias, se ofrece una reducción del 40% si el infractor procede al pago antes de la resolución, renunciando a cualquier acción o recurso en vía administrativa.

– Condiciones específicas para la reducción de sanciones: la reducción de sanciones está condicionada a la realización del pago previo a la resolución y en el plazo establecido. Además, en casos de infracciones concurrentes con actas de liquidación por los mismos hechos, se aplican condiciones específicas para la reducción.

Este decreto proporciona un marco detallado para la elaboración de actas de infracción por parte de la ITSS, estableciendo un procedimiento claro para la notificación de infracciones, propuesta de sanciones, y medidas para asegurar la corrección de las prácticas laborales indebidas.

JURISPRUDENCIA

Sentencia del Tribunal Supremo, rec. 4896/2000, de 3 de noviembre de 2003, ECLI:ES:TS:2003:6810

Las actas de infracción de la Inspección de Trabajo y Seguridad Social habrán de reflejar lo siguiente:

- Nombre y apellidos o razón social, domicilio, actividad, documento nacional de identidad, número de identificación fiscal, código de cuenta de cotización a la Seguridad Social y, en su caso, número de Seguridad Social de autónomos, del presunto sujeto infractor. Si se comprobase la concurrencia de responsable subsidiario o solidario, se hará constar tal circunstancia, fundamentación fáctica y jurídica de su presunta responsabilidad y los mismos datos exigidos para el sujeto responsable directo.

- Los hechos comprobados por el funcionario actuante, con expresión de los relevantes a efectos de la tipificación de la infracción, los medios utilizados para la comprobación de los hechos que fundamentan el acta, y los criterios en que se fundamenta la graduación de la propuesta de sanción. Asimismo, consignará si la actuación ha sido mediante visita, comparecencia o por expediente administrativo.

- La infracción o infracciones presuntamente cometidas, con expresión del precepto o preceptos vulnerados, y su calificación.

- Número de trabajadores de la empresa y número de trabajadores afectados por la infracción, cuando tal requisito sirva para graduar la sanción o, en su caso, calificar la infracción.

- La propuesta de sanción, su graduación y cuantificación, que será el total de las sanciones propuestas si se denunciará más de una infracción. Se incluirán expresamente la propuesta de las sanciones accesorias que procedan como vinculadas a la sanción principal.

- Órgano competente para resolver y órgano competente para realizar los actos de instrucción y ordenación del expediente sancionador, así como el plazo para la interposición de las alegaciones ante este.

- Indicación del funcionario que levanta el acta de infracción y firma del mismo y, en su caso, visado del inspector de Trabajo y Seguridad Social con su firma e indicación del que la efectúe.

- Fecha del acta de infracción.

b) Acumulación de infracciones en una sola acta

En el caso de que en la misma actuación inspectora se estimasen **varias presuntas infracciones**, deberán acumularse en una sola acta las correspondientes a una misma materia, entendiendo por tales las infracciones en materia de relación laboral, de prevención de riesgos laborales, en materia de Seguridad Social, en materia de colocación y empleo, en materia de emigración, de movimientos migratorios y de trabajo de extranjeros y las motivadas por obstrucción.

No procederá la acumulación en los casos de tramitación simultánea de actas de infracción y liquidación por los mismos hechos, cuando concurran supuestos de responsabilidad solidaria o subsidiaria, o en las infracciones relacionadas causalmente con un accidente de trabajo o enfermedad profesional.

En todo caso, la acumulación de infracciones respetará la distribución de competencias entre los órganos de la Administración General del Estado y entre la Administración General del Estado y de la comunidad autónoma respectiva.

Las resoluciones recaídas en los procedimientos sancionadores por infracciones de orden social serán notificadas a los interesados, advirtiéndoles de los recursos que correspondan contra ellas, órgano administrativo o judicial ante el que hubieran de presentarse y plazo para interponerlas. Asimismo, se remitirá copia del acto al funcionario que hubiere promovido el expediente (arts. 16-21 del Real Decreto 928/1998, de 14 de mayo).

6.7.1.2. Otros resultados de la actuación inspectora relacionados con los accidentes laborales

El art. 7 del Real Decreto 138/2000, de 4 de febrero, por el que se aprueba el Reglamento de Organización y Funcionamiento de la Inspección de Trabajo y Seguridad Social, faculta a los inspectores de Trabajo y Seguridad Social, entre otras funciones a iniciar medidas de advertencia, recomendación, requerimiento o paralización de la actividad.

La ITSS podrá iniciar otros procedimientos distintos al sancionador:

a) Paralización de trabajos

Cuando se produce una situación de «riesgo laboral grave e inminente» para la seguridad o salud de los trabajadores, la ITSS debe ordenar la paralización inmediata de trabajos o tareas por inobservancia de la normativa sobre prevención de riesgos laborales.

El art. 4.4 de la LPRL define el riesgo inminente como «aquel que resulte probable racionalmente se materialice en un futuro inmediato y pueda suponer un daño grave para la salud de los trabajadores». La orden de paralización de trabajos es ejecutiva desde el primer momento, si bien el empresario la puede impugnar en el plazo de 3 días desde su recepción ante la autoridad laboral competente.

> **A TENER EN CUENTA.** Del mismo modo, a pesar de encontrarse en otra esfera de la prevención de riesgos laborales, es necesario recordar que el art. 19.5 del ET concede a los delegados de prevención (o, en su defecto, a los representantes legales de los trabajadores en el centro de trabajo) la potestad de ordenar, con los informes técnicos precisos, la paralización inmediata del trabajo si se estima un riesgo grave de accidente de apreciar una probabilidad seria y grave de accidente por la inobservancia de la legislación aplicable en la materia (previo requerimiento al empresario por escrito para que adopte las medidas oportunas que hagan desaparecer el estado de riesgo; si la petición no fuese atendida en un plazo de cuatro días, se dirigirán a la autoridad competente).

b) Imposición de medidas correctoras en el ámbito de las Administraciones públicas

El control de incumplimientos en materia de prevención de riesgos en el ámbito laboral de la Administración no se regula por el régimen normal, sino mediante un procedimiento para la corrección de estos incumplimientos regulado en el Real Decreto 707/2002, de 19 de julio.

El art. 3 del Real Decreto 707/2002, de 19 de julio, establece un proceso que culmina con la emisión por la ITSS de una «propuesta de requerimiento» destinada al órgano director de la dependencia pública en la que se detecte la infracción, a fin de que se adapte a lo establecido en las normas de prevención de riesgos laborales. Debe destacarse que el reglamento otorga un plus de participación a los representantes de los trabajadores/as, al prever que el procedimiento pueda iniciarse de oficio a petición de los representantes del personal.

c) Propuesta de recargo de prestaciones

La ITSS tiene la facultad de instar del órgano administrativo competente la declaración del recargo de las prestaciones económicas en caso de accidente de trabajo o enfermedad profesional causados por falta de medidas de seguridad e higiene (art. 164 de la LGSS).

d) Promoción de procedimientos en materia de seguridad social y empleo

Dentro de las funciones que, como «policía social», la normativa atribuye al sistema de ITSS, encontramos:

- Promover procedimientos para el encuadramiento de empresas y trabajadores en el régimen de la Seguridad Social que proceda.
- Instar de oficio la inscripción de empresas y afiliación altas y bajas de trabajadores/as en el régimen correspondiente de la Seguridad Social.
- Comunicación a los organismos competentes de incumplimientos constatados en aplicación y destino de ayudas y subvenciones para el fomento del empleo, formación profesional ocupacional y promoción social, etcétera.

e) Emisión de informes

Además de las facultades concretas de la ITSS contempladas en el art. 7 del Real Decreto 138/2000, de 4 de febrero, numerosos preceptos de la legislación laboral requieren que la ITSS emita informes sobre determinadas cuestiones, lo que ha de comprenderse dentro de la función general de asistencia técnica que tiene la Inspección.

En materia de prevención, caben destacar:

- Informes solicitados por los juzgados de lo social en las demandas deducidas ante los mismos en los procedimientos de accidentes de trabajo y enfermedades profesionales [art. 9.1 c) de la LPRL y art. 95.4 de la LJS].
- Informar a la autoridad laboral sobre los accidentes de trabajo mortales, muy graves o graves, y sobre aquellos otros en que, por sus características o por los sujetos afectados, se considere necesario dicho informe, así como sobre las enfermedades profesionales en las que concurran dichas calificaciones y, en general, en los supuestos en que aquella lo solicite respecto del cumplimiento de la normativa legal en materia de prevención de riesgos laborales [art. 9.1 c) de la LPRL].

6.7.2. Investigación de los accidentes laborales por parte empresarial

El art. 16.3 de la LPRL obliga al empresario a «investigar los hechos que hayan producido un daño para la salud en los trabajadores, a fin de detectar las causas de estos hechos». Esta obligación hemos de entenderla extendida a los denominados «incidentes» (accidentes que no hayan ocasionado lesiones a las personas trabajadoras).

Para la definición de la investigación de los accidentes conviene dejar claros una serie de conceptos:

- Los accidentes se producen en los procesos normales de trabajo y son, por tanto, de su misma naturaleza.

- En su producción confluyen los aspectos técnicos del trabajo (las máquinas, las instalaciones y el ambiente) y los humanos (los actos que se realizan, la organización del trabajo, cómo se diseñan los equipos y la aptitud o capacidad humana para el desarrollo de ese trabajo).

- Los accidentes tienen causas naturales que pueden conocerse.

- El accidente, pese a parecer instantáneo, se produce en varias etapas, que pueden descomponerse, separarse.

- En su producción debe pensarse que intervienen varias causas, no una única.

- Además, como puede colegirse fácilmente, actúan conjuntamente, concatenadas, dando lugar al accidente.

- Desde un punto de vista técnico, esas causas pueden deducirse y, consecuentemente, eliminarse.

Si sucede un accidente debemos tener en cuenta la existencia de riesgos no detectados con anterioridad o no suficientemente controlados. La investigación de accidentes es una técnica preventiva posterior al accidente de trabajo.

La importancia de la investigación de accidentes radica justamente en la objetividad de un hecho real ya producido, y su finalidad en el aprovechamiento de la experiencia que pudiera deducirse de los fallos o errores sucedidos, lo que nos permite obtener soluciones para evitar que se vuelvan a producir.

La investigación nos permite conocer el por qué ha ocurrido un accidente a través de la aplicación de una serie de normas y una metodología que nos permitan obtener unas conclusiones válidas para una aplicación eficaz de las medidas correctoras.

La investigación de accidentes se define como «la técnica utilizada en Prevención de Riesgos Laborales para el análisis en profundidad de un accidente laboral acaecido a fin de conocer el desarrollo de los acontecimientos y determinar el por qué ha sucedido».

La investigación de accidentes pretende dos objetivos muy claros:

1.- Objetivos directos	– Conocimiento de los hechos. – Deducción de las causas productoras.
2.- Objetivos indirectos	– Eliminación de las causas para evitar la repetición del accidente. – Aplicación de la experiencia obtenida para evitar otros nuevos.

CUESTIONES

1. ¿Quién debe investigar los accidentes o incidentes?

En función de la empresa, sus características y la gravedad del accidente, la respuesta a esta pregunta variará. Se recomienda una investigación por parte del mando directo de la persona trabajadora accidentada o, para aquellos incidentes de mayor gravedad, la investigación por parte del técnico de prevención, asesorado en su caso por especialistas técnicos de las diversas áreas y acompañado por el mando directo u otro personal relacionado con el caso.

2. ¿Debemos investigar todo tipo de accidentes?

Lo ideal sería investigar todos los accidentes. Dado que no siempre es posible, al menos sí puede diseñarse un buen sistema de notificación y registro de los accidentes, de acuerdo con las características de la empresa y una adecuada preparación de los encargados de cada unidad y de los delegados y técnicos de prevención para disponer de la mayor cantidad de información posible y de la presentación de un informe que permita una actuación rápida y eficaz. Pero es comprensible que sea prácticamente imposible hacerlo por falta de medios, por lo que conviene actuar con criterios economistas e investigar (NTP 442: Investigación de accidentes-incidentes. INSST):

– Accidentes graves o mortales.

– Incidentes o accidentes leves de los que se deduzca una mayor potencialidad lesiva.

– Todos aquellos casos en que lo solicite la línea.

– En los casos dudosos del informe de la línea.

– En supuestos repetitivos.

En este sentido, destaca la **sentencia del Juzgado de lo Social de Albacete n.º 391/2019, de 14 de octubre, ECLI:ES:JSO:2019:4924.**

6.7.2.1. Etapas para la investigación de los accidentes laborales por parte de la empresa

El objetivo de la investigación es la obtención de datos objetivos que nos aproximen al hecho real. Para lograrlo se precisa descomponer el proceso de investigación en etapas, estudiando cada una de ellas de forma independiente, a la vez que se establecen los mecanismos de control de cada una de las mismas.

No existe un modelo oficial, por lo que hemos de atender a la necesidad de cumplir con las obligaciones establecidas en los arts. 16.3 y 23 de la LPRL, siendo válido cualquier modelo que se ajuste al tipo, estructura u organización de la empresa. Para ello, ha de contener, como mínimo:

– Todos los datos necesarios para la correcta gestión del accidente: Identificación del accidentado; del lugar donde se produjo el accidente; del agente material causante y, en su caso, parte del agente; etc.

– Suficiente información para que el investigador conozca todos los aspectos del caso en relación con la tipología (organizativa, material, personal, etcétera) del accidente.

– Ha de hacerse constar la cadena de mando o responsabilidad sobre la persona trabajadora accidentada.

– Debe incorporar «propuesta de medidas correctoras».

– Datos que permitan analizar y conocer los «costes estimados» del accidente, desgranando «costes directos» y «costes ocultos o indirectos» que acarrea el incidente.

Las etapas en que se realiza la técnica son las siguientes:

a) **Toma de datos.** En esta etapa, quizás la más importante, se pretende el objetivo de obtener todos los datos que nos permitan una posterior deducción de lo realmente ocurrido, las circunstancias que dieron lugar a la materialización del accidente: tipo de accidente, tiempo, lugar, condiciones del puesto de trabajo, método de trabajo, etc.

b) **Integración de datos.** En esta fase se debe proceder al tratamiento y valoración de la información para llegar a comprender el desarrollo del accidente.

c) **Determinación de datos.** El objetivo de esta etapa es saber por qué sucedió el accidente. Para ello, se deben tener en cuenta los agentes, hechos o circunstancias existentes, nunca suposiciones.

d) **Selección de causas.** De entre todas las causas, debemos seleccionar aquellas que nos permitan, actuando preventivamente sobre ellas, evitar que se vuelvan a producir accidentes similares. Por tanto, nos centraremos en las causas estructurales que no dependan de actitudes personales y cuya realización sea factible dentro del contexto de la empresa.

e) **Ordenación de resultados, conclusiones y propuestas.** Todo informe de investigación debe concluir con la ordenación de los resultados, la descripción del accidente, sus causas, pruebas y conclusiones, aportando las medidas preventivas a adoptar en orden prioritario de actuación preventiva. Una vez finalizada la investigación, el informe se remitirá a la representación legal de los trabajadores, y al encargo de prevención para que aplique las medidas indicadas, asignando responsables, fechas y, a ser posible, presupuesto estimado del coste que implica. El informe de investigación y cuantos documentos puedan estar relacionados con él serán archivados en el Servicio de Prevención de Riesgos Laborales. Conforme al art. 23 de la LPRL, se debe conservar a disposición de la autoridad laboral toda la documentación relativa a las obligaciones establecidas en materia de prevención de riesgos laborales, y el Real Decreto Legislativo 5/2000, de 4 de agosto, por el que se aprueba el texto refundido de la Ley sobre Infracciones y sanciones en el orden social, establece en su artículo 4.3 la prescripción de las infracciones en prevención de riesgos laborales hasta en 5 años. Así pues, hemos de entender necesario conservar durante, como mínimo, 5 años toda la documentación acreditativa del cumplimiento de las obligaciones preventivas.

f) **Informe.** Finalizada la investigación, el informe se remitirá a la representación legal de las personas trabajadoras, y al encargo de prevención para que aplique las medidas necesarias teniendo en cuenta las previsiones del art. 23 de la LPRL.

Si la modalidad preventiva fuese un servicio de prevención ajeno, éste ha de ser informado de los accidentes ocurridos y será el responsable asignado el encargado de realizar la investigación. No obstante, los accidentes leves o de poca gravedad deberán investigarse en la empresa.

g) **Posibles sanciones.** En este punto la doctrina ha matizado la necesidad de que la investigación cumpla con unos mínimos para poder solventar situaciones de futuro, no considerando válida, y por tanto sancionable, una investigación que se limite a transmitir suposiciones sobre la concreta labor desarrollada, sin comprobaciones de ningún tipo, sin dejar constancia de la versión del trabajador, o que se limite a exponer la versión del superior. Los arts. 12.3 y 4 de la LISOS, consideran infracciones graves en materia de prevención de riesgos laborales:

«3. No dar cuenta en tiempo y forma a la autoridad laboral, conforme a las disposiciones vigentes, de los accidentes de trabajo ocurridos y de las enfermedades profesionales declaradas cuando tengan la calificación de graves, muy graves o mortales, o no llevar a cabo una investigación en caso de producirse daños a la salud de los trabajadores o de tener indicios de que las medidas preventivas son insuficientes.

4. No registrar y archivar los datos obtenidos en las evaluaciones, controles, reconocimientos, investigaciones o informes a que se refieren los artículos 16, 22 y 23 de la Ley 31/1995, de 8 de noviembre, de Prevención de Riesgos Laborales».

h) **Parte de accidente de trabajo: Sistema Delt@.**

6.7.2.2. Métodos de investigación de los accidentes laborales

El art. 16.3 de la LPRL obliga al empresario a «investigar los hechos que hayan producido un daño para la salud en los trabajadores, a fin de detectar las causas de estos hechos».

La investigación de un accidente pretende encontrar la causa principal desencadenante del mismo para evitar que vuelva a repetirse.

Algunos métodos de investigación de accidentes laborales que se vienen utilizando en diversos sistemas de prevención y que tienen en común el ser un análisis de tipo causal son los siguientes («NTP 274: Investigación de accidentes: árbol de causas se trata de responder. INSST. Año 1991» y «NTP 442: Investigación de accidentes-incidentes: procedimiento. INSST. Año 1997»):

– **Método del árbol de causas:** el árbol de causas es un diagrama que reconstruye la cadena de antecedentes del accidente, mostrando las conexiones cronológicas y lógicas entre ellos. Este método facilita la detección de causas ocultas y termina cuando se identifican las causas primarias o cuando la toma de datos es incompleta.

– **Método del análisis de la cadena causal:** basado en el modelo causal de pérdidas, este método busca comprender y recordar los hechos o causas que dieron lugar a una pérdida, preguntando por los antecedentes en cada etapa.

– **Método SCRA (Síntoma-Causa-Remedio-Acción):** el SCRA es una metodología utilizada para la resolución de problemas de calidad y para el análisis de causas de accidentes e incidentes de consecuencias leves o moderadas. Se basa en identificar el síntoma (accidente/incidente), analizar las causas preguntándose repetidamente ¿por qué?, proponer soluciones y concretarlas en un plan de acción.

– **Método del diagrama de Ishikawa (diagrama causa-efecto o espina de pescado):** es un método de análisis de causas utilizado para problemas complejos. Permite agrupar las causas de un accidente en cuatro aspectos: método, persona, material, y máquina/equipo/instalación, facilitando la identificación de las causas raíz.

6.7.2.3. Revisión y actualización de la prevención de riesgos por parte empresarial en caso de accidente laboral

La investigación de accidentes tiene como objetivo último definir e implantar medidas correctoras para eliminar la situación que se ha producido, y evitar que vuelvan a producirse.

Ya dentro de una faceta puramente preventiva, el plan de prevención de riesgos debe revisarse y actualizarse por mandato legal en las siguientes circunstancias:

– Con ocasión de la adquisición y puesta en funcionamiento de nuevos equipos de trabajo [arts. 16.2.a) de la LPRL y 4.2.a) del RSP].

– Siempre que se incorporen al proceso productivo nuevas sustancias o compuestos químicos [arts. 16.2.a) de la LPRL y 4.2.a) del RSP].

- Siempre que se incorporen nuevas tecnologías a los procesos de producción [art 4.2.a) del RSP].

- Con ocasión del acondicionamiento de los lugares de trabajo [art. 4.2.a) del RSP].

- Con ocasión de daños para la salud de alguna persona trabajadora que se hayan producido, para lo que se tendrá en cuenta los resultados de la investigación sobre las causas de los daños para la salud que se hayan producido.

- Cuando los controles efectuados, incluida la vigilancia de la salud, detecten que las actividades preventivas pueden ser inadecuadas o insuficientes [art. 16.2.a) de la LPRL y 6 del RSP].

- Cuando así lo establezca una disposición específica (art 6.1 del RSP).

En este sentido, el art. 12.1.b) de la LISOS considera infracción grave no llevar a cabo las evaluaciones de riesgos y, en su caso, sus actualizaciones y revisiones, así como los controles periódicos de las condiciones de trabajo y de la actividad de los trabajadores que procedan, o no realizar aquellas actividades de prevención que hicieran necesarias los resultados de las evaluaciones, con el alcance y contenido establecidos en la normativa sobre prevención de riesgos laborales.

Producto de la investigación del accidente hemos detectado que posibles situaciones de riesgo no se habían reflejado correctamente en la evaluación o que las medidas adoptadas han sido insuficientes o inadecuadas, por lo tanto, en base a los resultados de la investigación, y siguiendo la necesidad de mejora continua en materia de PRL que caracteriza la misma, no está de más recordar las **medidas preventivas para la eliminación o reducción de riesgos a tomar tras el accidente dentro de la revisión y actualización de la prevención:**

a) **Actuaciones en el origen que puedan eliminar o disminuir la probabilidad del riesgo, reduciendo el riesgo detectado u otras situaciones de riesgo similares.**

b) **Medidas organizativas**, tendentes a regular o protocolizar comportamientos de las personas trabajadoras cuando de ellos se deriven situaciones que entrañen riesgos.

c) **Medidas de protección colectiva.** Por protección colectiva hemos de entender aquella técnica de seguridad cuyo objetivo es la protección simultánea de varios trabajadores expuestos a un determinado riesgo. En este sentido, destacan las barandillas, las redes de seguridad, los resguardos y dispositivos de protección, los interruptores diferenciales, la ventilación general y extracción localizada, y los encerramientos.

d) **Medidas de protección individual.** El Real Decreto 773/1997, de 30 de mayo, establece las disposiciones mínimas de seguridad y de salud para la elección, utilización por los trabajadores en el trabajo y mantenimiento de los equipos de protección individual.

e) **Formación e información a los trabajadores en materia de prevención de riesgos laborales.**

Del mismo modo, siempre resultará recomendable prestar atención a las **medidas de control de las condiciones de trabajo**, no solo tras un accidente, sino también como medio para optimizar al máximo la gestión de la prevención de riesgos laborales, con acciones como:

- Control periódico de las condiciones de trabajo (Inspecciones periódicas y revisión de la evaluación de riesgos).

- Control de la organización y de los métodos de trabajo (imprescindible en trabajos con contratas y subcontratas).

- Control del estado de salud de los trabajadores.

ANEXO.
FORMULARIOS

Solicitud al juzgado de lo social de petición de informe a la ITSS en materia de PRL

En procesos derivados de accidente de trabajo y enfermedad profesional, el órgano judicial, si lo estima procedente, podrá recabar informe de la Inspección de Trabajo y Seguridad Social y de los organismos públicos competentes en materia de prevención y salud laboral, así como de las entidades e instituciones legalmente habilitadas al efecto (art. 95.4 de la LJS).

Procedimiento número [NÚM_PROCEDIMIENTO].

AL JUZGADO DE LO SOCIAL N.º [NÚM_JUZGADO] **DE** [LOCALIDAD]

D./D.ª [NOMBRE_LETRADO_O_GRADUADO_SOCIAL], en calidad de letrado/a (graduado/a social) y en representación acreditada de D./D.ª [NOMBRE_TRABAJADOR_A], que consta en los AUTOS arriba referenciados, y domicilio a efectos de notificaciones en [DOMICILIO], ante este juzgado comparece y como mejor proceda en Derecho,

DICE

PRIMERO.- Que, en fecha [FECHA], a las [HORAS] se ha señalado la celebraron los actos de conciliación y juicio.

SEGUNDO.- Que siendo objeto del pleito [DESCRIPCIÓN] dentro de un proceso derivado de accidente de trabajo y enfermedad profesional, y, a los efectos del apdo. 2 del art. 95 de la Ley 36/2011, de 10 de octubre, reguladora de la jurisdicción social, esta parte tiene interés en conocer informe de la Inspección de Trabajo y Seguridad Social (u organismo competente en materia de PRL) sobre los siguientes aspectos: **(1)**

- [DESCRIPCIÓN].
- [DESCRIPCIÓN].

TERCERO.- Que invocando tanto el citado art. 95.4 de la LJS, como el art. 90 del mismo texto legal, procede solicitar al órgano judicial informe de la Inspección de Trabajo y Seguridad Social [u organismo competente en materia de PRL] interesando esta parte, la práctica de la prueba en el acto del juicio.

Y, por lo expuesto,

SUPLICO AL JUZGADO, que tenga por presentado este escrito con las copias que le acompañan y requiera el informe de la Inspección de Trabajo y Seguridad Social en materia de prevención de riesgos laborales (u organismo competente en materia de PRL) a la autoridad laboral competente, acordándose su práctica en el acto del juicio o como diligencia final.

Es justicia que pido en [LUGAR], a [FECHA].

[FIRMA]

---

(1) En procesos derivados de accidente de trabajo y enfermedad profesional, el órgano judicial, si lo estima procedente, podrá recabar informe de la Inspección de Trabajo y Seguridad Social y de los organismos públicos competentes en materia de prevención y salud laboral, así como de las entidades e instituciones legalmente habilitadas al efecto (art. 95.4 de la LJS).

Informe genérico de investigación de accidente de trabajo

Cuando se haya producido un daño para la salud de los trabajadores o cuando, con ocasión de la vigilancia de la salud, aparezcan indicios de que las medidas de prevención resultan insuficientes, el empresario llevará a cabo una investigación al respecto, a fin de detectar las causas de estos hechos. (Art. 16.3 de la LPRL).

En [LOCALIDAD], a [DÍA] de [MES] de [AÑO].

[DATOS_EMPRESA].

Ante el accidente laboral ocurrido en el centro de trabajo de [ESPECIFICAR], el día [FECHA], mediante el presente INFORME DE INVESTIGACIÓN (1) se pretende detectar las causas del mismo, dando cumplimiento a lo regulado en el art. 16.3 de la Ley 31/1995, de 8 noviembre, de Prevención de Riesgos Laborales.

PRIMERO.- DATOS DEL CENTRO DE TRABAJO

- Nombre: [NOMBRE_EMPRESA].
- Dirección: [DOMICILIO].
- Actividad: [ACTIVIDAD_EMPRESA].
- CNAE: [NÚMERO].
- [Número de patronal/Identificación de la Seguridad Social]: [NÚMERO].

SEGUNDO.- DATOS DEL TRABAJADOR ACCIDENTADO

- Nombre y apellidos: [NOMBRE_TRABAJADOR_A].
- DNI: [DNI_TRABAJADOR].
- Edad: [NÚMERO].
- N.º de afiliación a la Seguridad Social: [NÚMERO].
- Puesto de trabajo: [ESPECIFICAR].
- Antigüedad en el puesto: [FECHA_ANTIGUEDAD].
- [Categoría/grupo profesional]: [CATEGORÍA_O_GRUPO_PROFESIONAL].
- Tipo de jornada laboral: [ESPECIFICAR].

TERCERO.- DESCRIPCIÓN DEL ACCIDENTE

- Centro de trabajo donde ocurrió el accidente: [LUGAR_CENTRO_TRABAJO].
- Fecha del accidente: [FECHA].
- Hora del accidente: [HORA].
- Tarea que estaba realizando: [ESPECIFICAR].
- Tipo de accidente (2): [ESPECIFICAR].
- Descripción del accidente: [ESPECIFICAR].
- Medidas de protección individual/colectivas que utilizaba el trabajador: [ESPECIFICAR].
- Personas presentes en el momento del accidente: [ESPECIFICAR].
- ¿Cómo se actuó tras el accidente?: [ESPECIFICAR].
- ¿Se informó al delegado de prevención?: [ESPECIFICAR].
- Grado de cumplimiento de la Ley de Prevención de Riesgos: [ESPECIFICAR].

CUARTO.- CONSECUENCIAS DEL ACCIDENTE

Accidente con baja:

 – Tipo de lesión/gravedad: [ESPECIFICAR].

 – Fecha de baja/fecha de alta: [FECHA]/[FECHA].

Accidente sin baja

 – Tipo de lesión/gravedad: [ESPECIFICAR].

Muerte: [ESPECIFICAR].

Daños materiales: [ESPECIFICAR].

QUINTO.- CAUSAS DEL ACCIDENTE

 – [ESPECIFICAR].

SEXTO.- MEDIDAS PROPUESTAS

 – [ESPECIFICAR].

SÉPTIMO.- CONCLUSIONES

Tras lo analizado anteriormente, este centro de trabajo ha determinado las siguientes conclusiones:

 – [ESPECIFICAR].

OCTAVO.- ANEXOS

 – [ESPECIFICAR].

[FIRMA]

El delegado de prevención.

[FIRMA]

La dirección de la empresa.

---

(1) El artículo 6 de la Orden de 16 de diciembre de 1987 especifica que en aquellos accidentes ocurridos en el centro de trabajo o por desplazamiento en jornada de trabajo que provoquen el fallecimiento del trabajador, que sean considerados como graves o muy graves o que el accidente ocurrido en un centro de trabajo afecte a más de cuatro trabajadores, pertenezcan o no en su totalidad a la plantilla de la empresa, el empresario, además de cumplimentar el correspondiente modelo, comunicará, en el plazo máximo de veinticuatro horas, este hecho por telegrama u otro medio de comunicación análogo a la autoridad laboral de la provincia donde haya ocurrido el accidente, o en el primer puerto o aeropuerto en el que atraque el buque o aterrice el avión, si el centro de trabajo en que ocurriera el accidente fuera un buque o avión, respectivamente.

(2) Calificar el accidente de leve, grave o muy grave, atendiendo a las circunstancias del mismo y a sus resultados.

Reclamación administrativa previa para impugnar recargo de las prestaciones económicas derivadas de accidente de trabajo (a instancia de la empresa)

Según el art. 164 de la LGSS:

> «Todas las prestaciones económicas que tengan su causa en accidente de trabajo o enfermedad profesional se aumentarán, según la gravedad de la falta, de un 30 a un 50 por ciento, cuando la lesión se produzca por equipos de trabajo o en instalaciones, centros o lugares de trabajo que carezcan de los medios de protección reglamentarios, los tengan inutilizados o en malas condiciones, o cuando no se hayan observado las medidas generales o particulares de seguridad y salud en el trabajo, o las de adecuación personal a cada trabajo, habida cuenta de sus características y de la edad, sexo y demás condiciones del trabajador».

Será requisito necesario para formular demanda en esta materia que los interesados interpongan reclamación previa ante la entidad gestora de las mismas. La reclamación previa deberá interponerse ante el órgano competente que haya dictado resolución sobre la solicitud inicial del interesado, en el plazo de treinta días desde la notificación de la misma, si es expresa, o desde la fecha en que, conforme a la normativa reguladora del procedimiento de que se trate, deba entenderse producido el silencio administrativo.

A LA DIRECCIÓN PROVINCIAL DEL INSTITUTO NACIONAL DE SEGURIDAD SOCIAL DE [PROVINCIA]

D./D.ª [NOMBRE_ADMINISTRADOR], con DNI n.º [NÚMERO], en nombre y representación de la empresa [NOMBRE_EMPRESA], con domicilio social en [DOMICILIO_SOCIAL] y con C.I.F núm. [NUMERO_CIF], ante esa DIRECCIÓN PROVINCIAL DEL SERVICIO PÚBLICO DE EMPLEO de [PROVINCIA] comparezco y,

DIGO

Que, con fecha [DÍA] de [MES] de [AÑO], recibo la notificación de la resolución dictada por este organismo el día [DÍA] de [MES] de [AÑO], en expediente n.º [NÚMERO], por la que se establece un RECARGO DE PRESTACIONES ECONÓMICAS POR FALTA DE MEDIDAS DE SEGURIDAD consistente en [DESCRIPCIÓN]; y estimándola no ajustada a derecho y lesiva para mis intereses, interpongo RECLAMACIÓN ADMINISTRATIVA PREVIA a la vía jurisdiccional social, de conformidad con el artículo 71 de la Ley de Jurisdicción Social y en base a los siguientes,

MOTIVOS

PRIMERO.- El/la trabajador/a D./D.ª [NOMBRE_TRABAJADOR_A] sufrió un accidente de trabajo el día [DÍA] de [MES] de [AÑO] en el centro de trabajo de [LUGAR_CENTRO_TRABAJO] cuando estaba realizando las siguientes funciones: [DESCRIPCIÓN].

SEGUNDO.- Por la Inspección de Trabajo se levantó acta de infracción a mi representado/a, en fecha [DÍA] de [MES] de [AÑO], por lo cual se impone una sanción de [CANTIDAD] euros por [DESCRIPCIÓN].

TERCERO.- Con fecha [DÍA] de [MES] de [AÑO] se nos dio traslado del escrito de iniciación de actuaciones en materia de responsabilidad por presunta falta de medidas de seguridad e higiene formulada por [EL TRABAJADOR AFECTADO/LA INSPECCIÓN DE TRABAJO] como consecuencia del accidente de trabajo sufrido por el trabajador D./D.ª [NOMBRE_TRABAJADOR_A] el día [DÍA] de [MES] de [AÑO].

CUARTO.- Frente al referido escrito fueron deducidas por esta parte las oportunas alegaciones con fecha [DÍA] de [MES] de [AÑO], a las que íntegramente me remito.

QUINTO.- Por resolución de fecha [DÍA] de [MES] de [AÑO] el Instituto Nacional de la Seguridad Social resuelve imponer el recargo previsto en el artículo 164 de la Ley General de la Seguridad Social, fundamentándose en [ESPECIFICAR]. **(1)**

SEXTO.- Que la competencia tanto para declarar la responsabilidad por falta de medidas de seguridad como para fijar el porcentaje aplicable del recargo está atribuida al Director Provincial del INSS, quien para ello debe ajustarse al procedimiento regulado en la vigente Orden de 18 de enero de 1996 para la aplicación y desarrollo del Real Decreto 1300/1995, de 21 de julio, sobre incapacidades laborales del sistema de la Seguridad Social.

SÉPTIMO.- [EXPLICAR LAS CIRCUNSTANCIAS DEL ACCIDENTE DE TRABAJO RELACIONÁNDOLAS CON LAS MEDIDAS DE SEGURIDAD E HIGIENE IMPLEMENTADAS EN LA EMPRESA].

OCTAVO.- [EXPLICAR MEDIDAS EXIGIBLES PARA EL TIPO DE TRABAJO REALIZADO RELACIONANDO CON LAS MEDIDAS DE SEGURIDAD Y PREVENCIÓN EXISTENTES Y FORMACIÓN RECIBIDA POR LOS TRABAJADORES]. **(2)**

NOVENO.- [EXPLICAR CONDUCTA IMPRUDENTE DEL TRABAJADOR ACCIDENTADO/EXISTENCIA DE CIRCUNSTANCIAS IMPREVISIBLES/DESOBEDIENCIA A LAS ÓRDENES EN MATERIA DE PREVENCIÓN].

DÉCIMO.- [JUSTIFICACIÓN NORMATIVA DE LA IMPROCEDENCIA DEL RECARGO O LA MINORACIÓN DEL MISMO].

UNDÉCIMO.- Por todo lo anterior, queda acreditado que se trata de un caso en que no existe acto u omisión imputable a la empresa que haya incidido en el accidente, habiendo recibido el/la trabajador/a D./D.ª [NOMBRE_TRABAJADOR_A], con carácter previo, la formación suficiente en materia de prevención de riesgos laborales, disponiendo de los medios adecuados (equipos de trabajo, EPI, etc.), que no utilizó, por lo que no cabe establecer la relación causa efecto entre la omisión por la empleadora de las medidas de seguridad y el resultado dañoso.

Por lo expuesto,

SOLICITO a esa DIRECCIÓN PROVINCIAL DEL **INSTITUTO NACIONAL DE SEGURIDAD SOCIAL:**

Que habiendo presentado en tiempo y forma el presente escrito, tenga por interpuesta reclamación previa contra la resolución de fecha [DÍA] de [MES] de [AÑO], y, tras los trámites legales oportunos, dicte nueva resolución por la que se anule el recargo de prestaciones en el [PORCENTAJE] por 100, como consecuencia del accidente sufrido por el trabajador D./D.ª [NOMBRE_TRABAJADOR_A] el día [DÍA] de [MES] de [AÑO] por ser todo ello conforme a justicia y derecho.

En [PROVINCIA], a [DÍA] de [MES] de [AÑO].

[FIRMA]

---

(1) Consignar el contenido de la Resolución dictada por el INSS, causa por la que se impone el recargo y porcentaje del mismo.

(2) Especificar los motivos por los que se considera que el accidente no debe tener la consideración de accidente de trabajo por no cumplir con lo previsto en el artículo 156 de la Ley General de la Seguridad Social.

Reclamación administrativa previa solicitando cambio de contingencia de una prestación por incapacidad temporal

El procedimiento para la determinación de la contingencia en un proceso de incapacidad temporal iniciará (de oficio, a instancia de parte o a instancia de la mutua), a partir de la fecha de emisión del parte de baja médica.

La reclamación previa ha de interponerse ante el órgano competente que haya dictado la resolución sobre la solicitud inicial del interesado en el plazo máximo de 30 días desde la notificación de la misma (si es expresa), o desde la fecha en que deba entenderse producido el silencio administrativo.

A [ÓRGANO] (1)

D./D.ª [NOMBRE_LETRADO], representante de D./D.ª [NOMBRE_TRABAJADOR_A], lo cual acredito mediante copia de [ESPECIFICAR] que acompaño, y domicilio a efectos de notificaciones en [DOMICILIO], ante esta dirección provincial comparece y como mejor proceda en derecho,

DIGO

Que, de conformidad con lo prevenido en el art. 71 de la Ley 36/2011, de 10 de octubre, reguladora de la jurisdicción social, formulo por la presente **RECLAMACIÓN PREVIA** frente a la resolución del [ÓRGANO] **(1)** n.º [NÚMERO] de fecha [FECHA], **EN MATERIA DE CAMBIO DE CONTINGENCIA EN EL PROCESO DE INCAPACIDAD TEMPORAL** sufrido, en base a los siguientes,

HECHOS

PRIMERO.- Desde el [DÍA] de [MES] de [AÑO] mi mandante ha prestado servicios para la empresa demandada, encuadrado en el grupo profesional de [GRUPO_PROFESIONAL], y con un salario de [CANTIDAD] euros mensuales, incluyendo la parte proporcional de las pagas extraordinarias. (Acompaño copia de [ESPECIFICAR] como doc. n.º [NÚMERO]).

El/la trabajador/a figura afiliado en el Régimen General de la Seguridad Social con n.º [NÚM_SEG_SOCIAL_TRABAJADOR] por un total de [NÚMERO] días.

SEGUNDO.- Que con fecha [DÍA] de [MES] de [AÑO], sucede un accidente/enfermedad cuando [DESCRIPCIÓN]. (Acompaño copia de [ESPECIFICAR] como doc. n.º [NÚMERO]).

TERCERO.- De los hechos relatados queda clara la laboralidad del [ACCIDENTE/ENFERMEDAD] sufrido, ya que [DESCRIPCIÓN].

CUARTO.- Por tal motivo, con fecha [DÍA] de [MES] de [AÑO], mi mandante solicitó del INSS la correspondiente prestación económica por [ESPECIFICAR] derivada de accidente/enfermedad profesional, al reunir todos los requisitos legales y reglamentarios para su reconocimiento. (Acompaño copia de [ESPECIFICAR] como doc. n.º [NÚMERO]).

QUINTO.- Con fecha [DÍA] de [MES] de [AÑO], el INSS notificó a esta parte resolución n.º [NÚMERO] por la que se me concede la prestación de [ESPECIFICAR] derivada de accidente/enfermedad no profesional o común por entender la citada entidad gestora que la misma tiene su origen en contingencias comunes. Se reconoce una base reguladora de [CANTIDAD] euros. (Acompaño copia de [ESPECIFICAR] como doc. n.º [NÚMERO]).

SEXTO.- Que esta parte considera no ajustada a derecho la citada resolución, toda vez que [DESCRIPCIÓN], correspondiendo una base reguladora de [CANTIDAD] euros en consonancia con la normativa reguladora vigente.

Por lo expuesto,

SOLICITO A [ÓRGANO]: **(1)**

Que, tenga por presentado este escrito, lo admita y tenga por formulada en tiempo y forma reclamación administrativa previa contra resolución dictada por este organismo de [FECHA], **en lo referente a CAMBIO DE CONTINGENCIA EN LA PRESTACIÓN** [ESPECIFICAR] **RECONOCIDA** y, previos los trámites de rigor, revoque la resolución de concesión de prestación de [ESPECIFICAR] reconocida por contingencias comunes reconociéndose la misma por contingencias profesionales, con derecho a pensión con una base reguladora de [CANTIDAD] euros y el abono de los atrasos que correspondan, con todo cuanto más proceda en derecho.

En [PROVINCIA], a [DÍA] de [MES] de [AÑO].

Letrado D./D.ª [NOMBRE]	Procurador D./D.ª [NOMBRE]
[NUMEROCOLEGIADO ABOGADO_ CLIENTE]	[NUMEROCOLEGIADO_PROCURADOR_ CLIENTE]

---

(1) La reclamación previa deberá interponerse ante el órgano competente que haya dictado resolución sobre la solicitud inicial del interesado, en el plazo de treinta días desde la notificación de la misma, si es expresa, o desde la fecha en que, conforme a la normativa reguladora del procedimiento de que se trate, deba entenderse producido el silencio administrativo.

Reclamación administrativa previa solicitando recargo de las prestaciones económicas derivadas de accidente de trabajo inicialmente denegadas (a instancia del trabajador)

Será requisito necesario para formular demanda en esta materia que los interesados interpongan reclamación previa ante la Entidad gestora de las mismas. La reclamación previa deberá interponerse ante el órgano competente que haya dictado resolución sobre la solicitud inicial del interesado, en el plazo de treinta días desde la notificación de esta, si es expresa, o desde la fecha en que, conforme a la normativa reguladora del procedimiento de que se trate, deba entenderse producido el silencio administrativo.

A LA DIRECCIÓN PROVINCIAL DEL INSTITUTO NACIONAL DE LA SEGURIDAD SOCIAL DE [PROVINCIA]

D./D.ª [NOMBRE_ABOGADO_CLIENTE], Graduado Social, colegiado con el n.º [NUMEROCOLEGIADO_GRADUADO], domiciliado en [DOMICILIO], correo electrónico [EMAIL], teléfono [FIJO O MÓVIL] en nombre y representación de D./D.ª [NOMBRE_CLIENTE], mayor de edad, poseedor del D.N.I. núm. [NÚMERO], y con domicilio en calle [DOMICILIO_CLIENTE], conforme se tiene acreditada por apoderamiento efectuado en el día de hoy, ante esta delegación del INSS, comparezco y como mejor proceda en Derecho,

DIGO

Que por medio del presente escrito vengo a interponer **RECLAMACIÓN PREVIA** a la vía judicial conforme a lo establecido en el artículo 71 de la Ley reguladora de la jurisdicción social contra la Resolución de este Organismo de fecha [FECHA], expediente núm. [NÚMERO], notificada a esta parte el pasado [FECHA], en la que se ha denegado el derecho de mi mandante a percibir recargo de las prestaciones de [ESPECIFICAR] del [PORCENTAJE] % (1) recibidas por motivo del accidente de trabajo (o enfermedad profesional) sufrido en pasado [FECHA], por **falta de medidas de seguridad**, todo ello en base a las siguientes

ALEGACIONES

Primero. Mi mandante ha venido prestando sus servicios para la empresa demandada desde el día [DÍA] de [MES] de [AÑO], mediante contrato laboral de carácter indefinido con la categoría profesional de [CATEGORÍA PROFESIONAL], y percibiendo un salario de [CANTIDAD] euros, una vez prorrateadas pagas extraordinarias, prestando sus servicios, en el centro de trabajo de [NOMBRE EMPRESA], y desempeñando su trabajo como [INDICAR].

Segundo. El día [DÍA] de [MES] de [AÑO] y cuando se encontraba desempeñando sus funciones, se [RELATAR ACCIDENTE], siendo trasladado al hospital provincial de esta localidad, donde [RELATAR INTERVENCIÓN MÉDICA], quedando como secuelas, del accidente de trabajo producido, la [RELATAR SECUELAS].

Tercero. Como consecuencia del accidente de trabajo producido, por resolución del Instituto Nacional de la Seguridad Social de fecha [DIA] de [MES] de [AÑO] fue reconocida una situación de [ESPECIFICAR INCAPACIDAD PERMANENTE], reconociéndose el derecho a una prestación equivalente al [PORCENTAJE] %, de la base reguladora, y que percibe en la actualidad.

Cuarto. Que según consta en el informe de la Inspección de Trabajo de fecha [DIA] de [MES] de [AÑO], el accidente se produjo como consecuencia de la falta de medidas de seguridad de la empresa y en concreto la falta de [DESCRIPCIÓN]. (2)

Quinto. Que dadas las lesiones, el cuadro clínico que presenta implica [DESCRIPCIÓN], por lo que se concedió una prestación de [ESPECIFICAR].

Séptimo. Que, en base a la falta de medidas de seguridad se solicitó a la entidad gestora que declarara a favor de mi representado el derecho a percibir de la empresa un recargo del [PORCENTAJE] % sobre dicha prestación.

Octavo. Que este reclamante considera no ajustada a Derecho la Resolución de este Organismo de fecha [FECHA], expediente núm. [NÚMERO], por la que se deniega el recargo solicitado dado que [DESCRIPCIÓN].

A lo anterior resulta de aplicación los siguientes

FUNDAMENTOS DE DERECHO

Primero. Los artículos 14, 15 y 42 de la Ley 31/1995, de 8 de noviembre, de Prevención de Riesgos Laborales, en cuanto a los derechos de los trabajadores a la protección frente a los riesgos laborales, y las responsabilidades de los empresarios por el incumplimiento de sus obligaciones en materia de prevención de riesgos laborales.

Segundo. Art. 164 del Real Decreto Legislativo 8/2015 de 30 de octubre, por el que se aprueba el Texto refundido de la Ley General de la Seguridad Social. Por establecer:

«1. Todas las prestaciones económicas que tengan su causa en accidente de trabajo o enfermedad profesional se aumentarán, según la gravedad de la falta, de un 30 a un 50 por ciento, cuando la lesión se produzca por equipos de trabajo o en instalaciones, centros o lugares de trabajo que carezcan de los medios de protección reglamentarios, los tengan inutilizados o en malas condiciones, o cuando no se hayan observado las medidas generales o particulares de seguridad y salud en el trabajo, o las de adecuación personal a cada trabajo, habida cuenta de sus características y de la edad, sexo y demás condiciones del trabajador.

2. La responsabilidad del pago del recargo establecido en el apartado anterior recaerá directamente sobre el empresario infractor y no podrá ser objeto de seguro alguno, siendo nulo de pleno derecho cualquier pacto o contrato que se realice para cubrirla, compensarla o transmitirla.

3. La responsabilidad que regula este artículo es independiente y compatible con las de todo orden, incluso penal, que puedan derivarse de la infracción».

Tercero. Artículo 1.1.de) Real Decreto 1300/1995, de 21 de julio, por el que se desarrolla, en materia de incapacidades laborales del sistema de la Seguridad Social, la Ley 42/1994, de 30 de diciembre, de medidas fiscales, administrativas y de orden social, en relación a la competencia del Instituto Nacional de la Seguridad Social, cualquiera que sea la Entidad gestora o colaboradora que cubra la contingencia de que se trate, para declarar la responsabilidad empresarial que proceda por falta de medidas de seguridad e higiene en el trabajo, y determinar el porcentaje en que, en su caso, hayan de incrementarse las prestaciones económicas.

Cuarto. El artículo 75 del Real Decreto 1415/2005, de 11 de junio, por el que se aprueba el reglamento general de recaudación de la seguridad social, en relación con los recargos sobre prestaciones.

Quinto. El artículo 16 de la Orden de 18 de enero de 1996, para la aplicación y desarrollo del Real Decreto 1300/1995, de 21 de julio, sobre incapacidades laborales del sistema de la Seguridad Social, en relación a las declaraciones de responsabilidad empresarial por falta de medidas de seguridad e higiene.

Sexto. Los Reales Decretos 486/1997 de 14 de abril y Real Decreto 2177/2004, de 12 de noviembre, por el que se modifica el Real Decreto 1215/1997, de 18 de julio, en cuanto a la regulación de las disposiciones mínimas de seguridad en el lugar de trabajo y la utilización por los trabajadores de los equipos de trabajo.

Por lo expuesto, **SOLICITO**

A LA DIRECCIÓN PROVINCIAL DEL INSTITUTO NACIONAL DE LA SEGURIDAD SOCIAL DE [PROVINCIA], que habiendo tenido por presentado este escrito con sus copias y documentos adjuntos, tenga por interpuesta en tiempo y forma RECLAMACIÓN PREVIA DE RECARGO DE PRESTACIONES, contra Resolución de este Organismo de fecha [FECHA], expediente núm. [NÚMERO], notificada a esta parte el pasado [FECHA], y, conforme a las alegaciones expuestas, emita resolución por la que reconozca su derecho a percibir recargo de la prestación de [ESPECIFICAR] reconocida, por falta de medidas de seguridad, determinando el porcentaje aplicable en el caso, con lo demás que proceda en Derecho.

En [PROVINCIA], a [DIA] de [MES] de [AÑO].

[FIRMA]

---

(1) Indicar porcentaje de recargo que se reclama entre el 30% y el 50% dependiendo de la gravedad de la falta de medidas de seguridad.

(2) Se puede consultar la STSJ de Castilla y León n.º 867/2023, de 22 de noviembre ECLI:ES:TSJCL:2023:4455 donde reitera el criterio del Tribunal Supremo en Sentencia de 30 de junio de 2010 señalando que «la exigencia de responsabilidad ha de calificarse necesariamente de contractual si el daño es consecuencia del incumplimiento contractual, mereciendo únicamente la consideración de extracontractual cuando el contrato ha sido únicamente el antecedente causal del daño, cuya obligación de evitarlo excede de la estricta órbita contractual, hasta el punto de que los perjuicios causados serían igualmente indemnizables sin la existencia del contrato».

Demanda en reclamación de daños y perjuicios derivados de accidente de trabajo por falta de medidas de seguridad

Los tribunales sociales gestionan reclamaciones por daños en accidentes laborales, con un plazo de prescripción de 1 año desde que se puede ejercer la acción.

AL JUZGADO DE LO SOCIAL N.º [NUM JUZGADO] **DE** [LOCALIDAD].

D./D.ª [NOMBRE_LETRADO], en calidad de letrado y representante de D./D.ª [NOMBRE_TRABAJADOR_A], representación que acredito mediante copia de escritura de apoderamiento que acompaño, y domicilio a efectos de notificaciones en [DOMICILIO], ante este juzgado de lo social, comparece y como mejor proceda en derecho,

DICE

Que, por medio del presente escrito, interpone **DEMANDA** ordinaria de reclamación de **INDEMNIZACIÓN DE DAÑOS Y PERJUICIOS** contra la empresa [NOMBRE_EMPRESA], con CIF [CIF_EMPRESA], dedicada a la actividad de [ACTIVIDAD_EMPRESA], con domicilio en [DOMICILIO_SOCIAL], en la persona de su representante legal, y con base en los siguientes,

HECHOS

PRIMERO.- D./D.ª [NOMBRE_TRABAJADOR_A], viene prestando servicios desde el pasado [FECHA] para la empresa «[NOMBRE_EMPRESA]» en virtud de contrato de trabajo [TIPO DE CONTRATO] con fecha de antigüedad en la empresa de [FECHA], ostentado la categoría profesional de [CATEGORÍA O GRUPO PROFESIONAL].

SEGUNDO.- La empresa «[NOMBRE_EMPRESA]» se dedica a [ACTIVIDAD DE LA EMPRESA], así como [ACTIVIDAD DE LA EMPRESA].

Siendo D./D.ª [NOMBRE_TRABAJADOR_A] el encargado y responsable funcional del trabajo consistente en [DESCRIPCIÓN ACTIVIDAD].

TERCERO.- D./D.ª [NOMBRE_TRABAJADOR_A], el día [FECHA] sufrió un accidente laboral en [LUGAR] cuando se encontraba en [DESCRIPCIÓN ACTIVIDAD], consistente en [DESCRIPCIÓN ACCIDENTE].

CUARTO.- Como consecuencia del accidente la persona trabajadora estuvo en situación de incapacidad temporal por el período comprendido entre el [FECHA] al [FECHA], habiendo estado ingresado en un establecimiento sanitario un total de [NÚMERO] días y permaneciendo de baja otros [NÚMERO] días durante los cuales estuvo impedido para sus ocupaciones habituales. En concreto, del total de [NÚMERO] días: [NÚMERO] días fueron hospitalarios, [NÚMERO] días fueron impeditivos, y [NÚMERO] días fueron no impeditivos.

QUINTO.- Mediante resolución del Instituto Nacional de la Seguridad Social se declaró a la persona trabajadora afecto de una incapacidad permanente [GRADO] para su profesión habitual con fecha de efectos [FECHA].

SEXTO.- Como consecuencia del accidente la persona trabajadora sufrió las lesiones que se describen:

- [DESCRIPCIÓN].
- [DESCRIPCIÓN].
- [DESCRIPCIÓN].

El/La trabajador/a presenta en la actualidad las siguientes secuelas:

- [DESCRIPCIÓN].

- [DESCRIPCIÓN].

- [DESCRIPCIÓN].

SÉPTIMO.- Por la Inspección Provincial de Trabajo y Seguridad Social se procedió a extender acta núm. [NÚMERO] apreciando la comisión de una infracción laboral en materia de prevención de riesgos laborales, tipificada con [GRAVE_O_MUY GRAVE], proponiendo una sanción de multa por importe de [CANTIDAD].

En concreto el acta refleja que se produce por parte de la empresa un incumplimiento del deber de protección de la misma, al permitir la ejecución de un trabajo con riesgo, sin haber adoptado las medidas de seguridad suficientes y adecuadas frente al mismo. Asimismo, se añade que el hecho de exponer a la persona trabajadora a [DESCRIPCIÓN], constituye infracción de lo dispuesto en [CITAR NORMATIVA DE PRL APLICABLE AL SECTOR].

OCTAVO.- Que siguiendo lo establecido en el acta citada y en base a los hechos por los que sucedió el siniestro, la empresa ha incurrido en los siguientes incumplimientos de sus obligaciones contractuales que paso a detallar de forma pormenorizada:

- [DESCRIPCIÓN].

- [DESCRIPCIÓN].

- [DESCRIPCIÓN].

NOVENO.- Esa conducta ha causado daños morales y materiales que paso a especificar de forma detallada siguiendo el Baremo del Real Decreto Legislativo 8/2004, de 29 de octubre, por el que se aprueba el texto refundido de la Ley sobre responsabilidad civil y seguro en la circulación de vehículos a motor y la doctrina que se citará en los fundamentos de derecho de la presente demanda **(1)**:

1.- Por las secuelas físicas:

- [DESCRIPCIÓN].

- [DESCRIPCIÓN].

2.- Por la incapacidad temporal:

a) El lucro cesante:

- [DESCRIPCIÓN].

- [DESCRIPCIÓN].

b) El daño moral:

- [DESCRIPCIÓN].

- [DESCRIPCIÓN].

3.- Por la incapacidad permanente

a) El lucro cesante:

- [DESCRIPCIÓN].

- [DESCRIPCIÓN].

b) El daño moral:

- [DESCRIPCIÓN].

- [DESCRIPCIÓN].

4.- Por el daño moral.

  – [DESCRIPCIÓN].

  – [DESCRIPCIÓN].

DÉCIMO.- Esta parte entiende que la demandada debe proceder a la reparación de dichos daños por la vía de indemnización de daños y perjuicios fundamentada tanto en la culpa contractual (art. 1101 del Código Civil) como en la extracontractual (art. 1902 del Código Civil) en que ha incurrido el empresario, y su nexo causal con las lesiones padecidas por la persona trabajadora, que finalmente determinaron que le fuese reconocida la incapacidad permanente en grado de [GRADO] para su profesión habitual, en la cuantía siguiente:

  – Por las secuelas físicas descritas en el hecho noveno [CUANTÍA] euros.

  – Por los días de incapacidad temporal descritos asimismo en el hecho noveno [CUANTÍA] euros.

  – Por incapacidad permanente descrita asimismo en el hecho noveno [CUANTÍA] euros.

  – Por el daño mora descrito asimismo en el hecho noveno [CUANTÍA] euros.

UNDÉCIMO.- La cantidad total reclamada asciende a [CUANTÍA] euros **(2)**.

DUODÉCIMO.- Con fecha [DÍA] de [MES] de [AÑO] se intentó acto de conciliación ante el Servicio de Mediación, Arbitraje y Conciliación con el resultado de [DESCRIPCIÓN] del cual se acompaña copia a la presente.

A los anteriores hechos son de aplicación los siguientes,

FUNDAMENTOS DE DERECHO

PRIMERO.- COMPETENCIA

Que resulta competente el presente juzgado de lo social, de conformidad con lo estipulado en los artículos 2 y 6 de la Ley de la Jurisdicción Social.

En concreto, los órganos jurisdiccionales del orden social, por aplicación de lo establecido en el artículo 2.b) de la LJS, conocerán de las cuestiones litigiosas que se promuevan «En relación con las acciones que puedan ejercitar los trabajadores o sus causahabientes contra el empresario o contra aquéllos a quienes se les atribuya legal, convencional o contractualmente responsabilidad, por los daños originados en el ámbito de la prestación de servicios o que tengan su causa en accidentes de trabajo o enfermedades profesionales, incluida la acción directa contra la aseguradora y sin perjuicio de la acción de repetición que pudiera corresponder ante el orden competente».

SEGUNDO.- CAPACIDAD Y LEGITIMACIÓN

Que mi cliente se encuentra capacitado y legitimado conforme a los artículos 16 y 17 de la Ley de la Jurisdicción Social.

TERCERO.- REPRESENTACIÓN

Que mi representado, actúa asistido de abogado/a de conformidad con los artículos 18 y 21, ambos de la Ley de la Jurisdicción Social.

CUARTO.- PROCEDIMIENTO

El proceso a seguir será el establecido en los artículos 80 y siguientes de la Ley de la Jurisdicción Social.

QUINTO.- FONDO DEL ASUNTO

1. De la **jurisprudencia** social es deseable reproducir **(3)**:

a) Entre otras, las SSTS 17 de febrero de 1999, rcud 2085/1998; 2 de octubre de 2.000, rcud 2393/1999; 18 de febrero de 2002, rcud 1866/2001; 21 de febrero de 2002, rcud 2239/2001; 8 de abril de 2002, rcud 3825/2003; 07 de febrero de 2003, rcud 1636/2002; 09 de febrero de 2005, rec. 5398/2003; 1 de junio de 2005, rec. 1613/2004; y 24 de julio 2006, rec. 776/2005, donde de forma unánime se mantiene el derecho a la reparación íntegra, porque «como manifestación del principio general de nuestro ordenamiento jurídico, deducible, entre otros, de los arts. 1101 y 1902 del Código Civil, que obliga a todo aquel que causa un daño a otro a repararlo, cabe afirmar que en el ámbito laboral y a falta de norma legal expresa que bareme las indemnizaciones o establezca topes a su cuantía, en principio la indemnización procedente deberá ser adecuada, proporcionada y suficiente para alcanzar a reparar o compensar plenamente todos los daños y perjuicios (daño emergente, lucro cesante, daños materiales y morales), que como derivados del accidente de trabajo se acrediten sufridos en las esferas personal, laboral, familiar y social».

b) Reconociendo las evidentes dificultades que supone fijar una cuantía en concepto de indemnización, con carácter general se ha mantenido que debe hacerse teniendo en cuenta la naturaleza de los hechos, el grado de culpabilidad, la dependencia económica, las sumas ya percibidas y los criterios legales que pueden servir de referencia (SSTS 02/02/98. Rcud. 124/97; y 17/02/99, rcud. 2085/98). Más concretamente, se ha dicho que a falta de norma legal expresa en materia laboral, la indemnización alcanzará sin limitación —en principio— a los daños y perjuicios que como derivados del AT se acrediten, aunque los órganos judiciales puedan acudir analógicamente a otras normas del ordenamiento jurídico que ante determinadas secuelas o daños establezcan unos módulos indemnizatorios (SSTS 02/02/98, rcud. 124/97; 17/02/99, rcud. 2085/98; 02/10/00, rcud. 2393/99; y 07/02/03, rcud. 1663/02).

c) STS, rec. 1257/2013, de 23 de junio de 2014, ECLI:ES:TS:2014:3546, en relación a los siguientes puntos:

> **Alcance general de la reparación económica.** El trabajador tiene derecho a la reparación íntegra, de forma que «la indemnización procedente deberá ser suficiente para alcanzar a reparar o compensar plenamente todos los daños y perjuicios, que como derivados del accidente de trabajo se acrediten sufridos en las esferas personal, laboral, familiar y social», sin que pueda exceder del daño o perjuicio sufrido.

> **Categorías básicas para indemnizar.** La exigible especificación de los daños y perjuicios únicamente puede llevarse a efecto distinguiendo entre los que corresponden a las categorías básicas: el daño corporal (lesiones físicas y psíquicas), el daño moral (sufrimiento psíquico o espiritual), el daño emergente (pérdida patrimonial directamente vinculada con el hecho dañoso) y el lucro cesante (pérdida de ingresos y de expectativas laborales).

> La *«compensatio lucri cum damno».* Cuando existe el derecho a varias indemnizaciones, las mismas se entienden compatibles pero complementarias, lo que supone que haya de deducirse del monto total de la indemnización lo que se hubiese cobrado ya de otras fuentes por el mismo concepto; con dos aclaraciones: a) con ello se persigue tanto evitar el enriquecimiento injustificado del trabajador como el de quien causó el daño o la posible aseguradora; y b) la compensación de las diversas indemnizaciones solo puede ser efectuada entre conceptos homogéneos.

d) Siguiendo la STS n.º 589/2017, de 5 de julio, ECLI:ES:TS:2017:3163: el plazo de prescripción aplicable a las reclamaciones de indemnización de daños y perjuicios atribuibles a la empresa y derivados de accidente de trabajo o de enfermedad profesional es —efectivamente— el de un año, previsto en el art. 59.2 del ET; y la fecha inicial para el cómputo de los plazos de prescripción de todas las acciones, según dispone el art. 1968 del CC, se inicia desde el momento en que pudieron ser ejercitadas.

2. Del mismo modo interesan al caso las siguientes **normas legales**:

a) La Directiva del Consejo, de 12 de junio de 1989, relativa a la aplicación de medidas para promover la mejora de la seguridad y de la salud de los trabajadores en el trabajo, en su art. 5.1, dispone: «el empresario deberá garantizar la seguridad y la salud de los trabajadores en todos los aspectos relacionados con el trabajo», y en el art. 8.1 fija: «En el marco de sus responsabilidades, el empresario adoptará las medidas necesarias para la protección de la seguridad y de la salud de los trabajadores, incluidas las actividades de prevención de los riesgos profesionales, de información y de formación, así como la constitución de una organización y de medios necesarios».

b) La Ley 31/1995, de 8 de noviembre, de prevención de riesgos laborales, dispone:

– Art. 14.1 de la LPRL:

«Los trabajadores tienen derecho a una protección eficaz en materia de seguridad y salud en el trabajo.

El citado derecho supone la existencia de un correlativo deber del empresario de protección de los trabajadores frente a los riesgos laborales (…)».

– Art. 15.1 de la PRL:

«El empresario aplicará las medidas que integran el deber general de prevención previsto en el artículo anterior, con arreglo a los siguientes principios generales:
a) Evitar los riesgos.
b) Evaluar los riesgos que no se puedan evitar.
c) Combatir los riesgos en su origen.
d) Adaptar el trabajo a la persona, en particular en lo que respecta a la concepción de los puestos de trabajo, así como a la elección de los equipos y los métodos de trabajo y de producción, con miras, en particular, a atenuar el trabajo monótono y repetitivo y a reducir los efectos del mismo en la salud.
e) Tener en cuenta la evolución de la técnica.
f) Sustituir lo peligroso por lo que entrañe poco o ningún peligro.
g) Planificar la prevención, buscando un conjunto coherente que integre en ella la técnica, la organización del trabajo, las condiciones de trabajo, las relaciones sociales y la influencia de los factores ambientales en el trabajo.
h) Adoptar medidas que antepongan la protección colectiva a la individual.
i) Dar las debidas instrucciones a los trabajadores».

– Art. 15.1 de la PRL: «El empresario adoptará las medidas necesarias con el fin de que los equipos de trabajo sean adecuados para el trabajo que deba realizarse y convenientemente adaptados a tal efecto, de forma que garanticen la seguridad y la salud de los trabajadores al utilizarlos».

c) El Real Decreto Legislativo 2/2015, de 23 de octubre, por el que se aprueba el texto refundido de la Ley del Estatuto de los Trabajadores.

- Art. 4.2.b) del Estatuto de los Trabajadores, en relación a los derechos básicos a la integridad física del trabajador y a una adecuada política de prevención de riesgos laborales.

d) El Real Decreto Legislativo 8/2015, de 30 de octubre, por el que se aprueba el texto refundido de la Ley General de la Seguridad Social.

- Arts. 164 y 168 del texto refundido de la Ley General de la Seguridad Social, en relación al Recargo de las prestaciones económicas derivadas de accidente de trabajo o enfermedad profesional y a la responsabilidad en orden a las prestaciones.

e) La D.F. 5.ª de la Ley 36/2011, de 10 de octubre, reguladora de la jurisdicción social.

f) Real Decreto Legislativo 8/2004, de 29 de octubre, por el que se aprueba el texto refundido de la Ley sobre responsabilidad civil y seguro en la circulación de vehículos a motor y Resolución de [ESPECIFICAR], de la Dirección General de Seguros y Fondos de Pensiones, por la que se publican las cuantías de las indemnizaciones por muerte, lesiones permanentes e incapacidad temporal que resultarán de aplicar durante [AÑO] el sistema para valoración de los daños y perjuicios causados a las personas en accidentes de circulación, en relación a la cuantía indemnizatoria por daños y perjuicios derivados de accidente de trabajo.

g) Los arts. 1101 y 1902 del Código Civil, donde como manifestación del principio general de nuestro ordenamiento jurídico, se obliga a todo aquel que causa un daño a otro a repararlo.

3. Elemento culpabilístico

Entramos ahora en el llamado «elemento culpabilístico» cuya concurrencia es necesaria para poder condenar al pago de los daños y perjuicios causados por culpa contractual o extracontractual civil. Este elemento culpabilístico viene definido e interpretado por la doctrina jurisprudencial, entre otras la STS, rec. 22/1997, de 30 de septiembre de 1999, en los siguientes términos jurídicos:

> «Vista la contradicción entre sentencias y la competencia de este orden jurisdiccional ha de entrarse a conocer el fondo del recurso que denuncia infracción del artículo 1101 del Código Civil en relación con la Orden 12 enero 1963 que regula las enfermedades profesionales. La sentencia impugnada con cita de sentencias de la Sala 1ª de este Tribunal, viene a establecer una responsabilidad cuasiobjetiva por los daños causados, al ser éstos previsibles y producidos por una actividad con riesgo de originarlos y en beneficio del empresario, causante de esta situación. Esta responsabilidad *cuasiobjetiva* se construye, acentuando el carácter complementario y subsidiario de la responsabilidad de los artículos 1902 a 1910 del Código Civil de la responsabilidad contractual y la posibilidad de la concurrencia de ambas en yuxtaposición, acercando el régimen de la responsabilidad aquiliana a la responsabilidad por riesgo con la aminoración del elemento estrictamente moral y subjetivo de la culpa en sentido clásico, con valoración predominante de las actividades peligrosas propias del desarrollo tecnológico, y consiguiente imputación de los daños causados a quien obtiene el beneficio por estos medios creadores de riesgo. A esta construcción jurídica se le añade la inversión en la carga de la prueba y se alcanza prácticamente una responsabilidad objetiva.

Este enfoque de la cuestión tiene pleno sentido cuando, desde la creación de riesgos por actividades ventajosas para quienes las empleen, se contemplan daños a terceros ajenos al entramado social que se beneficia de este progreso y desarrollo, es decir cuando los riesgos sociales son valorados frente a personas consideradas predominantemente de modo individual, como sucede en el derecho civil, pero la cuestión cambia radicalmente de aspecto cuando el avance tecnológico alcanza socialmente tanto al que emplea y se beneficia en primer lugar de las actividades de riesgo —empresarios— como a quien los sufre, trabajadores, el puesto de trabajo es un bien nada desdeñable, en este caso la solución es la creación de una responsabilidad estrictamente objetiva, que garantizando los daños sufridos por estas actividades peligrosas, previene al tiempo los riesgos económicos de quienes al buscar su propia ganancia crean un bien social, como son los puestos de trabajo. Este justo equilibrio, es el que desde antiguo se ha venido consiguiendo, con la legislación de accidentes de trabajo y enfermedades profesionales y con toda la normativa a ella aneja, adecuada no sólo al conjunto social de empresas y trabajadores, sino que permite mediante las mejoras voluntarias de la Seguridad Social, acomodar en cada empresa las ganancias del empresario con la indemnización de los daños sufridos por los trabajadores en accidentes laborales y enfermedades profesionales.

Las consideraciones hechas en el fundamento precedente evidencian que en materia de accidentes de trabajo y enfermedades profesionales que gozan de una protección de responsabilidad objetiva, venir a duplicar ésta por la vía de la responsabilidad por culpa contractual o aquiliana, que nunca podrá ser universal como la prevenida en la legislación social ni equitativa entre los distintos damnificados, como la legislada, más que ser una mejora social se transforma en un elemento de inestabilidad y desigualdad. Por ello, en este ámbito, la responsabilidad por culpa ha de ceñirse a su sentido clásico y tradicional, sin ampliaciones que están ya previstas e instauradas, con más seguridad y equidad. Por ello, el recurso debe gozar de favorable acogida, pues como se admite en la propia sentencia impugnada, el empresario cumplió las exigenciales legales de higiene y seguridad en el trabajo y no tuvo conducta o acto alguno que aumentara el riesgo propio del trabajo desempeñado por la damnificada, y cuyos daños están objetivamente cubiertos y en esta medida indemnizados, y en consecuencia no son de aplicación los artículos 1101 y 1902 del Código Civil».

4. Fuente a utilizar para calcular las respectivas indemnizaciones.

a) **Daño emergente.** En lo que al daño emergente se refiere, la determinación de su importe indemnizatorio habrá de realizarse atendiendo exclusivamente a lo oportunamente pedido y a la prueba practicada, tanto respecto de su existencia como de su importe.

b) **Lucro cesante.** Tratándose de lucro cesante, tanto por IT como por IP, la responsabilidad civil adicional tiene en su caso carácter complementario de las prestaciones de Seguridad Social y de las posibles mejoras voluntarias, si el importe de aquél supera a la suma de unas y otras, que en todo caso habrán de ser tenidas en cuenta al fijar la indemnización (en los términos que se precisarán), porque hay un solo daño que indemnizar y el mismo puede alcanzarse por las diversas vías, «que han de ser estimadas formando parte de un total indemnizatorio». Pero muy contrariamente —como razonaremos— no se deducirá del monto indemnizatorio por el concepto de que tratamos —lucro cesante— el posible recargo por infracción de medidas de seguridad.

c) **Daño corporal/daño moral.** Para el resarcimiento de estos dos conceptos, el juzgador puede valerse el baremo que figura como anexo al TR de la LRCSCVM, que facilita aquella —necesaria— exposición vertebrada, teniendo en cuenta:

   a) Se trata de una aplicación facultativa, pero si el juzgador decide apartarse del baremo en algún punto —tal como la sala IV ha interpretado y aplica— deberá razonarlo, para que la sentencia sea congruente con las bases que acepta.

   b) También revisten carácter orientativo y no han de seguirse necesariamente los importes máximos previstos en el baremo, los que pueden incrementarse en atención a factores concretos del caso y a los genéricos de la ya referida —y singular— exigencia culpabilística en la materia (inexistente en los riesgos «circulatorios») y de los principios de acción preventiva.

5. Fijación general de los daños y perjuicios.

Si bien el baremo Real Decreto Legislativo 8/2004, de 29 de octubre, trata de manera singular las indemnizaciones por incapacidad temporal, en cambio no regula de forma autónoma —como tal— la incapacidad permanente, sino que lo hace en la tabla IV tan sólo como uno de los «factores de corrección para las indemnizaciones básicas por lesiones permanentes» (las de la Tabla III), e incluso con una terminología más amplia que la utilizada en el ámbito de Seguridad Social (se refiere a la «ocupación habitual» y no al trabajo, porque la norma afecta a toda persona, trabajadores o no).

En otro orden de cosas, para facilitar la exposición de cómo determinar el importe indemnizatorio de cada categoría básica a indemnizar (daño corporal; daño moral; lucro cesante), parece conveniente tratar la materia distinguiendo los tres grandes apartados de secuelas que acto continuo referiremos, y remitir a la prueba lo relativo al posible daño emergente (hasta la fecha inédito en la casuística de la Sala).

1.- Por las secuelas físicas (Tabla III).

   a) Aplicación del baremo: como las «indemnizaciones básicas por lesiones permanentes» (secuelas físicas) se determinan ya con inclusión de los daños morales, en este apartado la utilización del baremo —en su tabla III— se presenta de manifiesta utilidad, en su simplificada atribución de puntos por concreta secuela y de valor por punto en función de la edad del damnificado. Conviene precisar que su importe no puede ser objeto de compensación alguna con las prestaciones de Seguridad Social ya percibidas ni con mejoras voluntarias y/o recargo de prestaciones, puesto que con su pago se compensa el lucro cesante, mientras que con aquél se repara el daño físico causado por las secuelas y el daño moral consiguiente.

   b) Régimen jurídico aplicable: como se trata de una deuda de valor, el régimen jurídico de secuelas y número de puntos atribuibles por aquéllas son —en principio— los de la fecha de consolidación, si bien los importes del punto han de actualizarse a la fecha de la sentencia, con arreglo a las cuantías fijadas anualmente en forma reglamentaria; aunque también resulta admisible —frente a la referida regla general de actualización y sólo cuando así se solicite en la demanda— aplicar intereses moratorios no sólo desde la interpelación judicial, sino desde la fijación definitiva de las secuelas (alta por curación), si bien es claro que ambos sistemas —intereses/actualización— son de imposible utilización simultánea y que los intereses que median entre la consolidación de secuelas y la reclamación en vía judicial no son propiamente moratorios, sino más bien indemnizatorios.

2.- Por la incapacidad temporal (Tabla V).

    a) El **lucro cesante**. En la aplicación de la tabla V del anexo se ha de tener en cuenta:

        1.º) El lucro cesante ha de cifrarse —generalmente— en la diferencia entre salario real que se hubiera percibido de permanecer el trabajador en activo y las cantidades satisfechas por prestación;

        2.º) También ha de computarse —si es alegado y acreditado por la empresa para su descuento— el complemento de subsidio de IT establecido como mejora voluntaria;

        3.º) Igualmente ha de considerarse —a efectos de determinar el lucro cesante— el incremento salarial que pueda establecerse por nuevo convenio colectivo que resultara aplicable durante el periodo de IT, aunque en este caso la prueba del incremento salarial pactado incumbe al accidentado;

        4.º) No procede aplicar a efectos de incremento los que en el anexo figuran como «factores de corrección» por perjuicios económicos en atención a los ingresos netos anuales de la víctima por trabajo personal, pues ya se ha partido «a efectos del lucro cesante» del 100 por 100 de los salarios reales dejados de percibir;

        5.º) La cifra así obtenida no puede compensarse con lo reconocido por otros conceptos, como daño emergente o moral.

    b) El **daño moral**. La determinación del daño moral para la situación de IT ha de hacerse «tras corrección del criterio inicialmente seguido por la sala» conforme a las previsiones contenidas en la tabla V, y justo en las cantidades respectivamente establecidas para los días de estancia hospitalaria, los impeditivos para el trabajo y los días de baja no impeditivos (el alta laboral no necesariamente ha de implicar la sanidad absoluta).

3.- Por incapacidad permanente (Tabla IV).

    a) El **lucro cesante**. En este punto los criterios pueden resumirse del siguiente modo:

        1.º) Al cuantificar la indemnización por el lucro cesante que comporta la IP, deben descontarse las prestaciones de la Seguridad Social, que resarcen la pérdida de ingresos que genera la disminución de la capacidad de ganancia y que se han financiado con cargo al empresario, así como las mejoras voluntarias, pero no el posible recargo de prestaciones, que tiene finalidad disuasoria/preventiva.

        2.º) La regla general a seguir es, salvo prueba en contrario de perjuicios superiores, de equivalencia entre la prestación reconocida —a la que añadir en su caso la mejora voluntaria— y el lucro cesante, pero se excepcionan, entre otros, los casos de acreditada insuficiencia, tales como —entre otros— (a) IP fronteriza con el grado inmediatamente superior, (b) dificultades de rehabilitación laboral por edad u otras singularidades que lleven a excluir posibilidades de trabajo meramente teóricas, y (c) los supuestos de pérdida de expectativas laborales constatables.

        3.º) En estos supuestos de acreditado lucro cesante en cuantía superior (por no estar plenamente satisfecho con prestaciones y mejoras), el déficit de ingresos que por tal concepto sea atribuible a la IP necesariamente ha de capitalizarse, para así resarcir la pérdida económica vitalicia que la discapacidad comporta.

4.º) Si se presentan capitalizadas las prestaciones de Seguridad Social (con las mejoras, en su caso), también ha de capitalizarse la pérdida de ingresos (teniendo en cuenta futuras posibilidades —reales— por nuevo empleo), caso en el que el lucro cesante, de existir, será la diferencia entre ambas capitalizaciones.

b) El **daño moral** (cambio de doctrina). El factor corrector de la tabla IV («incapacidad permanente para la ocupación habitual») exclusivamente atiende al daño moral que supone —tratándose de un trabajador— la propia situación de IP, por lo que la indemnización que en tal apartado se fija ha de destinarse íntegramente —en la cuantía que el tribunal determine, de entre el máximo y mínimo que al efecto se establece en ese apartado el baremo— a reparar el indicado daño moral.

Por lo expuesto,

SOLICITO AL JUZGADO DE LO SOCIAL:

Que, habiendo por presentado este escrito, junto con las copias y documentos que se acompañan, se sirva admitirlo y, en su virtud, tener por formulada demanda en materia de CANTIDAD contra la empresa citada en la cabecera y, tras los trámites legales que procedan, se sirva por señalar día y hora para la celebración del acto de conciliación previa o juicio, en caso de no avenencia, tras el que, en definitiva, dicte sentencia por la que se condene al abono como indemnización de daños y perjuicios de la cantidad de [CANTIDAD] euros.

En [LOCALIDAD] a [DÍA] de [MES] de [AÑO].

OTROSÍ DIGO PRIMERO: en la celebración de la vista del juicio, compareceré asistido y defendido por el letrado/a Sr./Sra. D./D.ª. [NOMBRE_LETRADO], señalándose a efectos de citaciones y notificaciones el domicilio del mismo, sito en [DOMICILIO], de conformidad con lo previsto en el artículo 21 de la Ley de la Jurisdicción Social.

OTROSÍ DIGO SEGUNDO: conforme al art. 90 de la Ley 36/2011, de 10 de octubre, de la Jurisdicción Social y en cumplimiento de un correcto ejercicio del derecho de defensa y de la tutela judicial efectiva que garantiza la Constitución y el resto del ordenamiento jurídico, interesa al derecho de esta parte la práctica, en dicho acto, de las siguientes pruebas: **(4)**

a) **INTERROGATORIO** del representante legal de la empresa D./D.ª. [NOMBRE], con DNI [NÚMERO] y domicilio a efectos de notificación en [DIRECCIÓN], con advertencia de que en caso de incomparecencia se la podrá tener por confesa de las posiciones planteadas por esta parte.

b) **DOCUMENTAL.** Que se requiera al [DEMANDADO/DEMANDA] a fin de que el día del juicio aporte los siguientes documentos que obran en su poder:

Primero.- [DOCUMENTO].

Segundo.- [DOCUMENTO].

Tercero.- [DOCUMENTO].

c) **TESTIFICAL**, para que los testigos que a continuación se relacionan, sean citados por vía judicial para ser examinados en dicho acto de juicio:

1. D./D.ª. [NOMBRE], con DNI [NÚMERO] y domicilio a efectos de notificación en [DIRECCIÓN].

2. D./D.ª. [NOMBRE], con DNI [NÚMERO] y domicilio a efectos de notificación en [DIRECCIÓN].

OTROSÍ DIGO TERCERO: conforme a lo dispuesto en el artículo 142.2 de la Ley 36/2011, de 10 de octubre, de la Jurisdicción Social se requiera a la Inspección de Trabajo el informe relativo de las circunstancias en que sucedió el accidente **(5)**.

En su virtud,

SOLICITO AL JUZGADO DE LO SOCIAL:

Que tenga por hecha dicha manifestación, siendo justicia que reitero, en el lugar y hora indicado con anterioridad.

[FIRMA]

---

(1) Desglosar la valoración de daños derivados de accidentes de trabajo o enfermedades profesionales en base a la Ley sobre Responsabilidad Civil y Seguro en la Circulación de Vehículos a Motor, aprobado por el Real Decreto Legislativo 8/2004, de 29 de octubre, así como la resolución anual en la que se especifica el baremo de las indemnizaciones (D.F. 5.ª de la LRJS), reflejando días de incapacidad temporal impeditivos y no impeditivos, lesiones permanentes, secuelas y factor de corrección.

(2) Sumatorio de cantidades que se desglosan.

(3) A modo de ejemplo.

(4) Las partes, previa justificación de la utilidad y pertinencia de las diligencias propuestas, podrán servirse de cuantos medios de prueba se encuentren regulados en la ley para acreditar los hechos controvertidos o necesitados de prueba, incluidos los procedimientos de reproducción de la palabra, de la imagen y del sonido o de archivo y reproducción de datos, que deberán ser aportados por medio de soporte adecuado y poniendo a disposición del órgano jurisdiccional los medios necesarios para su reproducción y posterior constancia en autos (art. 90 de la LRJS).

(5) En los procesos para la determinación de contingencia o de la falta de medidas de seguridad en accidentes de trabajo y enfermedad profesional, y en los demás supuestos en que lo estime necesario, la resolución en la que se admita la demanda a trámite deberá interesar de la Inspección Provincial de Trabajo y Seguridad Social, si no figurase ya en el expediente o en los autos, informe relativo a las circunstancias en que sobrevino el accidente o enfermedad, trabajo que realizaba el accidentado o enfermo, salario que percibía y base de cotización, que será expedido necesariamente en el plazo máximo de diez días. Con antelación de al menos cinco días a la celebración del juicio, el secretario judicial deberá reiterar la remisión de dicho informe si éste no hubiere tenido todavía entrada en los autos. (Art. 142.2 de la LRJS).

Modelo genérico de reclamación administrativa previa ante mutua por la extinción de la prestación de IT debido a incomparecencia a reconocimiento médico

La no asistencia a citas médicas puede suspender o extinguir prestaciones, con posibilidad de justificación en 10 días (art. 175.3 de la LGSS y art. 9 del Real Decreto 625/2014 de 18 de julio)

El presente modelo permite la reclamación administrativa previa frente a la suspensión y extinción de prestaciones económicas por incomparecencia a reconocimientos médicos.

A LA MUTUA [NOMBRE_MUTUA]. **DIRECCIÓN PROVINCIAL DE** [PROVINCIA] (1)

D./D.ª [NOMBRE_PROCURADOR_CLIENTE], procurador/a de los tribunales y de D./D.ª [NOMBRE_CLIENTE], mayor de edad, con domicilio en [DOMICILIO], según acredito mediante copia de la escritura de apoderamiento que debidamente bastanteada acompaño con el ruego de su devolución por necesitarlo para otros usos, y bajo la dirección letrada de D./D.ª [NOMBRE_ABOGADO_CLIENTE], con número de colegiado [NÚMERO_COLEGIADO_ABOGADO_CLIENTE], ante el juzgado comparezco y, como mejor proceda en derecho

DIGO

Que por medio del presente escrito formulo **RECLAMACIÓN ADMINISTRATIVA PREVIA** a la vía jurisdiccional laboral, de conformidad con el artículo 71 de la Ley Reguladora de la Jurisdicción Social, contra la mutua [NOMBRE_MUTUA], en la persona de su representante legal, contra **IMPUGNACIÓN DEL PARTE DE ALTA DE INCAPACIDAD TEMPORAL**, todo ello en base a las siguientes,

HECHOS

PRIMERO.- Soy trabajador/a de la empresa [NOMBRE_EMPRESA], con una antigüedad desde [FECHA] siendo mi grupo profesional en la empresa la de [GRUPO_PROFESIONAL], y percibiendo un salario mensual de [CANTIDAD] euros.

SEGUNDO.- Con fecha [DÍA] de [MES] de [AÑO] sufrí un [ACCIDENTE DE TRABAJO/ENFERMEDAD PROFESIONAL], por el que he estado de baja por incapacidad temporal por contingencias profesionales desde el [DÍA] de [MES] de [AÑO] conforme a los partes de baja extendidos por esta mutua.

TERCERO.- Con fecha [DÍA] de [MES] de [AÑO], la mencionada mutua me dio de alta alegando la incomparecencia injustificada a las convocatorias para los exámenes y reconocimientos médicos, establecidos en fecha [DÍA] de [MES] de [AÑO] a las [HORA]. (2)

CUARTO.- Mi ausencia a la cita que tenía en los servicios médicos con objeto de ser examinado estuvo motivada por [DESCRIPCIÓN]. (3)

QUINTO.- Considero que el parte de alta emitido por la mutua [NOMBRE_MUTUA], debe ser considerado nulo, ya que mi ausencia ha estado claramente justificada, y que, además, cumplo con todos los requisitos legales para estar en situación de baja laboral por incapacidad temporal, derivada de contingencias profesionales, al haber sucedido en al accidente en el centro de trabajo y durante las horas correspondientes a mi actividad laboral, y por el que mantengo una incapacidad temporal para poder realizar mi actividad laboral.

A los anteriores hechos son de aplicación los siguientes,

FUNDAMENTOS DE DERECHO

I.- El artículo 175 del Real Decreto Legislativo 8/2015, de 30 de octubre, por el que se aprueba el texto refundido de la Ley General de la Seguridad Social, donde se prevé como causa de extinción del derecho al subsidio de la incapacidad temporal, entre otras, la de incomparecencia injustificada de la persona trabajadora a cualquiera de las convocatorias para exámenes y reconocimientos médicos del INSS o las mutuas patronales de accidentes de trabajo y enfermedades profesionales.

En el presente caso, entendemos que el demandante ha justificado la falta de comparecencia a la cita para reconocimiento médico dentro del plazo establecido al efecto como demuestra [DESCRIPCIÓN].

II.- El artículo 9 del Real Decreto 625/2014, de 18 de julio, por el que se regulan determinados aspectos de la gestión y control de los procesos por incapacidad temporal en los primeros trescientos sesenta y cinco días de su duración. En dicho artículo se especifica lo siguiente:

«3. La citación a reconocimiento médico a que se refiere este artículo habrá de comunicarse al trabajador con una antelación mínima de cuatro días hábiles.

En dicha citación se le informará de que en caso de no acudir al reconocimiento, se procederá a suspender cautelarmente la prestación económica, y que si la falta de personación no queda justificada en el plazo de diez días hábiles siguientes a la fecha fijada para el reconocimiento, se procederá a la extinción del derecho al subsidio.

Si el trabajador justificara, antes de la fecha fijada para el reconocimiento médico o en ese mismo día, las razones que le impiden comparecer al mismo, la entidad gestora o mutua, podrá fijar una fecha posterior para su realización, comunicándolo al interesado con la antelación mínima ya indicada.

4. Cuando el trabajador que hubiera sido citado a reconocimiento por la entidad gestora no se personara en la fecha fijada, el director provincial correspondiente dictará resolución, que será inmediatamente comunicada al interesado, disponiendo la suspensión cautelar del subsidio desde el día siguiente al fijado para el reconocimiento, e indicándole que dispone de un plazo de diez días hábiles, a partir de la fecha en que se produjo la incomparecencia, para justificar la misma.

Cuando el trabajador que hubiera sido citado a reconocimiento médico por una mutua, no acuda al mismo en la fecha fijada, aquella acordará la suspensión cautelar del subsidio desde el día siguiente al fijado para el reconocimiento, lo que comunicará inmediatamente al interesado indicándole que dispone de un plazo de diez días hábiles a partir de la fecha en que se produjo la incomparecencia, para justificarla.

La entidad gestora o la mutua comunicará la suspensión acordada por vía telemática a la empresa y a la Tesorería General de la Seguridad Social.

5. Si el trabajador justifica su incomparecencia dentro de los diez días hábiles siguientes a la fecha en que estaba citado a reconocimiento médico, el director provincial del Instituto Nacional de la Seguridad Social o del Instituto Social de la Marina dictará nueva resolución, o la mutua nuevo acuerdo, dejando sin efecto la suspensión cautelar, y procederá a rehabilitar el pago de la prestación con efectos desde la fecha en que quedó suspendida. En estos casos la entidad gestora o mutua, en el plazo de quince días siguientes a la fecha en que se dicte la resolución o acuerdo, pagará directamente al trabajador el subsidio correspondiente al período de suspensión. Asimismo, comunicará a la empresa y a la Tesorería General de la Seguridad Social la resolución o acuerdo

por la que la suspensión queda sin efecto, informando de la fecha a partir de la cual procede reponer el pago delegado por parte de la empresa.

Se entenderá que la incomparecencia fue justificada cuando el trabajador aporte informe emitido por el médico del servicio público de salud que le dispense la asistencia sanitaria, en el que se señale que la personación era desaconsejable conforme a la situación clínica del paciente; cuando la cita se hubiera realizado con un plazo previo inferior a cuatro días hábiles, o bien cuando el beneficiario acredite la imposibilidad de su asistencia por otra causa suficiente».

III.- El Real Decreto 1430/2009, de 11 de septiembre, por el que se desarrolla reglamentariamente la Ley 40/2007, de 4 de diciembre, de medidas en materia de Seguridad Social, en relación con la prestación de incapacidad temporal, en relación con el procedimiento administrativo de revisión de las altas médicas expedidas en los procesos de incapacidad temporal.

IV.- La STSJ de Cataluña, rec. 5033/2008, de 15 de diciembre de 2009, ECLI:ES:TSJCAT:2009:14020 —citando STSJ Asturias de fecha 14-09-2007—. Donde el TSJ entiende que no procede a la extinción de la prestación cuando la mutua recurrente, ante la ausencia del trabajador a reconocimiento médico, en lugar de realizar nueva cita para el mismo, dicha mutua colaboradora acuerda, en base a tal incomparecencia, la extinción de la prestación.

V.- La STS, rec. 3302/2017, de 18 de junio de 2000, ECLI:ES:TS:2020:2156, donde se analizan los requisitos de las notificaciones para la extinción de la prestación de incapacidad temporal por incomparecencia injustificada al reconocimiento médico de la mutua. Para el TS, la falta de recogida de un burofax por parte del beneficiario, sin una posterior publicación en el Boletín Oficial, no justifica la extinción de la prestación. Este fallo subraya la importancia de seguir los procedimientos adecuados de notificación, en línea con la normativa aplicable, para garantizar los derechos de los beneficiarios.

Por lo expuesto,

SOLICITO A LA MUTUA [NOMBRE_MUTUA]:

Que presentado este escrito, lo admita y, en su virtud, tenga por formulada RECLAMACIÓN ADMINISTRATIVA PREVIA a la vía jurisdiccional laboral, contra parte de alta médica por contingencias profesionales, y se dicte resolución por la que se anule el parte de alta médica que se recurre, y se reconozca que me encuentro en situación de incapacidad temporal proveniente de accidente de trabajo, y se me reconozcan las prestaciones inherentes a dicho reconocimiento desde el inicio de la baja.

En [LUGAR], a [DÍA] de [MES] de [AÑO].

[FIRMA]

---

(1) La reclamación previa deberá interponerse ante el órgano competente que haya dictado resolución sobre la solicitud inicial del interesado, en el plazo de treinta días desde la notificación de la misma, si es expresa, o desde la fecha en que, conforme a la normativa reguladora del procedimiento de que se trate, deba entenderse producido el silencio administrativo.

(2) En materia de incomparecencias a citas médicas y prestaciones por incapacidad temporal. Consultar la STSJ Galicia n.º 4750/2008, de 15 de diciembre, ECLI:ES:TSJGAL:2008:8627; la STSJ de Asturias n.º 2758/2014, de 19 de diciembre, ECLI:ES:TSJAS:2014:3990; la STSJ La Rioja n.º 249/2009, de 17 de septiembre, ECLI:ES:TSJLR:2009:552.

(3) Justificar mediante la aportación de algún documento o mediante manifestaciones objetiva-mente justificativas la ausencia a la cita. Se entenderá que la incomparecencia fue justificada cuando el trabajador aporte informe emitido por el médico del servicio público de salud que le dispense la asistencia sanitaria, en el que se señale que la personación era desaconsejable conforme a la situación clínica del paciente; cuando la cita se hubiera realizado con un plazo previo inferior a cuatro días hábiles, o bien cuando el beneficiario acredite la imposibilidad de su asistencia por otra causa suficiente (art. 9 del Real Decreto 625/2014, de 18 de julio). (STSJ Comunidad Valenciana n.º 2847/2010, de 19 de octubre de 2010; STSJ Cataluña n.º 9144/2009, de 15 de diciembre de 2009).

Demanda de gran invalidez derivada de accidente laboral (previa concesión de prestación en grado inferior)

El art. 196.4 de la Ley General de la Seguridad Social especifica que «Si el trabajador fuese calificado como gran inválido, tendrá derecho a una pensión vitalicia según lo establecido en los apartados anteriores, incrementándose su cuantía con un complemento, destinado a que el inválido pueda remunerar a la persona que le atienda. El importe de dicho complemento será equivalente al resultado de sumar el 45 por ciento de la base mínima de cotización vigente en el momento del hecho causante y el 30 por ciento de la última base de cotización del trabajador correspondiente a la contingencia de la que derive la situación de incapacidad permanente».

Modelo por el que se interpone demanda contra INSS, TGSS, Mutua y la empresa para el reconocimiento de la gran invalidez derivada de accidente laboral, y complemento destinado a que el inválido pueda remunerar a la persona que le atienda, tras Resolución en la que se concede prestación en grado inferior.

AL JUZGADO DE LO SOCIAL DE [PROVINCIA]

D./D.ª [NOMBRE], Letrado del Ilustre Colegio de Abogados de [PROVINCIA], con núm. de colegiado [NÚMERO], con despacho profesional situado en [DIRECCION_DESPACHO] a efectos de notificaciones, en representación de D./Dña. [NOMBRE_CLIENTE], mayor de edad, con DNI núm. [DNI], núm. de afiliación de la Seguridad Social [NÚMERO] y domiciliado [DOMICILIO], ante el JUZGADO DE LO SOCIAL comparezco y como mejor proceda en Derecho

DIGO

Que presento DEMANDA DE GRAN INVALIDEZ DERIVADA DE ACCIDENTE LABORAL, contra: **(1)**

- El INSTITUTO NACIONAL DE LA SEGURIDAD SOCIAL (INSS), con domicilio en [DIRECCIÓN].

- La TESORERÍA GENERAL DE LA SEGURIDAD SOCIAL (TGSS), con domicilio en [DIRECCIÓN].

- La mutua colaboradora con la Seguridad Social en AT y EP «[NOMBRE]» n.º. [NÚMERO], con domicilio en [DOMICILIO]. **(2)**

- La Empresa [NOMBRE_EMPRESA] en la que presta servicios mi mandante [NOMBRE_EMPRESA], con CIF [NÚMERO] y domicilio en [DIRECCIÓN],

Demanda que apoyo en los siguientes

HECHOS

Primero.- Que D./D.ª [NOMBRE_CLIENTE] nació el [FECHA], teniendo actualmente la edad de [AÑOS] años y acreditando un total de [NÚMERO] días de alta en el Régimen General de la Seguridad Social (se adjunta como doc. núm. 1 DNI y como doc. núm. 2 Informe de vida laboral desde el [FECHA] hasta el [FECHA]).

Segundo.- Que mi representado venía prestando servicios en la mercantil [NOMBRE_EMPRESA] desde el [FECHA], en las siguientes condiciones laborales: [DESCRIPCIÓN]. (Se adjunta como doc. núm. 3 contrato formalizado en su momento). **(3)**

Tercero.- Las funciones que venía realizando en la mercantil eran:

- [DESCRIPCIÓN].

– [DESCRIPCIÓN].

Cuarto.- Que en fecha [FECHA], sufrió un accidente de trabajo a consecuencia del cual resultó con gravísimas lesiones hallándose el afecto en la actualidad con secuelas consistentes en [DESCRIPCIÓN]. (Se adjuntan partes de baja/confirmación e informes médicos emitidos por [ESPECIFICAR] como doc. n.º 4, 5, 6, 7 y 8).

Quinto.- En la precitada fecha del accidente laboral la empleadora mencionada tenía concertada la cobertura de las contingencias comunes y profesionales con "[NOMBRE]". **(4)**

Sexto.- Tras los tratamientos médicos, quirúrgico y rehabilitador, restan al accidentado, según el dictamen-propuesta del EVI, emitido con fecha [FECHAS] las siguientes secuelas: [DESCRIPCIÓN]. (Se adjunta como doc. n.º 9 dictamen-propuesta del EVI).

Séptimo.- Tramitado el correspondiente expediente administrativo a fin de determinar el grado de invalidez del trabajador/a, el INSS dictó en fecha [FECHA] resolución el sentido de **calificar al trabajador como tributario de una prestación por Incapacidad Permanente Absoluta (IPA) reconociendo a mi mandante un grado de disminución del [PORCENTAJE] %, una base reguladora de la prestación de [CANTIDAD] euros mensuales con efectos desde el [FECHA].** (Se adjuntan solicitud de reconocimiento de incapacidad y resolución del INSS concediendo IPA como doc. n.º 9 y 10).

Octavo.- Que por corresponder al INSS, a través de los órganos que reglamentariamente se establezcan y en todas las fases del procedimiento, declarar la situación de incapacidad permanente, a los efectos de reconocimiento de las prestaciones económicas a que se refiere capítulo XI del texto refundido de la Ley General de la Seguridad Social, en fecha [FECHA] se solicitó gran invalidez ante la Dirección Provincial del INSS de [PROVINCIA] (se adjuntan solicitud de la prestación como doc. n.º 11), desestimada con fecha de [FECHA] por Resolución núm. [NÚMERO]. (Se adjunta Resolución denegatoria de GI concediendo IPA como doc. n.º 12).

Noveno.- Que mediante la citada resolución denegatoria de GI n.º [NÚMERO], **el INSS concede una prestación de incapacidad permanente absoluta** en base a los hechos y por las cantidades que se relacionan: [DESCRIPCIÓN]**(5)**.

Décimo.- Que el demandante, D./D.ª [NOMBRE], producto de las lesiones profesionales sufridas se encuentra impedido hasta el punto de necesitar de la ayuda de otra persona para los actos más esenciales de la vida. Desprendiéndose de las lesiones citadas —especificadas en los partes e informes médicos emitidos— un balance disfuncional suficientemente severo como para que el/la trabajador/a requiera el concurso de una tercera persona en orden a la realización de las funciones esenciales de la vida, en tanto en cuanto los mayores inconvenientes se proyectan sobre su capacidad [ESPECIFICAR], lo cual le supone limitaciones importantes para su vida cotidiana, encontrándose justificado que haya de verse asistido constantemente por una tercera persona.

Undécimo.- Que las normas de aplicación —citadas en los fundamentos de derecho— definen la gran invalidez, como la del trabajador afecto de incapacidad permanente que, por consecuencia de pérdidas anatómicas o funcionales, necesita la asistencia de otra persona para realizar los actos más esenciales de la vida, tales como vestirse, desplazarse, comer o análogos. En el presente caso, el cuadro clínico que presenta el demandante cumple con los requisitos de gravedad e incapacidad que determinan el derecho al reconocimiento de una gran invalidez ya que [DESCRIPCIÓN].

Duodécimo.- Que en [FECHA] se interpuso Reclamación previa en reconocimiento de gran invalidez que es nuevamente desestimada con fecha [DIA] de [MES] de [AÑO]. (Se adjunta docs. n.º 13 y 14 declaración previa a la resolución de la dirección provincial del INSS y resolución de reclamación previa presentada denegando gran invalidez).

A los anteriores hechos son de aplicación los siguientes

FUNDAMENTOS DE DERECHO

Primero.- COMPETENCIA

La competencia para el conocimiento de esta pretensión la ostenta el Juzgado de lo Social al que me dirijo conforme a lo establecido en los artículos 1.2 a), 6 y 10 de la Ley 36/2011, de 10 de octubre, reguladora de la jurisdicción social, que regula el procedimiento impugnatorio de sanciones.

Segundo.- CAPACIDAD PROCESAL Y LEGITIMACIÓN

En cuanto a la capacidad procesal y legitimación en el proceso vienen regidas por los arts. 16 y 17.1 de la Ley de la Jurisdicción Social.

Tercero.- PROCEDIMIENTO

El procedimiento a seguir para la tramitación de esta demanda será el estipulado en el artículo 80 y siguientes de la Ley de la Jurisdicción Social, con las especialidades previstas en los artículos 140 y siguientes de la citada norma.

Cuarto.- REPRESENTACIÓN

Que esta parte comparecerá al acto del juicio asistida de Letrado del Ilustre Colegio de Abogados de [PROVINCIA], cuyo domicilio se designa a efectos de oír y recibir notificaciones, de acuerdo con lo previsto en el artículo 21 de la Ley de la Jurisdicción Social y según resto de datos consignados en el encabezamiento de la presente

Quinto.- RECLAMACIÓN PREVIA

Mediante los documentos que adjuntamos al presente escrito, acreditamos tal y como viene dispuesto en los arts. 71 y 140.1 de la Ley de la Jurisdicción Social la reclamación previa que se ha de llevar a cabo en materia de prestaciones de la Seguridad Social.

Sexto.- FONDO DEL ASUNTO

I.- El Real Decreto Legislativo 8/2015, de 30 de octubre, por el que se aprueba el texto refundido de la Ley General de la Seguridad Social, y en concreto sus arts. 156 (concepto de accidente de trabajo), 157 (concepto de enfermedad profesional), 161 (cuantía de las prestaciones), 164 (recargo de las prestaciones económicas derivadas de accidente de trabajo o enfermedad profesional), 193 (concepto de Incapacidad permanente contributiva), 194.1.d) (grados de incapacidad permanente; gran invalidez).

II.- La vigente Orden de 15 de abril de 1969 por la que se establecen normas para la aplicación y desarrollo de las prestaciones por invalidez en el régimen general de la Seguridad Social, y en concreto sus arts. 41 a 45 donde se contienen las normas especiales para la invalidez permanente derivada de enfermedad profesional

III.- Real Decreto 1299/2006, de 10 de noviembre, por el que se aprueba el cuadro de enfermedades profesionales en el sistema de la Seguridad Social y se establecen criterios para su notificación y registro.

IV.- En relación al concepto y reconocimiento de gran invalidez interesa la **STSJ de Asturias, rec. 1404/2005, de 12 de mayo de 2006**, donde se establece que la misma viene a ser una situación límite en el marco legal de la Seguridad Social según doctrina jurisprudencial, la situación de gran invalidez necesariamente haya que conectarla con la remuneración que de los actos esenciales de la vida se formulan en la norma aplicable, siendo meramente enunciativos tales actos, debiendo entenderse que basta la imposibilidad de realizar uno cualquiera de tales actos esenciales para que, se pueda efectuar la calificación de gran invalidez.

Igualmente interesa **STSJ de Galicia, rec. 2288/2008, de 20 de noviembre de 2008**, la donde la doctrina jurisprudencial citada también indica que basta la imposibilidad del inválido para realizar por sí mismo uno sólo de los "actos más esenciales de la vida" y la correlativa necesidad de ayuda externa, como para que proceda la calificación de gran invalidez, sin ser preciso que la necesidad de ayuda sea constante (en tales términos, sentencia del Tribunal Supremo de 30 de enero de 1989).

En último lugar, nos remitimos a la doctrina del [ESPECIFICAR]. **(6)**.

Por todo ello,

SOLICITO AL JUZGADO, que teniendo por presentado este escrito, con sus copias y documentos que se adjuntan, lo admita a trámite y tenga por formulada **DEMANDA SOBRE GRAN INVALIDEZ DERIVADA DE ACCIDENTE LABORAL,** cite a las partes a los actos de conciliación y juicio, se siga este por sus trámites habituales, incluyendo el recibimiento a prueba que desde este momento se interesa, y en su momento dicte Sentencia mediante la cual, se declare a mi mandante en situación de gran invalidez dadas las dolencias que padece y que le impide realizar actividades de su vida diaria, y condene a las partes a reconocer y a otorgar pensión vitalicia de gran invalidez a causa de una contingencia profesional con una base reguladora de [CANTIDAD] euros mes, con todo cuanto más proceda en Derecho.

En [LOCALIDAD], a [DÍA] de [MES] de [AÑO].

[FIRMA]

PRIMER OTROSI DIGO: Que interesa al derecho de esta parte valerse en el Acto del Juicio, sin perjuicio de su ampliación en el momento procesal oportuno, de los siguientes medios de prueba:

A) DOCUMENTAL: Que se aporte por los organismos demandados, Instituto Nacional de la Seguridad Social, Tesorería General de la Seguridad Social, el pertinente expediente administrativo, objeto de la presente.

Que se requiera al INSS para que aporte el expediente administrativo completo.

B) PERICIAL

[DESCRIPCIÓN].

C) TESTIFICAL

SUPLICO AL JUZGADO, tenga por propuesta la anterior y acuerde lo conducente para su práctica.

SEGUNDO OTROSÍ DIGO, que esta parte comparecerá a Juicio asistida del Letrado en ejercicio del Ilustre Colegio de [PROVINCIA] D./D.ª [NOMBRE], cuyo despacho profesional designo a efecto de oír notificaciones sito en [DIRECCIÓN].

En su virtud,

SOLICITO AL JUZGADO, tenga por hecha la anterior manifestación, así como la designación de domicilio para notificaciones, tomando razón bastante de ella.

Por ser Justicia que se pide en [LOCALIDAD], a [DÍA] de [MES] de [AÑO].

[FIRMA]

---

(1) La atribución de responsabilidad en el pago de prestaciones por accidente laboral o enfermedad profesional corresponde a INSS, TGSS, Mutua y Empresa, por lo que resulta necesario demandar a todas las partes. (STS, rec. 288/2009, de 10 de noviembre de 2009 y STS, rec. 913/2016, de 4 de julio de 2017).

(2) Si en las demandas por accidente de trabajo o enfermedad profesional no se consignara el nombre de la Entidad gestora o, en su caso, de la Mutua de accidentes de trabajo y enfermedades profesionales de la Seguridad Social, el secretario judicial, antes del señalamiento del juicio, requerirá al empresario demandado para que en plazo de cuatro días presente el documento acreditativo de la cobertura de riesgo. Si transcurrido este plazo no lo presentara, vistas las circunstancias que concurran y oyendo a la Tesorería General de la Seguridad Social, el juez acordará el embargo de bienes del empresario en cantidad suficiente para asegurar el resultado del juicio y cuantas medidas cautelares se consideren necesarias.

(3) Especificar modalidad contractual, categoría/grupo profesional, jornada, salario, etc.

(4) Indicar nombre mutua.

(5) Indicar motivos consignados en la Resolución para la concesión de incapacidad permanente absoluta y base reguladora junto con condiciones económicas reconocidas.

(6) Consignar jurisprudencia que apoye la pretensión. A modo de ejemplo.: STSJ de Asturias, rec. 1404/2005, 12 de mayo de 2006; STSJ Galicia, rec. 2288/2008, 20 de noviembre de 2008; STSJ de Asturias, rec. 1651/2006, 20 de abril de 2007; STSJ de Extremadura, rec. 72/2013, 2 de abril de 2013; STSJ Galicia, rec. 1663/2014, 18 de septiembre de 2015.